Gerhard Ebert

# Improvisation und Schauspielkunst

Über die Kreativität des Schauspielers

Henschel Verlag Berlin 1993

Die Deutsche Bibliothek – CIP-Einheitsaufnahme
**Ebert, Gerhard:**
Improvisation und Schauspielkunst: Über die Kreativität des Schauspielers/Gerhard Ebert. – 3. Aufl. – Berlin: Henschel, 1993
ISBN 3–89487-172-5

ISBN 3-89487-172-5

3. Auflage
Gestalter: Kuno Lomas
Printed in Germany
Gesamtherstellung: Elbe-Druckerei Wittenberg GmbH

# Inhaltsverzeichnis

# Vorbemerkung

Der originäre Schöpfungsakt des Schauspielers wurde bislang kaum erforscht. Ihn in seinem Keimen und Wachsen zu erkunden, sowohl an der Quelle, in seiner historischen Entwicklung und Gegebenheit, als auch im Laboratorium, anhand der Ausbildung von Schauspielern, wird mit vorliegender Arbeit unternommen. Dabei mag den Leser zunächst irritieren, daß der Verfasser seinen Gegenstand vornehmlich in der schauspielpädagogischen Praxis aufsucht. Eine Ausbildungsstätte für Schauspieler ist objektiv ein geeigneter Ort für praktikable Erkenntnisse über den Schaffensprozeß des Schauspielers. Hier mit der Erkundung anzusetzen ist daher naheliegend, auch im Interesse der Schauspielpädagogik. Letztlich ist Gewinn für Praktiker wie Theoretiker zu erwarten, nämlich in dem Maße, in dem nachgewiesen wird, daß die Kreativität des Schauspielers wissenschaftlicher Erkenntnis zugänglich und also beeinflußbar ist.

1964 hatte das Internationale Theater-Institut sein Symposium in Bukarest speziell der Improvisation als einem wesentlichen Bestandteil schauspielpädagogischer Ausbildung gewidmet. Zum Thema »Die Rolle der Improvisation bei einer lebendigen Charakterdarstellung« sprach V. O. Toporkow aus der UdSSR. Über »Die hauptsächlichsten Gesichtspunkte des Schulungsprozesses des Schauspielers. Die Rolle der Improvisation in diesem Prozeß« referierte G. D. Loghin aus Rumänien. Und zum Thema »Die Improvisation als ein Mittel zur Entwicklung der physischen und psychischen Fähigkeiten des Schauspielers« sprach Saint Denis, Frankreich, Präsident der Berufskommission des ITI. Seither genießt die Improvisation einen geachteten Platz im Ausbildungsprozeß vieler Schauspielschulen, wenngleich ihr Stellenwert und ihr Wesen nach wie vor sehr unterschiedlich begriffen werden.

Das international wachsende Interesse für die Improvisation zeigen Arbeiten wie »Improvisation for the Theatre« von Viola Spolin, »Teaching mime« von Rose Bruford, »Improvisation und Rollenstudium« von Hans Günther v. Klöden, »Spontanes Theater« von Paul Pörtner und »Der leere Raum« von Peter Brook. Sowjetische Arbeiten wie »Das Studium der Elemente der Psychotechnik« von L. P. Novickaja, »Arbeit und Begabung im Schaffen eines Schauspielers« von W. Panso und »Die Erziehung des Schauspielers der Stanislawski-Schule« von G. W. Kristi bestätigen ferner die Erkenntnis der zentralen Position von Stegreif-Übungen. Kennzeichnend für schauspielpädagogische Veröffentlichungen in der Sowjetunion war Wahrung der Kontinuität durch das Bemühen, Stanislawskis Wirken lebendig zu erhalten. In der Tat führt auch in Zukunft kein Weg, der den realistischen Schauspieler zum Ziele hat, an Stanislawski vorbei.

Allerdings stellt sich vorliegende Arbeit nicht die Aufgabe, internationale Tendenzen in Vergangenheit und Gegenwart zu erforschen. Insofern interessiert ein Sonderfall wie das Wirken von Jerzy Grotowski wenig. Es bringt zwar ohne Zweifel wichtige Hinweise für die Entwicklung des Schauspielers, setzt aber von vornherein den Aspekt einer schulischen Ausbildung hinter den eines Theater-Laboratoriums mit ausgebildeten Schauspielern zurück.

Indes stellt sich gerade durch die Beschäftigung mit Grotowski die Frage neu, wie weit eine Schauspielschule eine »Schule« sein sollte und darf. Diese Frage ist aber bereits beantwortet, und zwar zugunsten der Schule, die sich international als Stätte der Ausbildung und Erziehung von Schauspielern durchgesetzt hat. Nicht zuletzt sind die fünf Symposien des ITI zu Fragen der Schauspielerausbildung eine glänzende internationale Anerkennung. Ob 1963 in Brüssel die körperliche und stimmliche Ausbildung der Schauspieler, 1964 in Bukarest die Rolle der Improvisation in der Ausbildung, 1965 in Essen der Übergang von der Improvisation zur Interpretation, 1966 in Venedig die Arbeit an der Szene und 1967 in Stockholm Fragen des zu findenden Stils, der Spielweise im Vordergrund standen – stets bezogen sich die Untersuchungen auf die Arbeit der Schulen als der anerkannten Stätten für die Ausbildung des Nachwuchses.

Auch gibt es keine Veranlassung, hinter die Forderungen fortschrittlicher bürgerlicher deutscher Theaterschaffender zurückzugehen. Die Intentionen E. Devrients in seiner Schrift »Über Theaterschule« zum Beispiel zählen durchaus zum humanistischen Erbe, das es zu erschließen und zu bewahren gilt. E. Devrient beklagt sich darüber, daß es allein der Schauspieler sei, »der wild aufwachsen muß«[1]. Und er konstatiert: »Die Theaterschule könnte durch ihre Anweisung den Geringbegabten in Übereinstimmung mit dem Höchstbegabten setzen ...«[2] »... ja es leuchtet ein, daß selbst das größte Genie ohne diese Förderung niemals den höchsten Grad seiner Trefflichkeit erreichen kann.[3]«

Bei E. Devrient findet sich der Hinweis auf die Improvisation als Element der Ausbildung von Schauspielern: »Um die Zöglinge zu selbstschöpferischer Tätigkeit anzuregen, würde es zweckmäßig sein, sie zur Darstellung von Szenen, dann von kleinen *Stücken aus dem Stegreife* anzuleiten. Dies ist vielleicht das wirksamste Mittel, die Eigentümlichkeit der Talente zu völlig freier Entwicklung zu bringen.«[4] Damit gibt Devrient ein entscheidendes Kriterium für jegliche Theaterschule: Sie muß die *Eigentümlichkeit der Talente zu völlig freier Entwicklung bringen*.

Dabei ist eine in Erkenntnis des Wesens des schauspielerischen Schöpfungsaktes konzipierte und praktizierte Ausbildung eher erzielbar als die Anerkennung dieser Erkenntnis in der Theaterpraxis. Der Widerspruch zwischen einer Ausbildung, in der sich die Eigentümlichkeit des Talentes frei entwickeln kann, und der Theaterpraxis, in der sich das Talent in überkommen-konventioneller Weise erst einmal der Autorität der Regie zu beugen hat, ist keineswegs gelöst.

Vorliegende Arbeit entwirft eine auf dem Wesen des schauspielerischen Schöpfungsaktes beruhende Arbeitsmethode, tauglich in der Ausbildung von Schauspielern, geeignet und zu empfehlen aber auch für die Theaterpraxis.

Gerhard Ebert

# I. Der Gegenstand

## Bestimmung

»In der Entwicklungsgeschichte der Theatererziehung nimmt seit der Jahrhundertwende unter den Ausbildungsmethoden des Schauspielers die Improvisation den ersten Platz ein«,[1] sagte Saint Denis 1964 auf dem ITI-Symposium in Bukarest. Wodurch ist die Improvisation auf diesen ersten Platz gelangt? Was macht sie geeignet für die Ausbildung von Schauspielern? Offenkundig etwas, das mit ihrem Wesen zusammenhängt, mit qualitativen Merkmalen, die den schauspielerischen Prozessen dienlich sind, weil sie ihnen objektiv innewohnen, zwar unterschiedlich ausgeprägt, abhängig davon, ob der Schauspieler sich ihrer bewußt ist oder nicht, ob er sich ihrer bedient oder nicht. Eben diese qualitativen Merkmale galt es zu erforschen.

Dabei ist von zwei Seiten herangegangen worden: Einerseits wurde die funktionelle Geeignetheit der Improvisation für schauspielerische Prozesse erkundet, andererseits die gegenwärtige schauspielpädagogische Empirie. Objekte der Forschung sind also

- erstens die Improvisation in der Schauspielkunst und
- zweitens die Improvisation in der Schauspielpädagogik, speziell in der schauspielmethodischen Grundausbildung im Improvisations-Seminar der Schauspielschule Berlin.

Die Improvisation als allgemeine Kategorie alltäglicher Praxis wird nicht debattiert. Die Tatsache, daß jeder Mensch – gelegentlich oder auch häufig – unvorbereitet auf unerwartete Ereignisse spontan reagieren muß, wird zwar im Sprachgebrauch gern mit dem Begriff »improvisieren« belegt, ist aber für die vorliegende Arbeit ohne epistemologischen Wert.

Bereits eine Befragung lexikalischer Definitionen erweist, daß die Improvisation a priori auf die Kunst bezogen wird. »Der Große Brockhaus« aus dem Jahre 1931 versteht unter Improvisation einen »Vortrag ohne Vorbereitung, eine Stegreifdichtung«, und unter Improvisieren »ohne alle Vorbereitung sprechen oder dichten oder Musikstücke schaffen«. Improvisatoren sind »Dichter, die aus dem Stegreif (lat. ex improvisio) Verse verfassen und sofort vortragen oder vorsingen«.[2] Auf der Kunst der Improvisation beruhe großenteils die Commedia dell'arte. »Meyers Neues Lexikon« aus dem Jahre 1962 geht weiter. Hier wird unter Improvisieren »etwas ohne Vorbereitung, aus dem Stegreif tun« verstanden und der Begriff Improvisation einmal auf die Musik bezogen: »die Fertigkeit der Stegreifverarbeitung eines gegebenen Themas zur in sich geschlossenen künstlerischen Aussage«; zum anderen auf das Theater: »das Spiel des Schauspielers aus dem Stegreif, der augenblickliche Einfall, der oft die Rolle bereichert. Die Tradition geht auf die italienische Commedia dell'arte zurück.«[3] Bei der Bestimmung der Improvisation als einer Erscheinung der Kunst ist also offenbar ein *vorgegebenes Thema* sowie dessen *spontane künstlerische Verarbeitung* zu beachten.

Auf dem ITI-Kolloquium in Bukarest definierte V. O. Toporkow: »Improvisation ist das schöpferische Hervorbringen von Versen, Musikstücken oder dramatischen Texten ohne jede Vorbereitung.«[4] Toporkow schenkte also dem Thema keine Aufmerksamkeit. Seine Definition ist noch in anderer Hinsicht unscharf. Sie schränkt die schauspielerische Improvisation auf das Hervorbringen dramatischer Texte ein. Das spontane Hervorbringen dramatischer Texte wird in der Theatergeschichte jedoch herkömmlich mit dem Begriff »extemporieren« belegt,[5] der unter den Begriff »improvisieren« zu subsumieren ist. In den darstellenden Künsten impliziert Improvisation vorrangig szenische Aktion, Geste, Mimik, Spiel und – daraus hervorgehend – adäquate verbale Äußerung.

Aus nunmehr gewonnener Sicht ergibt sich folgende vorläufige Bestimmung: Improvisation besteht darin, daß der Darsteller in eigenschöpferischem Akt spielend Kunst produziert. Er erfindet Abgebildetes ohne vorherige Probe, unvorbereitet also, lediglich einem Thema oder einem bestimmten Handlungsziel oder -gerüst als Vorgabe folgend, ohne Bindung an eine feste Textvorlage, vielmehr szenische Aktion und ihr gemäßen Text spontan.

Damit kann die Improvisation der Commedia dell'arte gemeint sein, selbst die des Happening,[6] nicht unbedingt die innerhalb der Ausbildung. Offenkundig erfaßt die hier gegebene vorläufige Bestimmung noch gar nicht das *Wesen* der Improvisation, sondern lediglich ihre *Erscheinung*. Daher läßt sich ihre Geeignetheit für schauspielerische Prozesse von hier aus noch nicht ableiten. Um Antwort zu finden, ist die Aufmerksamkeit auf die zwei bereits erwähnten Forschungsobjekte zu richten, wobei mit dem Begriff Improvisation in der zunächst gefundenen Definition operiert wird.

## Abgrenzung

Das Wesen der Improvisation wird grundsätzlich und gesondert in der Schauspielkunst erkundet, also weder allgemein in der Kunst einschließlich der Musik noch allgemein in den darstellenden Künsten, Pantomime und Puppenspiel inbegriffen. Außerhalb der Erörterung bleiben diverse Experimente – zum Beispiel von Paul Pörtner[7] –, über stimulierende Improvisationen auch das Publikum zu spontanem Mitspiel zu animieren. Theatralische Versuche, zum Beispiel im Théâtre du Soleil[8], über Improvisationen zu neuen Stücken für die Theaterkunst zu kommen, werden im gegebenen Zusammenhang erörtert.

Das Wesen der Improvisation wird historisch-materialistisch aus ihrer Genesis abgeleitet und aus ihrer geschichtlich sich wandelnden Funktion in der Schauspielkunst. Die erkannten qualitativen Merkmale werden analysiert und hinsichtlich ihrer Geeignetheit für schauspielerische Prozesse befragt. Ein allgemeiner Exkurs über künstlerische Tätigkeit ist unvermeidlich. Die Improvisation in der Schauspielpädagogik wird anhand des Improvisations-Seminars der Schauspielschule Berlin erkundet.

Selbstverständlich ist das Schaffen selbst des werdenden Schauspielers nicht zu trennen von dem komplexen gesellschaftlichen Zusammenhang, in dem er sich vollzieht. Hier stellt sich das Problem der Abgrenzung besonders kompliziert. »Jeder Mensch«, schreibt Stanislawski 1930, »bereitet sich in einer bestimmten, für alle verbindlichen Art und Weise seine Nahrung zu, kaut, schluckt und verdaut sie usw. Das ist unerläßlich für Menschen, die vor Christi Geburt gelebt haben, wie für jene, die in einigen hundert Jahren leben werden. Das ist eine physiologische Frage. So ist es auch in unserem Fach. Jeder nimmt ein Stück, analysiert es auf seine Weise, schluckt es, durchlebt es usw. Das ist ebenfalls eine psychophysiologische Frage, verbindlich für vergangene und künftige Geschlechter. In meinem Buch möchte ich *nur davon* sprechen und nicht darauf eingehen, *wer* und *was* und *wann* vom Schauspieler dargestellt oder geschaffen wird. Das ist *Psychophysiologie, Psycho- und Physikotechnik des Schaffens, mehr nicht* ... In der *Psychotechnik der Kunst* bedeutet das sogenannte Neue einen ausgesprochenen Rückschritt. Gesellschaftliches, wiedergegeben in der Form eines sehr primitiven Handwerks! Mich dem anpassen, d. h. hinter das zurückgehen, was ich schon begriffen habe, könnte ich nicht. Aber, wie gesagt, ich möchte auch gar nicht in dieses Gebiet eindringen, ich würde lieber bei der *Psychotechnik* bleiben, die für alle Zeit verbindlich ist.«[9] Stanislawski verharrt in der Feuerbachschen Auffassung vom biologischen Wesen des Menschen und glaubt, seinen Gegenstand losgelöst von sozialen Determinanten in den Griff zu bekommen. Aber eine Technik des Schauspielers als solche, abstrahiert vom sozialen Wesen des Menschen, gibt es ebensowenig wie eine von der Gesellschaft losgelöste, abstrakte Schauspielkunst. Eine so verstandene Abgrenzung kommt also nicht in Betracht.

Ausbildung von Schauspielern ist in einen Erziehungsprozeß eingebunden und geschieht weder getrennt von der Gesellschaft, in der sie erfolgt, noch von dem Theater, für das sie bestimmt ist. Das Bild, das sich die Gesellschaft vom Schauspieler und das Theater von seinem eigentlichen Produzenten macht, kann uns also nicht gleichgültig sein, ist es doch das Ziel, zu dem hin ausgebildet und erzogen werden sollte. Das Ziel ist kein aus seinen sozialen Bindungen herausgelöster Schauspieler, der einer imaginären Freiheit seines Schaffens huldigt. Auch Stanislawski wollte so nicht verstanden werden. Hier wird grundsätzlich Brechts Auffassung goutiert, daß ein Hauptteil der Schauspielkunst die Wahl des Standpunktes ist, der »außerhalb des Theaters gewählt werden« muß. Denn »ohne Ansichten und Absichten kann man keine Abbildungen machen«, und »will der Schauspieler nicht Papagei oder Affe sein, muß er sich das Wissen der Zeit über das menschliche Zusammenleben aneignen . . .«[10]

## Zum Verhältnis von Schauspielpädagogik und -theorie

Die Improvisation in der Schauspielkunst hat bislang kein grundlegendes Interesse bei der Schauspieltheorie gefunden. Das ist ein Mangel und erschwert der Schauspielpädagogik, die für sie belangvollen Aspekte zu untersuchen. Sie muß hier zusätzlich das zu bewältigen trachten, was die Schauspieltheorie bisher versäumt hat. Sie sieht sich in diese Aufgabe verwickelt, noch bevor sie sich als legitimer Zweig der Theaterwissenschaft zu etablieren vermochte.

Dietrich Steinbeck, der aus bürgerlicher Sicht Theorie und Systematik der Theaterwissenschaft abhandelt, hat keinen Platz für die Schauspielpädagogik. Lakonisch erklärt er: »Belange der Kunstproduktion hat die

Wissenschaft didaktisch nicht zu vertreten; die Funktionen künstlerischer Ausbildung sind aus der Theorie der Theaterwissenschaft zu eliminieren ...«[11] Dieser Auffassung muß in Anbetracht des objektiven Sachverhalts widersprochen werden.

Die Schauspielpädagogik, begriffen als eine wissenschaftlich systematisierte Theorie und Methode zur Ausbildung und Erziehung von Schauspielern, hat ihren eigenen objektiven Gegenstand: Ausbildung von Schauspielern, in welcher die spezifisch schauspielerischen Prozesse gegenüber den pädagogischen Aspekten überwiegen.[12] Zwei konvergierende Prozesse vor allem sind es, deren Gesetzmäßigkeiten der Erkundung harren. Erstens der Lern- bzw. Arbeitsprozeß des Studenten auf der Bühne, die Keimform des späteren schauspielerischen Produzierens, und zweitens der Wechselprozeß zwischen Pädagogen und Studenten im Kollektiv, die Keimform der späteren Relation Regisseur – Schauspieler im Ensemble. Letztlich muß der Pädagoge für alle Unterrichtsprozesse die Impulse geben, aber die Quelle der Bewegung des Unterrichtsprozesses ist der schauspielende Student, sein Lernprozeß. Was er auf der Bühne im Zuge seines tätigen Spiels am eigenen Leibe erlebt, diese unmittelbare Erfahrung lehrt ihn. Anweisungen und Hinweise des Pädagogen werden umso besser verstanden und aufgenommen, je direkter und konkreter sie sich auf die unmittelbare Arbeitssituation des Studenten beziehen.

Ist die objektive Existenz und eigene Bewegungs- und Entwicklungsgesetzlichkeit schauspielpädagogischer Prozesse anerkannt, muß die Schauspielpädagogik nicht befürchten, aus der Theaterwissenschaft verbannt zu werden.[13] Doch darf sie ihre Möglichkeiten nicht überschätzen. Sie wird sich immer auf schauspieltheoretische Erkenntnisse stützen müssen.

Das Improvisations-Seminar ist noch nicht Schauspielkunst; denn es werden keine Autorentexte erarbeitet. Aber alles, was auf der Bühne geschieht, zielt auf Schauspielkunst. Es wird improvisierend gespielt, es finden erste Verwandlungen statt, Figuren entstehen, wenn auch oft nur im Ansatz als Skizze. Also müssen grundsätzlich alle sich in der Ausbildung vollziehenden Arbeits- und Lernprozesse konform gehen mit den Gesetzen der Schauspielkunst. Mangel an Kenntnissen dieser von der Schauspieltheorie zu erforschenden Gesetzmäßigkeiten führt zu Mangel an Effektivität im Ausbildungsprozeß. Andererseits ist eine Ausbildungsstätte als ein ausgesprochenes Laboratorium für schauspielerische Schaffensvorgänge nicht nur trächtiger Nährboden für die Schauspielpädagogik, sondern auch für die Schauspieltheorie. Allerdings können im Rah-

men dieser Arbeit nur einschlägige schauspieltheoretische Probleme erörtert werden.
Zurückhaltung wird geübt hinsichtlich des Streites um die Frage, inwieweit der Schauspieler die Vorgänge auf der Bühne spielt, zeigt, handelt, erlebt, lebt, verkörpert oder darstellt. Als Orientierung dient Meyerholds Auffassung. Er schreibt 1912: »Im zeitgenössischen Schauspieler ist der Komödiant vom ›intelligenten Vorleser‹ abgelöst worden. ›Das Stück wird in Kostümen und Schminke gelesen‹, könnte man auf den Theaterzetteln von heute vermerken ... Die Technik des ›jongleurs‹ wird vom zeitgenössischen Schauspieler überhaupt nicht gebraucht, weil er niemals ›spielt‹, sondern nur auf der Bühne ›lebt‹. Ihm ist das magische Wort ›Spiel‹ unverständlich, weil der Imitator niemals imstande ist, sich zu einer Improvisation aufzuschwingen, die sich auf die unendlich mannigfachen Verflechtungen und den unaufhörlichen Wechsel der einmal erreichten Techniken des Histrionen stützt.«[14]
Im Improvisations-Seminar ist der Student in erster Linie Spieler. *Spielend entwickelt sich der Spieler zum Schauspieler.*

## Methode der Erforschung

Hinsichtlich der Improvisation in der Schauspielkunst, ihres Wesens, ihrer qualitativen Merkmale, ist bei dialektisch-materialistischem Vorgehen vor allem die Erforschung der objektiven Bewegungsgesetze, also der Genesis der Improvisation sowie ihrer daraus resultierenden Gegebenheit erforderlich. Die Methode der Erforschung ist daher die historische, die Beschreibung des Entwicklungsprozesses, der Versuch, sowohl das Gesetzmäßige als auch das Einzelne zu eruieren. Der Verfasser stützt sich dabei auf völkerkundliche und theaterwissenschaftliche Forschungen sowie auf überkommene Theaterschriften, weit verstreut aufgefunden. Ausführliche Zitate sind unvermeidlich. Die Methode ist zugleich die logische: das Bemühen, auf Grund der erkannten Genesis, der erkannten Entwicklungsprozesse, zum Wesen der Improvisation vorzudringen und ihre qualitativen Merkmale zu bestimmen.
Hinsichtlich des Improvisations-Seminars ist ein anderes Herangehen erforderlich. Die spezifische Eigenart des Gegenstandes, seine existentielle Flüchtigkeit, zwingt, mit der Beobachtung als der Hauptform empirischer Erkenntnis zu arbeiten. Nun hat eine Beobachtung in der Regel nur dann wissenschaftlichen Wert, wenn man sie oftmals wiederholen kann. Die Eigenart des Gegenstandes impliziert, daß die Beob-

achtung beliebig oft wiederholt werden kann (im Grunde Jahr für Jahr mit den jeweils neu hinzukommenden Studenten bzw. mit jeder einzelnen Übung), andererseits aber nie absolut, weil die Bedingungen lebendigen Spiels keinerlei Mechanismen zulassen. Die maximale Vielfalt der Situationen, in denen die untersuchte Erscheinung beobachtet wird, empfiehlt die Methode der Ähnlichkeit zum Heraussondern des Beständigen aus dem Veränderlichen. Das aktive Einschalten des Pädagogen in den Gang der zu untersuchenden Prozesse macht das gesamte Improvisations-Seminar faktisch zum materiellen Experiment, zum Laboratorium für Schauspieler. Daher kann die Wiederholbarkeit der Beobachtungen – zum Zwecke der Verallgemeinerung – mittels materieller Experimente nachgewiesen werden, eben mit Hilfe der jeweils einschlägigen schauspielerischen Übungen.

Der Verfasser stützt sich auf die Daten der jahrelangen erfolgreichen Praxis der Schauspielschule Berlin, speziell der Jahre 1973 bis 1975. Diese Praxis wird durch keinen Beschluß als gültig legitimiert, allein durch die Tatsache, daß heute an den Bühnen zahlreiche ehemalige Absolventen eine wertvolle künstlerische Arbeit leisten. Insofern ist diese Praxis verallgemeinernde Forschung wert.

Die theoretische Aufbereitung des erreichten Standes – erfolgend unter Beachtung der einschlägigen Erkenntnisse und Hinweise Stanislawskis und Brechts sowie im Zusammenhang mit der allgemeinen Theaterpraxis – führt zwangsläufig zu konzeptionellen Überlegungen hinsichtlich der Perspektive realistischer Schauspielkunst und stellt insofern eine Gegenkonzeption zu spätbürgerlichen Theaterentwürfen, zum Beispiel Antonin Artauds, dar. Die Aneignung der hier gewonnenen Erkenntnisse gibt nicht nur die Möglichkeit, den kreativen Schaffensakt der Schauspielerpersönlichkeit von jahrhundertealter Patina der Unterdrückung und Verkennung epistemologisch freizulegen, sondern auch in der Theaterpraxis real freizusetzen.

Die vorliegende Arbeit versteht sich als ein Beitrag auf dem Wege zu einer Theorie der darstellenden Künste, deren »sinnliches Hauptelement«[15] der darstellende Mensch ist und dessen sinnliche Tätigkeit ihr »vorrangiges Objekt« werden muß.

## II. Genesis der Improvisation

### Die Ursprünge

Die Improvisation steht entwicklungsgeschichtlich am Anfang jeglicher mimetischen[1] Äußerung des Menschen, und die Aufmerksamkeit des Verfassers konzentriert sich nicht auf deren Schicksal im Tanz oder in der Pantomime, sondern speziell in der Schauspielkunst. Die ersten mimetischen Äußerungen des Menschen waren Fruchtbarkeits- bzw. Vermehrungszeremonien und dienten elementarem praktischem Bedürfnis. Da der »unter dem rohen praktischen Bedürfnis befangene Sinn auch nur einen bornierten Sinn«[2] hatte, weshalb das Denken noch völlig in borniert Sinnlich-Empirisches verstrickt war, war auch der tradierte Bewegungsablauf eng begrenzt. Nur der Zeremonie verpflichtet, wurde zelebrierend getanzt. Alles spricht dafür, daß diese intuitiven Tänze ohne Proben getanzt wurden. Sie sind als frühe Tanz-Improvisationen anzusehen.

Auf einer späteren Entwicklungsstufe wurde die praktische Unterweisung »durch eine magische Aufführung ersetzt, in der die Mitglieder der Clans dadurch, daß sie das erfolgreiche Unternehmen der Nahrungsbeschaffung mimisch vorwegnahmen, sich selbst die für das tatsächliche Vorhaben erforderliche kollektive geballte Tatkraft suggerierten. Primitive Magie beruht auf der Vorstellung, man könne durch Erzeugung der Illusion, daß man die Wirklichkeit beherrsche, diese in der Tat beherrschen.«[3] Auch diese sich bereits gestisch-mimisch gebärdenden Bewegungs-Äußerungen kommen aus einem keimenden Bewußtsein des Zusammenhanges mit anderen Personen und Dingen, aus Empfindungen, Wahrnehmungen und Vorstellungen einer Menschheit, deren Glieder sich als Einzelwesen noch nicht begriffen haben, aus bloßem »Herdenbewußtsein«.[4] Individuelle gestisch-mimische Äußerung wird zwar möglich, entwickelt sich, ist aber Kapitalverbrechen, Hexerei, »ist Mißbrauch der für den Dienst an der Gemeinschaft bestimmten Magie für persönliche Zwecke«.[5] In dieser primitiven Gesellschaft ist alles geweiht, nichts profan. Essen und Trinken, Ackerbau und Jagd unterliegen einem eigentümlichen Verfahren, das streng vorgeschrieben und heilig ist. »Beim Gesang und Tanz des mimetischen Ritus zog sich jeder Mitwirkende unter der hypnotischen Wirkung des Rhythmus aus dem individuellen Bewußtsein der Wirklichkeit in die unterbewußte Welt der Phantasie zurück, die für alle gemeinsam, kollektiv war, und aus dieser inneren Welt kehrten sie, mit neuer Kraft zum Handeln erfüllt, in die Wirklichkeit zurück..«[6] Solch gruppenweises magisches Sich-Zurückziehen in Inneres läßt eine Entfaltung der Improvisation nicht zu, deren Lebenselement das Inividuelle ist, das wach empfindende und reagierende Individuum.

Die sakralen Bewegungsabläufe mit ihrem jeweils mehr oder weniger ausgeprägten rituellen Zeremoniell wurden – analog der »Sage«, die weitergesagt wurde – als »Spiele« weitergespielt, überliefert. Das bestätigt Niessen, wenn er schreibt: »Auf die Frage, weshalb in einem Kultus so verfahren wird, hört der Europäer bei den meisten Primitiven immer wieder die stereotype Antwort: ›Unsere Väter haben das so gemacht ...‹«[7] Die tänzerisch-mimischen Bewegungsabläufe wurden immer wieder aus dem Gedächtnis reproduziert, so, wie es die Väter gemacht hatten.[8] Das zeremonielle, tradierte Reglement erstickte das Improvisatorische. Jene Zeremonien und Kulte, für die sich ein strenges Ritual entwickelte, das auf gruppenweise Abläufe orientierte und dessen Nachahmung von Wirklichkeitserscheinungen nur erstarrt war, verfestigten das einfältig Zelebrale der Darstellungen. Obwohl nicht aufgeschrieben, folgten »die bei den kultischen Vorführungen üblichen Gesänge und Texte einem genauen Wortlaut«,[9] und diese genau vorgegebene Verbalisierung führte im Rahmen des Stammesbewußtseins bereits zu relativ konkret fixierter, die Improvisation weitgehend einschränkender einförmiger Handlung.

Augenscheinlich ergaben sich historisch zwei Entwicklungslinien: Führte der bornierte Sinn introvertiert ins Religiöse, verkrustete die frühe Tanz-Improvisation zu zelebralem Ritual, zielte er jedoch extravertiert in die Wirklichkeit, diente er der Entwicklung der Tanz-Improvisation vom Rituellen weg hin zu individuellem Spiel. Die Entfaltung der Improvisation ist offenkundig verknüpft mit immer bewußter werdenden und angestrebten »Nachbildungen bekannter Arbeitsvorgänge (Bootsbau, Jagd, Fischfang, Krieg, Ernte) ...«[10] Dieses Moment nachbildender Nachahmung scheint sogar vorherrschend gewesen zu sein. Nach K. Bücher hat man »sich viele Mühe gegeben, einen den Tänzen der Naturvölker zugrunde liegenden einheitlichen Gedanken herauszufinden, bis jetzt vergeblich. Denn die Tänze werden bei den verschiedenartigsten Gelegenheiten ausgeführt, bei Freude sowohl als Trauer, vor und nach der Jagd oder dem Fischfang, wenn diese Arbeiten eine Beute ergeben und ebenso, wenn es nicht der Fall ist, bei der Hochzeit, beim Krieg, bei Mondwechsel, bei der Gottesverehrung, aber auch ohne jede äußere Veranlassung. Man kann darum nicht einmal mit einiger Zuversicht behaupten, daß der Tanz irgendeine Art der gemütlichen Erregung zum Ausdruck bringen oder eine solche hervorrufen solle, daß er der bloßen ›Lust an der Entladung der erregten Gefühle‹ entspringe. Denn es steht doch ziemlich fest, daß er nicht bloß den Mitwirkenden Freude und Erregung verursacht, sondern ebenso den Zuschauenden, daß den allergrößten Teil der Tänze primitiver Völker rhythmisierte Nachahmungen von Vorgängen des Menschen- und Tierlebens bilden, also Aufführungen, deren rhythmische Gestaltung auf andere wirken, ihnen Freude machen, den Aufführenden selbst aber Ehre bringen soll.«[11] J. E. Lips berichtet von Vorführungen, die »nur der ästhetischen Freude und der Erregung der Sinne gewidmet und … in ihrer Stimmung grundverschieden von der religiösen Erhabenheit der Ritualdramen«[12] sind. Sie dienen der Erregung der Sinne, mithin der Ausbildung der Sinne, stellen also einen wichtigen Faktor für die psychische Entwicklung der Menschen der Urgesellschaft dar – nicht zuletzt für die individuelle Ausprägung der *Improvisation* als vital-sinnliche mimetische Spiegelung der Wirklichkeit, *als bildhaftes Entdecken der Welt.*

Die Entfaltung der Improvisation ist auch verknüpft mit der sich entwickelnden Trennung von Spieler und Zuschauer. Bei den Sammlern und Jägern erwächst der mimetische Vorgang noch »aus der durch Arbeitsteilung kaum aufgespaltenen Gemeinschaft: Anstelle eines Publikums gibt es Mitwirkende. Die ›Einheit Spielender und Schauender‹ … ist vollkommen; denn jeder kann in dem Maße mitspielen, wie er an dem unteilbaren Prozeß der Erhaltung des Lebens mitwirkt.«[13] P. Schebesta beschreibt einen solchen Gemeinschaftstanz, den Schimpansentanz. An ihm nahmen nur Männer und Knaben teil, »die sich in langsam wackelndem Tanzschritt durch das ganze Lager bewegten und dabei Grimassen schnitten. Der Älteste, mit Pfeil und Bogen bewaffnet, stellte den Jäger dar, der auf Schimpansenjagd auszog, von einem Busch oder Baum gedeckt der Herde auflauerte und den Bogen gegen sie spannte. Die listigen Schimpansen hatten ihn aber schon erspäht und wandten sich ihm zu mit Gebärden der Angst und Wut. Der Pfeil surrte, die Herde wich aus, duckte sich zu Boden, grinste und brüllte. Das Spiel wiederholte sich mehrmals, begleitet von dröhnendem Trommelwirbel.«[14]

Deutlich wird die Trennung in einem Bericht M. Gusindes. Er schreibt über Pygmäen-Improvisatoren, regelrechte Meistererzähler, die »mit fesselnder, unwiderstehlich und staunenswert bezwingender Erzählergabe« auftraten. »Plastische Lebhaftigkeit und dramatisches Gebärdenspiel erfrischen den Vortrag, der häufig die späten Stunden bis um Mitternacht ausfüllt ...«[15] Die mimetischen Spiele der Bambuti-Pygmäen erstreben »eine genaueste Wiedergabe der Haltung und Bewegung, der Gesinnung und Gewohnheiten einiger Großtiere, die im gleichen Urwalde zu Hause sind. Sie erreichen in alledem eine für Europäer unnachahmbar genaue Naturtreue ... «[16]

Die Herauslösung der Spielenden geht einher nicht nur mit den wachsenden individuellen Fertigkeiten der Improvisatoren – ein Aspekt der Arbeitsteilung –, sondern auch mit der immer reicheren Nachahmung menschlicher Tätigkeiten. Wesentlich ist die diesen ursprünglichen Improvisationen eigene Einheit von Spiel, Tanz, Gebärde, Gestik, Mimik, Pantomimik, Wort, Gesang und Musik, das Produkt einer unmittelbar aus der Empfindungs-, Wahrnehmungs- und Vorstellungswelt des urgesellschaftlichen Menschen kommenden intuitiven, einfachen Mimesis der Wirklichkeit. Diese einfache Mimesis ist zunächst ein einfältiges Nachahmen der Natur, der Tiere vor allem. In dem Maße, in dem der Improvisierende schließlich menschliche Tätigkeiten nachahmt und seine Meinung, Wertung in das Abgebildete einbringt, wird es zur bewußten nachahmenden Darstellung, zum realistischen Abbild und zu dem, was Jahrhunderte später Sophron und Aristoteles *Mimus* nennen.[17]

Vor allem die improvisierten Jagd- und Fangspiele gaben Gelegenheit, zur nachahmenden Darstellung menschlichen Verhaltens überzugehen. C. Niessen beschreibt einen »Abend mimischen Tanzes mit Liedbegleitung ..., den ein alter kleiner Tausendsassa von Pygmäen-Mimiker gab ...: Erst sang er eine Reihe Couplets von allerlei Tieren, Fischen, Vögeln und Affen, dabei erstaunliche mimische Illustrationen bietend. Mit verblüffender Suggestionskraft der Geste schildert er allein den Ablauf einer ganzen Elefantenjagd, Jäger und Jagdtier je nach der Handlungsphase darstellend. Ein Vorbereitungslied und ein Triumphgesang beteiligten das Wort. Der Rüssel wird mit einem Arm angedeutet. Naturgetreu war der trompetende Rüssellaut, nachdem der Speer den Koloß von unten getroffen hatte und er zusammengesackt war. Auch das Ausbrechen der Zähne wurde nicht vergessen. In die Freude des Erlegens mischte sich die ... Angst vor der Rache des Jagdtieres ...«[18] Solcherart Improvisation reihte – einen Wirklichkeitsablauf spiegelnd – einzelne Vorgänge spontan und zufällig aneinander. Die Improvisation bestand

sozusagen aus einer Kette von Einzelvorgänge spiegelnden Mini-Improvisationen, und je nach Spiellaune und Publikumsgunst wurden solche Mini-Improvisationen verworfen oder neu erfunden.
Bereits so etwas wie eine Fabel entsteht im Mimus des Honigsuchens der Bambuti-Pygmäen, den Niessen beschreibt, durch Improvisation, bei der die Momente bewußten Nachahmens deutlich werden, ein Beispiel für die realistischen Regungen des Mimus: »Besonders lebensnah ist ..., wenn der kleine Mime in indifferenter Stimmung den Wald betritt, ein Lied trällert, dann plötzlich anhält, Honig wittert, eine Fackel anzündet und mit einem Steinmesser zwischen den Zähnen auf die Felsen klettert; in der Freude über die süße Beute reibt er sich den Bauch, so daß sich der Zuschauer vor Lachen schüttelt; aber da trifft ihn die Rache, indem ihn die Bienen stechen, wobei die empfindlichsten Teile nicht geschont werden; ein Arsenal von Komik eröffnet sich ..«[19]
*Der Mimus ist die Form, in der die Improvisation ihre erste originäre und historisch unwiederholbare Ausprägung erfuhr.* Der Mimus ist Mimesis einfacher Vorgänge, kritisch-burleske Spiegelung charakteristischen Verhaltens einzelner Vertreter des Volkes – ob Jäger, Sklave, Koch, Matrose, Bauer, Fischer, Hirte, Soldat, Kuppler, Dirne, Lumpenhändler, Bäcker, Schuster, Hebamme oder wer auch immer –, weshalb die Vertreter des Mimus, die Miminnen und Mimen, schließlich auch Biologen, Lebensschilderer, und Ethologen, Schilderer von Verhaltensweisen, genannt wurden.[20] Der Mimus ist in Attica zu finden wie in Indien, im Orient wie im Okzident. Er »geht ursprünglich vom niederen Volke aus, das in harter Arbeit um seinen Unterhalt ringt ... Der Mimus gehört von Anfang an zu ganz anderen niedrigeren Volkskreisen als die vornehme idealistische Poesie, das ritterliche Epos Homers und alles, was damit zusammenhängt ...«[21]
Jene Improvisatoren, die mit ihren volkstümlichen Nachahmungen von menschlichen Aktivitäten am Anfang der realistischen schauspielerischen Regungen des Menschen standen, begegnen uns wieder als meisterhafte Improvisatoren des dorischen Mimus, der Phlyake, der Atellane. Sie treten einzeln auf, »höchstens in kleiner Gemeinschaft, aber nie im Chor ..., sie bedienen sich burlesker Redeweisen, sie führen bestimmte Typen vor ...«[22] Ob sie als Mimologen spielen, die den Mimus in einfacher Rede vortragen, als Mimoden, die den gesungenen Mimus pflegen, oder als Mimaulen, die zum Schall von Flöten auftreten, sie alle spiegeln ihren Gegenstand in kleinen Szenen als improvisiertes, lebendiges Sittenbild: mimisch-sinnliche Entdecker des Menschen. »Wie die Bilder der laterna magica«, schreibt Reich, »ziehen die Charakterbilder

eins nach dem anderen vorüber, das eine Bild verschwindet und das andere erscheint. So erscheint ... der Mimologe und Mimode auf seiner Gauklerbühne nacheinander bald als quacksalbernder Charlatan, darauf als Dieb, dann als Kuppler ...«[23]

Die Mimen kamen aus dem Volke, sie spielten für das Volk. »Das wirkliche Volkstheater der Antike«, schreibt Arnold Hauser, »war der Mimus, der keine Subventionen bezog, infolgedessen ... seine Richtlinien einzig und allein aus der eigenen unmittelbaren Erfahrung mit dem Publikum schöpfte. Er bot den Leuten keine kunstvoll gebauten Dramen mit tragisch-heroischen, vornehmen und erhabenen Sitten, sondern kurze, skizzenhafte, naturalistisch gezeichnete Lebensbilder mit Motiven und ... Typen aus dem trivialsten Alltag. Darin haben wir es ... mit einer Kunst zu tun, die nicht nur für das Volk, sondern gewissermaßen auch von dem Volk geschaffen wurde. Die Mimen mögen Berufsschauspieler gewesen sein, sie blieben Volksschauspieler ... Sie stammten aus dem Volke, teilten den Geschmack des Volkes und schöpften aus der Lebensweisheit des Volkes ...«[24]

Zumindest bis Sophron (um 430 v. u. Z.), der »dem volksmäßigen Mimus ein literaturfähiges Gewand«[25] anzog, war der Mimus urwüchsige, pure Improvisation, lediglich der Vorgabe verpflichtet, das Publikum mit derb-drastischen, einfach-realistischen Nachahmungen zu unterhalten. Das bestätigt M. Herrmann, wenn er schreibt: »Was sich über den dorischen Mimos ... sagen läßt, ist höchstens, daß er, ... nur von Improvisationen lebte, also etwas völlig Unliterarisches war, daß der Gegenstand der Darbietungen wohl spaßhafte, alltägliche Hergänge aus dem Volksleben gewesen sind, Marktdiebstähle etwa, das Auftreten eines Qacksalbers und dergleichen.«[26] *Die Improvisation als mimetische Äußerung der Menschen ist die Quelle des Schauspielerischen, sein Urelement.* Wobei unter dem Schauspielerischen jene zunächst noch unausgegorene, ursprüngliche Verschmolzenheit von Tanz, Spiel, Mimik, Gestik, Pantomimik, Gesang und Wort begriffen wird, wie sie originär im vorsophronischen Mimus anzutreffen ist.

C. Niessen nennt den gesamten antiken Mimus – »trotz Sophron und Philistion oder gar Herondas, der doch nur mimische Derbheiten in Verse brachte«[27] – ein Theater ohne Dichter und damit ein Theater der Improvisation. Dem folge ich nicht. *Die Improvisation existierte originär nur, bis der Mensch fähig wurde, Gesprochenes schriftlich zu fixieren,* dergestalt zu bewahren und als Textvorlage für den Schauspieler zu benutzen. Von Stund' an – selbst schon im Mimus – wurde die Improvisation objektiv dialektisch aufgehoben und bis zur Unauffälligkeit in die sich nunmehr eigenständig entwickelnde *Schauspielkunst* integriert; so robust sie später in relativer Selbständigkeit wieder hervortrat, am vehementesten in der Commedia dell'arte.

Den historischen Prozeß beschreibt Aristoteles so: »Weil uns der Nachahmungstrieb und Sinn für Harmonie und Rhythmus angeboren sind ..., waren es von Anfang an die durch die Natur dazu befähigten Menschen, welche die Dichtkunst hervorbrachten, indem sie sie aus anfänglichen Improvisationen höher entwickelten.«[28] Gewiß sieht Aristoteles hier vornehmlich Wort-Improvisationen als Ausgangspunkt der Dichtkunst. Aber abgesehen davon, daß »Aristoteles ... alle Poesie für mimisch«[29] erklärte, geht aus dem bisher Dargelegten ohnehin hervor, daß eine solche Einseitigkeit hier nicht wesentlich ist, weil noch keine Differenzierung stattgefunden hatte. Verbale Improvisation implizierte stets gestische, mimische, tänzerische und gesangliche Improvisation. Wort, Gesang, Tanz und gestisch-mimisches Spiel existierten als zusammenwirkende Einheit. Der Trennungsprozeß setzte ein mit der möglich werdenden Fixierbarkeit des Wortes, eben mit dem Hervorbringen der Dichtkunst. Wenn also Zweifel bestehen mögen, inwieweit Aristoteles Dichtkunst auf das Schauspielerische bezieht, sind diese Zweifel unerheblich in Relation zum wesentlichen Inhalt des Problems, das Aristoteles so faßt: »Sowohl Tragödie als auch Komödie stammen aus Improvisationen ...«[30]

*Die Improvisation,* das Urelement des Schauspielerischen, *wurde in einem Jahrhunderte währenden Prozeß literarisch negiert* und damit einerseits relativ unauffällig in der sich nunmehr eigenständig entwickelnden Schauspielkunst aufgehoben und andererseits aus der sich entwickelnden Dichtkunst geradezu vollkommen verbannt. M. Herrmann beschreibt diesen Vorgang so: »In die Nähe dessen, was man Schauspielkunst nennen kann, kommt solche Produktion doch erst, ... wenn das nur dilettantische Improvisieren aufhört und an seine Stelle fixierter, literarischer, ja irgendwie ins Dichterische gehobener Text tritt, der andererseits seinen Zusammenhang mit dem Mimus nicht verleugnet ...«[31]

Dieser Zusammenhang ist sehr wohl geleugnet worden. Schon Aristophanes polemisierte gegen das Eindringen des Mimus in die Komödie,[32] obwohl er es selbst praktizierte. Der Mimus wurde als Tingeltangel des Volkes diskreditiert, bezeichnenderweise von den von nun an Herrschenden der Klassengesellschaften und ihren Poeten und Historikern. Offenkundig hatte das urkräftig entstehende Theater alles Interesse auf sich konzentriert – das Theater als nun erst einmal zu begreifende phänomenale Einheit von junger Dichtkunst und junger Schauspielkunst, von Institution und Publikum. In der Notwendigkeit für die jeweils herrschende Klasse, sich dieses einzigartigen ideologischen Instrumentes theoretisch und praktisch immer wieder neu zu versichern, mag eine Ursache dafür liegen, daß die Improvisation seither kein Gegenstand gezielter wissenschaftlicher Untersuchung geworden ist. Wenn H. Reich schreibt, es »gibt keine Geschichte des Mimus«,[33] so kann mit gleicher Bestimmtheit gesagt werden, es gibt keine Geschichte der Improvisation. Diese Geschichte kann hier nicht geschrieben werden. Nach Darlegung der Ursprünge der Improvisation und ihrer dialektischen Aufhebung in der Schauspielkunst, wird ihre weitere Entwicklung im Abriß skizziert.

## Commedia dell'arte wider fixierten Text

Dies also war geschehen: Die aus improvisiertem Spiel hervorgehenden Texte waren fixierbar geworden, damit aufs Wort genau wiederholbar, aber nun aus dem Gedächtnis reproduziert und nicht mehr improvisiert. (Ein historischer Schritt, ein gewaltiger Fortschritt! Die Dichtkunst entwickelte sich unabhängig vom Schauspieler. Das Wort entstand nicht mehr unmittelbar aus der Improvisation, es konnte außerhalb des Spiels am Schreibtisch geboren werden.) Folgerichtig dominierte im attischen Theater der aus dem Gedächtnis gesprochene Text. Er war auch Impuls für die getragene, große gestische Aktion, für die weitausladende Gebärde, nicht umgekehrt. Die kreative Ursprünglichkeit des Mimen war nicht mehr gefragt.

Jedoch: Die für die junge Schauspielkunst aufgekommenen Möglichkeiten wie Gefahren versanken in der Geschichte. Und als nach einem reichlichen Jahrtausend antike Texte wiedergefunden wurden, mußten sie völlig neu erschlossen werden. Liebhaber antiker Dichtkunst begannen zu experimentieren. Ohne genaues Wissen vom antiken Theater glaubten sie zunächst, das antike Drama sei wie das antike Epos zum Vorlesen bestimmt. Sie nahmen an, ein gewisser Calliopius, ein Sprecher, habe die Stücke in Rede und Gegenrede vorgetragen, und gleichzeitig hätten in einer Art Orchestra oder auf erhöhtem Podest stumme Personen die Empfindungen der einzelnen Gestalten durch pantomimisches Gebärdenspiel ausgedrückt. So fand der objektive, historisch entstandene Widerspruch vorübergehend diesen praktischen Ausdruck:

Der Text wurde von einem Sprecher vorgelesen, Pantomimen improvisierten dazu Gebärden.
Eine solche Aufteilung von Text und sinnlich-praktischem Handeln auf verschiedene Personen fand wenig Verbreitung. Auch hatte sich fixierter Text noch nicht allgemein durchgesetzt. Dort, wo im Volk mimische Spiellust erhalten geblieben oder neu erwacht war, sich also das Elementare des Mimus über die Jahrhunderte behauptete, lebte die Improvisation fort. Nach Heinz Kindermann waren zum Beispiel die Nürnberger Fastnachtsspiele »in ihren uns nicht mehr zugänglichen frühesten Anfängen zweifellos Stegreifspiele. Auch später, nach ihrer uns schon vertrauten Wortfixierung, hat es gewiß noch viele Improvisationen inmitten des Spiels gegeben.«[34]
Allgemein aber wurde Theater nun begriffen als Aufsagen des fixierten Textes mit ergänzender, den Text illustrierender Gebärde – auf der mittelalterlichen Simultanbühne wie in der in Italien nach antikem Vorbild entstandenen commedia erudita. Der Fortschritt des antiken Theaters – fixierter Text – war zur Fessel des frühen Theaters der Renaissance geworden. Die sprichwörtliche Text-Gläubigkeit des Mittelalters hatte ihr übriges getan.
Sobald jedoch der aktive, tätige, sich als Persönlichkeit konstituierende Mensch der Renaissance auch im Theater auf Aktion drängte, empfand er die sklavische Texttreue als Einengung, zumal er auch die überkommenen Textinhalte zu überwinden trachtete. Er durchbrach die Schranken, und zwar radikal. Es kam die große Zeit der Commedia dell'arte. Fixierter Text wurde abgelehnt. »Die mimische Kunst strebte nach Selbständigkeit, in Italien … geschah … der entscheidende Schritt von der commedia erudita zur commedia dell'arte. Damit vollzog sich die erste Losreißung des Theaters von der Literatur; der italienische Schauspieler hatte offenbar erkannt, daß in der ihm obliegenden Darstellung der schablonenhaften Lustspiele nach römischem Muster die Hauptwirkung von seiner eigenen Leistung ausging, und er befreite sich vom Zwang des geschriebenen Textes.«[35]
Dem Schauspieler wurde nun in Gestalt sogenannter Canevas nur eine Art Handlungsgerüst vorgegeben. Er kannte zwar durchaus eine Fülle von schon erprobten Möglichkeiten des Handelns entsprechend dem jeweiligen Canevas, mußte letztlich aber immer wieder unmittelbar und neu improvisieren; denn es gab keinerlei Verabredung mit dem Partner.
A. K. Dshiwelegow zitiert Evaristo Gherardi, einen Arlecchino der Commedia dell'arte aus der zweiten Hälfte des 17. Jahrhunderts, der die Vorzüge der Commedia dell'arte so einschätzt: »Ein guter italienischer

Schauspieler ist ein Mensch von echter Substanz ...; er spielt mehr mit Hilfe seiner Phantasie denn mit Hilfe des Gedächtnisses; er denkt sich erst im Verlauf des Spieles alles aus, was er sagt; er ist imstande, sich seinem Partner anzupassen, das heißt seine eigenen Worte und Handlungen so gut mit dessen Worten und Handlungen in Einklang zu bringen, daß er blitzartig mit dem Spiel und den Bewegungen reagiert, zu denen jener ihn herausfordert. Und das alles wirkt so harmonisch, daß jedermann glaubt, die beiden hätten es schon zuvor miteinander geprobt.« Und A. K. Dshiwelegow schlußfolgert: »Das alles war die Form, in der die Kunst des Improvisierens beschlossen lag.«[36]

Alle Spieler kannten zwar den Canevas, aber wie er im gegebenen Falle mit lebendigem Spiel erfüllt wurde, ergab die unmittelbare Eingebung, die künstlerische Phanasie.[37] Hieraus resultierte die außerordentliche schöpferische Frische der Commedia dell'arte. So schrieb Ludovico Riccoboni: »Man muß zugeben, daß dieses Theater Vorzüge aufzuweisen hat, derer sich die geschriebene Dramatik nicht rühmen kann. Die Improvisation gibt die Möglichkeit, das Spiel so mannigfaltig zu variieren, daß der Zuschauer ein und dasselbe Schauspiel mehrere Male hintereinander sehen kann und dabei doch jedesmal ein anderes Stück zu sehen scheint. Ein Stegreifschauspieler ist in seiner Darstellung lebendiger und natürlicher als ein Schauspieler, der seine Rolle auswendig gelernt hat, denn man empfindet und spricht viel besser, was man selbst frei gestaltet, als etwas, das man mit Hilfe des Gedächtnisses von anderen entlehnt hat.«[38] Die Kommunikation auf der Bühne und zwischen Bühne und Zuschauer war unmittelbar, und obwohl die Commedia dell'arte schließlich auch an den feudalen Höfen sehr gefragt war, ist ihre Volkstümlichkeit und -nähe unbestritten, zumindest in ihrer Blütezeit.

Doch nicht nur in der Maskenkomödie der Commedia dell'arte lebte die Improvisation. Es kamen die englischen Schauspielerbanden, die unregelmäßigen Stücke, die Haupt- und Staatsaktionen. Fixierter Text wurde gnadenlos als Aktionen-Lieferant ausgebeutet, auf seinen »Handlungswert« reduziert, darauf fußend eigene Texte erfunden und damit eine bestimmte ästhetische Qualität kreiert, die Adolf Winds so beschreibt: »Besteht die schauspielerische Fähigkeit darin, daß im Munde des Sprechers das abstrakte Wort zum Empfindungslaut wird, so war diese Aufgabe auf der künstlerisch niedrigen Stufe des Stegreifspielers die denkbar einfachste, denn der vulgäre, im Augenblick des Sprechens entstandene Text konnte gar nicht anders als natürlich wiedergegeben werden. Alles Gespreizte entfiel, und da die Rede sich naturgemäß entwickelte, fing der eine den Ton des anderen auf, er erhaschte ihn sozusagen. Dieses Ineinandergreifen von Rede und Gegenrede, dieses gegenseitige Aufnehmen des Gesprächstones ergaben in der Selbstverständlichkeit ihrer Abstufung und Schattierung die Natürlichkeit im Gespräch; denn es genügt nicht, daß der einzelne Darsteller natürlich ist, erst die Übereinstimmung aller bringt die Natürlichkeit der Gesamtdarstellung zuwege ...«[39] Jahrhunderte bestimmte diese »Zwischenlösung« des Widerspruches zwischen Improvisation und fixiertem Text die Entwicklung des Theaters.

## Theaterproben wider die Improvisation

Je mehr indes neue, bürgerliche Stücke geschrieben wurden, desto schärfer erschienen die Konturen des noch ungelösten historischen Widerspruches: Die Texte standen fest, doch der sie eigentlich verursachende, sie hervorbringende Handlungsvorgang nicht. Solange die Aufführungen nicht oder nur kaum probiert wurden, blieb daher – trotz genauer Textvorgabe – immer wieder viel Raum für Improvisationen, was dann meist auch Verletzungen des Autorentextes und spontanes Extemporieren zur Folge hatte. Dem urwüchsig improvisierenden Schauspieler drängt sich nun einmal eigener, extemporierter Text auf die Zunge.
Die bürgerlichen Theaterkünstler sagten der »wildgewordenen« Improvisation den Kampf an. Es war dies die Zeit des Ringens um Realismus in der deutschen Schauspielkunst, ein langandauernder, ein komplizierter Kampf, der sich nicht speziell gegen die Commedia dell'arte richtete, sondern allgemein gegen das durch willkürliches Improvisieren verursachte Verletzen und Verballhornen bürgerlichen Aufklärungsgutes. Allein der Weggang eines profilierten Darstellers konnte eine Truppe zwingen, wieder auf alte »bewährte« Mittel zurückgreifen zu müssen. J. C. Brandes berichtet, daß Schönemann, als Ekhof zur Schuchschen Gesellschaft ging, sich genötigt sah, wieder zu extemporierten Stücken Zuflucht zu nehmen.[40] Übrigens gibt J.C. Brandes ein anschauliches Beispiel für improvisiertes Spiel. »Bei solchen extemporierten Stücken«, schreibt er, »geschehen die merkwürdigsten Dinge. Eine angehende Kollegin, die darin noch nicht geübt war, setzte mich durch Einfalt und Unwissenheit nicht selten in große Verlegenheit. Einmal hatte sie die Aufgabe, ihre verschiedenen Liebhaber zu prüfen und dann den würdigsten endlich zu erhören. Ich begann meinen Antrag mit allen Versicherungen von Liebe und Treue, ich sprach feurig von der Beseitigung der Hindernisse, die noch im Wege gestanden hätten und von meiner

Hoffnung, endlich ihre Hand zu erhalten. Die Schauspielerin sollte nach dem Plane des Stückes nun die Spröde spielen, war aber durch meinen Vortrag so gerührt, daß sie alles vergaß und mir mit den Worten: ›Liebster Leander, ich kann Ihnen nicht länger widerstehen; empfangen Sie hier meine Hand und mit ihr das zärtlichste Herz‹ in die Arme sank. Das waren ihre letzten Worte in dem Stück; um es fortzusetzen mußte ich, da die Zuhörer nie mit einer so kurzen Darbietung zufrieden gewesen wären, erneute Schwierigkeiten aller Art extemporieren: ich erfand eine alte eigensinnige, ehrgeizige Tante, so daß die Komödie mit Mühe und Not wieder in Gang kam.«[41]

Das Überwinden solcher Zufälligkeiten verlangte genaue Fixierung der Aktion auf Grund des fixierten Textes. Aber das wurde nun wieder als Einengung empfunden, weshalb zuweilen selbst prominente Künstler auf der Bühne subjektiv-willkürlich agierten. Geradezu berühmt dafür ist Johann Friedrich Fleck. E. Devrient berichtet: »Er hatte bei einer Darstellung des Karl Moor, übellaunig und verstimmt, weil seine erste Szene nicht Beifall genug gefunden, im Verfolg des Spieles eine so beispiellose Gleichgültigkeit gezeigt, daß das Publikum zu murren begann, und als er gar bei einem Monolog den Finger in den Lauf einer Stutzbüchse steckte und diese mit aller Nonchalance zu balancieren begann, da brach der Unwille der Zuschauer in lautes Zischen und Pochen aus. Fleck hielt inne, trat einen Schritt gegen die Lampen vor und sah mit seinem wunderbaren Feuerblick über das Parterre hin. Alles verstummte, ein Augenzeuge sagt: der Atem sei ihm vor diesem Blick vergangen, der Staub im Hause müsse gezittert haben. Nun trat Fleck zurück, und mit plötzlich verwandeltem Wesen in seiner Rolle fortfahrend, spielte er mit einer solchen Gewalt hinreißenden Feuers, daß seine aufmerksamsten Bewunderer sich keiner ähnlichen Wirkung erinnern konnten ...«[42]

Fleck zählte zu den großen Virtuosen des 18. Jahrhunderts, und die Zügellosigkeit seines Temperaments wird ebenso gerühmt wie die elementare Gefühlsbetontheit seines Schaffens. Er war vom Naturell eher Improvisierender als fixiertem Handeln sich Einordnender. Die Antwort auf alle Willkür gegenüber Text und Aktion waren die Theaterproben, die sich indessen oft nur – wie überkommen – auf den fixierten Text, also auf Texttreue und damit auf Verbesserung der Diktion orientierten. Ganz abgesehen davon, daß meist nur die Erstbesetzung geprobt wurde – noch bei Max Reinhardt. Wolfgang Heinz berichtet: »Wenn allerdings bald nach der Premiere eine große Rolle von einem Herrn X oder Y übernommen wurde ..., dann war das schrecklich, denn das war dann die schlimmste Deklamation, die man sich vorstellen kann.«[43]

Zumindest seit der von Ekhof begründeten Schweriner Akademie der Schönemannschen Gesellschaft – von nun an finden wir »bei Schönemann keine extemporierten Stücke ... mehr«[44] – verstärkten sich in Deutschland die Bemühungen, den Widerspruch zwischen aus dem Gedächtnis reproduziertem Text und improvisiertem Spiel *durch Theaterproben zu lösen, in denen man auch das Bühnenhandeln zu fixieren trachtete,* und zwar eines, das zum konkreten Impuls für den Text wird und dennoch wie der Text aus dem Gedächtnis kommt. Die Improvisation, bisher im Spiel noch immer von erheblicher Relevanz, wurde endgültig zur Unauffälligkeit verdrängt; bzw. der Schauspieler, der fortan nicht der erarbeiteten Handlungslinie folgte, wirkte störend.
Nach einem Bericht von Iffland ließ Ekhof als Regisseur selbst stumme Rollen nicht mehr improvisieren. »In älteren Zeiten«, berichtet Iffland, sich auf Ekhofs Wirken beziehend, »hielt man die Theaterproben mit großer Genauigkeit, ja mit solcher Pünktlichkeit, welche an Pedanterie grenzte ... Auf dem Hoftheater zu Gotha ward eine Probe von dem Trauerspiel ›Ines de Castro‹ angesagt. Zwei jungen Schauspielern wurde jedem die Rolle eines Grand d'Espagne zugeschickt, welche ... nichts zu reden, sondern nur zu erscheinen hatten ...« Die beiden Schauspieler kamen verspätet und unvorbereitet auf die Probe. Ekhof rief das Ensemble zusammen und entgegnete auf die Bemerkung der Schauspieler, es sei ja in ihren Rollen nicht zu reden: »Aber zu tun!« Und er probierte mit beiden angelegentlich und trug ihnen auf, allein gründlich nachzuüben, um zu vermeiden, »daß Ihre Linkheit heute abend einen Skandal errege«.[45]
Nunmehr zeichnet also der Regisseur dafür verantwortlich, daß das den Text hervorbringende gestisch-mimische Handeln fixiert ist. Eine Aufführung wird nicht mehr am Abend hergestellt, sondern in einem langen Probenprozeß, so daß sie am Abend »nur« noch reproduziert wird: nicht nur der Text aus dem Gedächtnis, auch das Handeln des Schauspielers. Hat damit die Improvisation endgültig ausgespielt? Ganz und gar nicht, weder im Produktions- noch im Reproduktionsprozeß einer Inszenierung. Sie hat allerdings eine Metamorphose durchgemacht.

## Die Metamorphose der Improvisation

Ziel des Produktionsprozesses, der Theaterproben, ist die fixierte Linie des Handelns des Schauspielers, etwas Nicht-Improvisatorisches, festgehalten mit einer für den jeweiligen Schauspieler im Produktionsprozeß entstehenden Partitur.[46] Der schöpferische Weg dorthin führt über die Improvisation, die nun eine modellierende Funktion hat. Will der Schauspieler sich die ihm fremde Figur zu eigen machen, einen schöpferisch-praktischen Zugang zu deren Denken und Handeln finden, das ja sein eigenes Bühnenhandeln werden soll, braucht er die *modellierende Improvisation.* Sie besteht in seiner Fähigkeit, die beredten Vorgänge eines Stückes, die die Fabel ausmachen, mit seinem Partner und unter Obhut des Regisseurs zu improvisieren, über wiederholtes Improvisieren das Handeln auf der Bühne materiell immer konkreter und geistig immer tiefer und reicher zu erschließen bzw. zu fixieren und gleichzeitig der vom Autor vorgegebenen Handlungslinie anzunähern, d. h. allmählich zum fixierten Handeln zu kommen.

Im Produktionsprozeß negiert also das schließlich gefundene und fixierte Bühnenhandeln die modellierende Improvisation. Sie ist damit in der Inszenierung dialektisch aufgehoben, und zwar nun als das *improvisatorische Element* des bewußten Bühnenhandelns. Stanislawski nennt es »das Element der Improvisation«. »Dieses Element der Improvisation erhält die Darstellung frisch und unmittelbar ...«[47] Stanislawski kritisiert »feste Spielformen, die der Improvisation keinen Raum mehr lassen und dem Spiel die Frische und Unmittelbarkeit nehmen.«[48]

Das improvisatorische Element besteht darin, daß der Schauspieler, der während des Reproduktionsprozesses (Aufführung) *Handeln und Text aus dem Gedächtnis reproduziert,* dennoch Raum behält für die spontane Mobilität seiner schöpferischen Phantasie, daß er gegenüber seinem Partner wach und offen bleibt wie im Probenprozeß, daß er den Handlungsimpuls von ihm jeden Abend neu bezieht. Denn der Handlungsimpuls, der zum Wort führt, wird zwar bewußt probiert, bleibt nicht mehr spontaner Eingebung überlassen, muß aber während der Vorstellung trotz dieser Fixiertheit – bei Strafe des unschöpferisch Schematischen – nach wie vor spontan, elementar hergestellt werden, muß entstehen. In der Relation zum Partner also ist das improvisatorische Element des Bühnenhandelns aufbewahrt, an einer für die Schauspielkunst lebenswichtigen Stelle.

Ohne die schöpferische Funktion der modellierenden Improvisation zu erkennen sowie von grundsätzlich anderen Prämissen ausgehend und andere Absichten verfolgend, die hier nicht Gegenstand der Erörterung sein können, beschreibt Grotowski als ein genauer Beobachter und Registrator schauspielerischer Prozesse diese »lebenswichtige Stelle« so: »Kontakt ist eines der wesentlichsten Elemente ... Kontakt heißt nicht stieren, sondern sehen ... Kontakt kann mich zwingen, meine Spielweise zu ändern ... Auf diese Weise sollten Sie während der Vorstellung im Rahmen der fixierten Partitur (Text und Aktion sind genauestens festgelegt) immer in Kontakt mit Ihrem Partner stehen. Ist Ihr Partner ein guter Schauspieler, dann wird er sich immer an die gleiche Spielanlage halten. Er wird nichts dem Zufall überlassen, keine Details ändern. Aber innerhalb der Partitur werden in Sekundenbruchteilen Veränderungen stattfinden, so daß sich seine Spielweise jedesmal leicht verändert; dabei sollten Sie ihm genau zusehen, ihm zuhören, ihn beobachten und auf seine unmittelbaren Aktionen reagieren. Jeden Tag sagt er Ihnen im gleichen Tonfall ›Guten Morgen‹ ... An einem Tag ist er in guter Verfassung, am anderen ist er müde, am nächsten in Eile. Immer sagt er ›Guten Morgen‹, aber jedes Mal eine Nuance anders. Das müssen Sie aufnehmen, nicht mit dem Verstand, sondern mit Augen und Ohren. Sie selbst geben immer die gleiche Antwort – ›Guten Morgem‹ –, aber wenn Sie wirklich zugehört haben, wird es jeden Tag ein bißchen anders klingen. Handlung und Tonfall bleiben sich gleich, aber der Kontakt überträgt sich so blitzschnell, daß er unmöglich einer rationalen Analyse unterzogen werden kann ...«[49]

Diese auch von Grotowski geforderte elementare Wachheit des Schauspielers gegenüber dem Partner ist durchaus nicht selbstverständlich. Immer wieder begegnen dem Zuschauer Inszenierungen, in denen in der zehnten Vorstellung, wenn nicht schon früher, alles Handeln zu rechtschaffen-redlichem Ablauf erstarrt ist, die Sache heruntergespielt wird und die Schauspieler beim eingeübten, verabredeten Ablauf bleiben, ohne zugleich eine nuancierte Beziehung zum Partner herzustellen. Die schöpferische Frische einer Inszenierung ist nur dann zu erhalten und in jeder Aufführung neu zu erreichen, wenn die im Probenprozeß über modellierende Improvisationen gefundene Linie des Handelns als eine Synthese von geführtem fixiertem Handeln und Improvisation dem Schauspieler den »Spielraum« schafft, innerhalb der fixierten Handlungslinie unauffällig improvisieren zu können.[50] Etwa wie ein Autofahrer, der seinen Wagen fest auf der Straße führt und doch stets unauffällig jenen kleinen Spielraum des Steuers empfindet und bedient, der notwendig, ja unabdingbar ist, um das Spiel zwischen Straße, Auto und Fahrer überhaupt zu ermöglichen.

Friedo Solter umschreibt das Phänomen so: »Generell bin ich bei einer Inszenierung der Meinung, man schafft eine sehr breite Bahn, die ein geistiges Gerüst hat, innerhalb der Bahn kann der Schauspieler sich dann frei bewegen und bewegt sich auch frei. Das heißt, er ist nicht dressiert, sondern er ist geistig konzentriert auf Vorgänge, natürlich auch auf genaue Haltungen, auf genaue Situationsspiele und genaue Arrangements.«[51] Piet Drescher tangiert das Phänomen, wenn er erklärt: »Theater ist Verabredung, aber ich bin sehr dagegen, wenn die Schauspieler sich auf den ersten Proben verabreden – wenn ich so mache, machst du so, damit ich dann so machen kann –, man beraubt sich auf diese Weise der wichtigen frischen Eindrücke. Die naiven Reaktionen werden zerstört, der ursprüngliche Spieltrieb wird behindert.«[52]

Wird der schöpferische Spielraum genommen, kommen die Schauspieler zum Beispiel vorwiegend über vom Regisseur »vorgefertigte Modelle« zur Figur und deren Handeln (montierte Stellungen, Haltungen und Gänge bei bestimmten Sätzen, montierte Arrangements usw.), droht unweigerlich die Verkümmerung der Schauspielkunst, nicht nur die Erstarrung des Textes zu hohler bzw. äußerer Deklamation, vielmehr die der gesamten Reproduktion zu steriler Konserve, so ästhetisch reizvoll sie drapiert sein mag. Wo die Improvisation als Element des Probenprozesses eliminiert wird, tendiert die Schauspielkunst zu zelebrierender Weihe, verliert sie das durch die Improvisation eingebrachte schöpferisch-mimetische, elementar-realistische Spiel. Insofern sollte die Improvisation sowohl im Produktionsprozeß (als modellierende Improvisation) als auch im Reproduktionsprozeß (als improvisatorisches Element) gepflegt werden, weil nur dadurch selbst die soundsovielte Reproduktion einer Inszenierung für die jeweils anwesenden Zuschauer zugleich eine echte Neuschöpfung, eine produzierte Aufführung werden kann.

Adolf Dresen zieht folgenden Vergleich: »Die Aufführung ist entweder ein mechanisches oder ein organisches System. Im mechanischen kann nur Entropie, das heißt Unordnung, wachsen, sie kann sich von der ›Konzeption‹ nur entfernen, das heißt von ihrem Bauplan. Im organischen aber wächst Information, das heißt Ordnung. Beides spontan, ohne Zutun des Regisseurs. Die erste Variante würde ich Regietheater nennen. In der andern ist der Schauspieler der wichtigste Mann. Er reproduziert dann nicht nur Probenresultate, er bringt das schöpferische Moment des Theaters wieder abends auf die Bühne, in die Vorstellung, er ist ... der ›sich produzierende Mensch‹. Folgerichtig stellte ich ... die Devise auf: Vorwärts zum Stegreif! ... Man muß es erreichen, daß im Theater der wichtigste Mann wieder der Schauspieler ist, nicht der Regisseur . . . Wie oft sieht man, daß ein Schau*spieler* gar nicht *spielt*, sondern funktioniert wie ein Rädchen im Getriebe.«[53]

So nachhaltig diesem Bekenntnis eines Regisseurs zum schöpferisch produzierenden Schauspieler zugestimmt werden muß, so entschieden muß der Devise ›vorwärts zum Stegreif!‹ widersprochen werden. Hier ist ein weit verbreiteter Irrtum lebendig, vom Stegreifspiel zu erwarten, was allein die modellierende Improvisation zu leisten vermag.

## Die modellierende Improvisation

Die modellierende Improvisation geht als improvisatorisches Element in das schließlich fixierte Handeln ein. Diese Dialektik entwickelte sich objektiv in der Schauspielkunst, ist latent in ihr lebendig, ohne daß ihr gesetzmäßiger Zusammenhang bisher erkannt und bewußt genutzt worden wäre.

Erkannt ist die vielerorts unschöpferische Situation des Schauspielers, bekannt ist das Bemühen, ihn daraus zu befreien. Auch Stanislawski ist Kronzeuge. »Alles, was gegenwärtig in den Opern- und Schauspielhäusern geschieht«, schreibt er 1924, »richtet sich auf die äußere Seite der szenischen Realisierung und rückt die Kunst des Regisseurs und des Bühnenbildners in den Vordergrund, während der Schauspieler zu einer zweitrangigen Rolle als Werkzeug in den Händen des Regisseurs verurteilt ist ... Dabei ist der Schauspieler die wichtigste Person im Theater.«[54] Stanislawski will den schöpferischen Schauspieler. Die Prinzipien des von ihm und Nemirowitsch-Dantschenko geleiteten Künstlertheaters, schreibt er 1927, »beruhen vor allem und völlig auf dem Typ eines Regisseurs, der nicht inszeniert (wie Meyerhold und Tairow es tun), sondern der sich zu den Schauspielern wie ein Lehrer verhält ... Während bei uns der Regisseur für den Schauspieler ein Geburtshelfer ist, der die entstehende Neuschöpfung des Schauspielers beobachtet, steht bei meinen Kollegen Meyerhold und Tairow der Regisseur über allem anderen, schafft individuell, und der Schauspieler ist nur Material in den Händen dieses Allmächtigen.«[55]

Alle Bemühungen Stanislawskis zielten auf das Erkennen und Nutzen der ureigenen und elementaren Mittel und Möglichkeiten des neuschöpfenden Schauspielers. Stanislawski erkannte zwar nicht die Funktion der modellierenden Improvisation, aber noch in seinen letzten Lebensjahren geht er faktisch einen großen Schritt hin zu ihrer praktischen Nutzung. Drei Jahre vor seinem Tode, 1935, schreibt er an seinen Sohn Igor: »Jetzt habe ich ein neues Verfahren eingeführt, das Herangehen an eine neue Rolle. Es besteht darin, daß das Stück heute gelesen und schon morgen auf der Bühne geprobt wird. Was kann man da spielen? Vieles. Die handelnde Person ist eingetreten, hat ›Guten Tag‹ gesagt, sich hingesetzt, ihre Meinung über ein Ereignis kundgetan und eine Reihe von Gedanken geäußert. Das kann jeder von sich aus spielen, auf Grund seiner eigenen Lebenserfahrung. Soll er es spielen! Und so das ganze Stück in einzelnen Episoden, aufgeteilt in physische Handlungen. Wenn das exakt und richtig gemacht wird, so daß man die Wahrheit spürt und an das Bühnengeschehen glaubt, dann kann man sagen, daß die Linie des körperlichen Lebens des Menschen geschaffen wurde. Das sind keine Nebensächlichkeiten, das ist die halbe Rolle. Kann es eine körperliche Linie ohne die seelische geben? Nein. Das heißt, auch die innere Linie des Erlebens ist schon vorgezeichnet. Das etwa ist der Sinn meiner neuen Bemühungen.«[56] Gewiß handelte es sich hier noch nicht um ein bewußtes modellierendes Improvisieren mit dem Ziele des Fixierens, auch ist Improvisieren nicht identisch mit seelischem Erleben, aber ungeachtet dessen war dies praktisch ein Schritt auf dem Wege, die modellierende Improvisation in der Theaterpraxis bewußt zu handhaben.

Ist die modellierende Improvisation erst einmal anerkannt, muß erkundet werden, inwiefern sie sich vom Stegreifspiel unterscheidet. Die modellierende Improvisation tendiert objektiv zum Fixieren des Improvisierten, sieht aber das jeweilige Zwischenergebnis nicht als etwas Fertiges, vielmehr als etwas Improvisatorisches, Offenes, Unfertiges an. Das Stegreifspiel hingegen ist immer fertig, so unvollkommen es ausgefallen sein mag. Es hat sich selbst zum Ziel. Daher wird beim Stegreifspiel das Thema anders vorgegeben als bei der modellierenden Improvisation.

Beim Stegreifspiel wird für die einmalige Produktion die gesamte thematische Vorgabe (Canevas) eingebracht, und der Stegreifspieler hat die gesamte Vorgabe auf Anhieb zu verarbeiten, wobei die stattgehabte Verarbeitung bereits das abzuliefernde Produkt ist. Bei der modellierenden Improvisation hingegen, mit deren Hilfe approximativ das fixierte Handeln erreicht werden soll, erfolgt auch die thematische Vorgabe allmählich, also nicht auf einmal, sondern schrittweise und stets auch ausgehend von dem jeweils erreichten praktischen Ergebnis. Die Praxis wirkt immer wieder auf die Vorgabe zurück, zwingt, sie tiefer geistig zu durchdringen. Hier ist das Feld des schöpferischen Regisseurs, hier ist er im Sinne Stanislawskis »Geburtshelfer der Neuschöpfung des Schauspielers«.

Es sei erinnert: Der Schöpfungsakt des Schauspielers war ursprünglich identisch mit der Improvisation eines Mimus, einer gestisch-mimisch-verbalen Szene, die mit dem einmaligen Schöpfungsakt als kleines mimetisches Kunstwerk fertig und vergangen war. Diese Improvisation war also eine modellierende Improvisation (ein skizzenhaftes Lebensbild aus dem Alltag) und zugleich ein Stegreifspiel (auf Anhieb fertig). Aber was tun, wenn die Szene Erfolg hatte, wenn sie erneut und von anderen Zuschauern gesehen werden wollte? Es kann kein Zweifel sein: Der Mime hat das einmal Gefundene wiederholt, er hat sein kleines Werk mehrfach vorgestellt. Durchaus nicht, um es etwa verbessert zu wiederholen, zunächst nur, um es noch einmal feilgeboten zu haben. Nie war es probiert, nie bewußt fixiert, weder der Text noch das Handeln, es war immer wieder eine Improvisation. Doch durch die Wiederholungen ergaben sich neue Einfälle, neue Vorgänge, also kam es zum Vertiefen und Bereichern des einmal Gefundenen. Die Improvisation ist in diesem Sinne potent.

Mit dem Aufkommen des fixierten Textes und der Notwendigkeit, nun diesen Text zu spielen, wurden die Szenen nicht mehr improvisiert. Die Übermacht des Textes orientierte auf eine andere Arbeitsweise. Das Aufsagen des auswendig gelernten Textes blockierte die grundsätzlich anders funktionierende Improvisation. Prompt galt es als streng verpönt, »den von den Dramatikern vorgezeichneten Wortlaut der Dialoge willkürlich zu verändern.«[57] Textlernen und deklamatorisches Spiel waren das Ergebnis. Der Schöpfungsakt des Schauspielers wurde hinfort nicht mehr in seinem Wesen begriffen und die Improvisation nur noch in ihrer Erscheinung als Stegreifspiel.

## Der Schauspieler als Autor

Das Bemühen, den Schöpfungsakt des Schauspielers in seiner ursprünglichen Potenz neu zu erschließen, stößt zwangsläufig auf die Frage, inwieweit der Schauspieler auch wieder der Autor seiner Szene werden sollte bzw. könnte. Praktisch hieße das, einen historischen Prozeß der Arbeitsteilung rückgängig machen zu wollen. Die solistischen Darbietungen des Mimus waren hinsichtlich ihrer ideellen Struktur einfach und gut überschaubar. Es handelte sich um kurze Szenen, in denen in mimetischer Entdeckung des Menschen Alltägliches gespiegelt wurde.[58] Den kleinen geistigen Bogen solcher Szenen vermochte der einzelne Spieler zu bewältigen. Die große Abfolge von Begebenheiten, die die Institution Theater ermöglichte, konnte nicht mehr von einem einzelnen spontan improvisiert werden. Die Arbeitsteilung in Schreiber und Spieler war folgerichtig.

Weit über ein Jahrtausend später lösen sich die Darsteller der Commedia dell'arte von der Textgebundenheit, aber nicht, um nun wieder einzeln aufzutreten und um kurze Szenen zu spielen. Es kommt zum Stegreifspiel nach Szenarium (Canevas), zur spezifischen Verwendung der Improvisation. Dieses Theaterphänomen an der Wende zwischen feudaler und bürgerlicher Gesellschaft ist wesentlich verursacht durch die Ablehnung mittelalterlicher Texte, auch der aus der Antike überkommenen und neu entdeckten Vorlagen. All diese Texte vermochten die theaterbesessenen, auf unmittelbare Kommunikation mit ihrem plebejischen Publikum bedachten Volksschauspieler nicht zu befriedigen. Sie verlangten nach neuen, nach zeitbezogenen und zeitkritischen theatralischen Entdeckungen des Zusammenlebens. Und die Improvisation war das willkommene und funktionstüchtige Mittel. Aber das ästhetische Volumen der Commedia dell'arte war objektiv begrenzt. Die veränderten Produktionsverhältnisse erforderten eine differenziertere Widerspiegelung der Wirklichkeit. Die Commedia dell'arte mußte schließlich den mit Kalkül schreibenden bürgerlichen Dramatikern das Feld räumen.

Eine analoge Entwicklung ist heute zu beobachten. Wiederum sind Schauspieler mit überkommenen und die Welt konventionell spiegelnden Text-Vorlagen unzufrieden. Die Festgelegtheit stört, aber noch mehr der systemgetreue Konservatismus bürgerlicher Stückeschreiber. Bekannt ist die von Brecht aufgegriffene selbstkritische Frage des bürgerlichen Dramatikers Dürrenmatt, »ob die heutige Welt durch Theater überhaupt noch wiedergegeben werden kann«.[59] Die Fragwürdigkeit und Unzulänglichkeit, aus bürgerlicher Sicht die heutige Welt durch Theater wiederzugeben, ist inzwischen evident. Brecht hatte seinerzeit geantwortet: »Die heutige Welt ist den heutigen Menschen nur beschreibbar, wenn sie als eine veränderbare beschrieben wird.«[60] Die Unzufriedenheit progressiver Theaterschaffender ist also verständlich, ebenso ihr Bestreben, die Fesseln bürgerlicher Ideologie wenigstens auf dem Theater zu sprengen, eben durch Absage an konservative Texte.

Allerdings gibt es in kapitalistischen Ländern auch Versuche, sich zwar mittels Improvisationen vom fixierten Text zu lösen, aber dabei bürgerliche Positionen ganz und gar nicht aufzugeben. Charakteristisch ist das als »Atlantis« bezeichnete Gruppenprojekt Bochumer Schauspieler aus dem Jahre 1976. Da wird gefragt: »Welchen Fundus hat das Theater, wenn es den der Stücke nicht mehr hat? Ihm bleiben seine gesamten Ausdrucksmittel samt der Möglichkeit, neue zu finden, die ihm noch von keinem Stück abverlangt worden sind. Ein reicher Materialkasten. Aber was damit tun? Das Vorführen des Materials macht noch kein Theater, denn selbst der freieste Bühnenkünstler, ... der der Dichter seiner eigenen Spiele ist, braucht als Zusammenhang Fabel, Fall oder Situation. In einem Theater, das aus Freiheitslust den Text des Dichters verwirft, rückt die Gruppe, die da spielen will, in die Stellung des Situations- und Fabelmachers. Aber welchen Fundus hat die Gruppe, aus dem sie dichtet?«[61] So dieser Fundus von bürgerlicher Ideologie gespeist wird, ist er eng, beschränkt und armselig: »Das Theater versteht sich hier als neues Abenteuer, als Fahrt ins Ungewisse, nämlich ins eigene Innere. Die Innenwelt der Darsteller wurde zur Außenwelt des Schauspielers. Der Schauspieler erscheint als der Produzent seiner selbst und führt vor, was von seinem schauspielerischen Vermögen bleibt, wenn es nicht mehr an die Reproduktion eines literarischen Textes gebunden ist.«[62] Heraus kommt auf diese Weise eine Spiegelung von Wirklichkeit, die eher an die primitiv-neurotische Seite des Psychodramas erinnert, denn an die Möglichkeiten heutiger Schauspielkunst: »... der Vater ... zieht das Liebespaar zusammen zur Kopulation, und das vom Plänkeln ins wilde Stoßen sich verändernde Bewegungsspiel gibt unter dem sich wandelnden Schrei der Hannelore Hoger bald das ›Tierische‹ und die Erlebnisangst im ungewohnten Dulden des unbekannten Eros wieder.«[63] Die Freisetzung vom fixierten Text führte hier zu simpler Nabelschau, so ästhetisch changeant sie angerichtet sein mochte.

Andere, produktivere Dimensionen erschloß sich die »Mime Troupe« von San Francisco, eine antiimperialistisch engagierte Volkstheater-Gruppe, die sich in ihrer 15jährigen Entwicklung wesentliche Impulse durch Versuche organisierte, die Commedia-dell'arte-Tradition wiederzubeleben, und zwar politisch engagiert. Die »Mime Troupe« ging »von der Urform des Szenariums oder ›Canevas‹ aus, die lediglich das Handlungsgerüst fixiert und der schauspielerischen Produktivkraft in der Entwicklung der Figur, des Dialogs und des Gestus alle Möglichkeiten öffnet. Mit der Freiheit der Improvisation geht der Darsteller aber neue Verpflichtungen ein. Es genügt nicht, eine Figur im üblichen Sinne nur soweit ›anzulegen‹, wie es die Darstellung der partikulären Rolle erfordert, sondern man muß ihre ganze theatergeschichtliche Eigenwelt als Typus bzw. Maske mitspielen ... Die ursprüngliche, improvisatorische commedia fördert somit den mit- und vorausdenkenden Schauspieler, der auf die Impulse der Mitspieler und Zuschauer achtet und sowohl seine persönliche Befindlichkeit wie die der anderen in die Darstellung integriert.«[64]

In dieser Arbeitsmethode entstand zum Beispiel 1967 ein Stück gegen den amerikanischen Vietnam-Krieg, eine Bearbeitung von Goldonis »Der verliebte Soldat«. Daß überkommene Stücke umfunktioniert werden, zeigt die Grenzen der Wiederbelebung der Commedia dell'arte. Der Schauspieler kann als einzelner nicht Autor der Szene sein, es bedarf des Kollektivs der Darsteller, ihres Spiels, und letztlich der regieführenden Theaterpersönlichkeit, die die Spielangebote koordiniert und stimuliert im Sinne der sich herauskristallisierenden zentralen poetischen Idee, der Gestalt annehmenden Fabel. Anschaulich wird diese Problematik an der Entwicklung des Pariser Théâtre du Soleil unter der Leitung von Ariane Mnouchkine. »Sie sieht die Aufgabe ihres Theaters darin, direkt auf die ›soziale Wirklichkeit einzuwirken‹ und damit auch zu ermutigen, ›die Bedingungen, unter welchen wir leben, zu verändern‹.«.[65] Der Ruhm dieses Theaters gründet sich auf die erfolgreichen Stücke »1789« und »1793«. Diese Stücke entstanden wesentlich mittels Improvisationen, die dann schließlich aufgeschrieben wurden. Für das Stück »Das goldene Zeitalter« wurden viele »Szenen und Figuren ... auf Marktplätzen in Südfrankreich ausprobiert. Die dortigen Einwohner stellten thematische Aufgaben, nach denen die Truppe improvisierte. Zurückgekehrt nach Paris, wurde aus diesen Improvisationen das Spektakel entwickelt.«[66] Bemerkenswert auch hier der Rückgriff auf die Figuren der Commedia dell'arte, der Rückgriff auf die Faszination einfacher, bewährter theatralischer Mittel, um Wirkungen ins Heute zu erzielen.

Die Besinnung auf die Schöpferkraft des Schauspielers muß sich nun allerdings nicht an das Stegreifspiel der Commedia dell'arte binden, an die von ihr vorgegebenen Handlungs-Schemen und Figuren-Typen. Produktiver erscheint die Nutzung der modellierenden Improvisation. Obwohl kein Grund zur Annahme besteht, die Perspektive der Schauspielkunst verlaufe entgegen ihrem historischen Entwicklungsprozeß in Loslösung vom Autorentext, kann von einer solchen Nutzung der Improvisation eine mobilisierende Wirkung auf das Theater ausgehen. Es könnte sich eine neue Qualität schöpferischer Zusammenarbeit von Schauspielern, Regisseuren, Schriftstellern und Dramaturgen ergeben, womit zugleich die originäre Kreativität des schauspielerischen Schaffensprozesses sowohl weiter freigelegt als auch stimuliert würde. Grundsätzliche Voraussetzung sind der Improvisation fähige Darsteller – sie vermögen jede thematische Vorgabe in szenische Angebote umzusetzen.

## Die qualitativen Merkmale

Logischerweise richtet sich die Aufmerksamkeit des Verfassers im weiteren Verlauf dieser Untersuchung auf die modellierende Improvisation. Aber deren Funktion kann nicht weiter erkundet werden, ohne zunächst das allgemeine Wesen der Improvisation zu erforschen. Eine gewisse Unentschiedenheit in der Verwendung der Begriffe »Improvisation« und »modellierende Improvisation« muß daher vorerst in Kauf genommen werden. Nicht in jedem Falle kann das, was allgemein für die Improvisation eruiert wird, zugleich in seiner Bedeutung für die modellierende Improvisation überprüft werden.

Die vorliegenden Daten erlauben zu schlußfolgern: Die Improvisation lebt durch die kreative Phantasie des Schauspielers, seine sich unmittelbar ins Körperliche übertragende Sensitivität, seine außerordentliche gestische und mimische Agilität, seine intuitive geistige Wachheit, sein spontanes sinnliches Reaktionsvermögen, seine reiche Vorstellungskraft, seine Wortgewandtheit, seine erlebnisfähige Persönlichkeit. Die Improvisation ist ursprünglich und in ihrem Wesen spontanes *mimetisches Spiel,* aus den mimetischen Tänzen der Urgesellschaft hervorgegangen, *menschliches Handeln spiegelnd.* Diese qualitativen Merkmale hat sie in die Schauspielkunst eingebracht. Realistische Schauspielkunst wird folglich hier aufgefaßt als menschliches Handeln spiegelndes mimetisches Spiel, geprägt durch die Dialektik von modellierender Improvisation und fixiertem Handeln. Damit befindet sich der Verfasser im Gegensatz zu Brecht, der erklärt: »Ist restlose Verwandlung aufgegeben, bringt der Schauspieler seinen Text nicht wie eine Improvisation, sondern wie ein Zitat«.[67] Nach dem bisher Dargelegten bringt der Schauspieler in der Aufführung weder Handeln noch Text als Zitat, sondern beides sowohl wie eine Improvisation als auch wie etwas fixiert Vorgefertigtes. Dabei braucht er restlose Verwandlung nicht »aufzugeben«, denn er kann sich objektiv nie restlos verwandeln.

Die hier vertretene Auffassung von Schauspielkunst gründet sich also nicht einseitig auf die Improvisation, aber auch nicht einseitig auf das Vorgefertigte, sei es nun Zitat oder wie auch immer genannt. Erst die dialektische Einheit von modellierender Improvisation und fixiertem Handeln macht das Wesen der Schauspielkunst aus.

Die aus ihrer Genesis abgeleiteten qualitativen Merkmale der Improvisation erhellen, worin ihre funktionelle Geeignetheit für schauspielerische Prozesse besteht. *Die Improvisation ist der originäre und eigentliche elementare schöpferische Produktionsakt des Schauspielers,* die simultane Einheit von kreativer künstlerischer Phantasie und sinnlich-praktischer Tätigkeit bzw. gestisch-mimisch-verbalen Ausdrückens. *Alles Erlernen der Kunst des Improvisierens ist nicht mehr aber auch nicht weniger als das Erlernen des elementaren Schöpfungsaktes des Schauspielers.*

Improvisation als Produktionsakt und -prozeß des Schauspielers – ob als selbständige Erscheinung in der Urgesellschaft und in der Antike, ob als Element der Commedia dell'arte oder als Bestandteil heutiger Probenpraxis (modellierende Improvisation) – ist stets *Spiel* als *Mimesis menschlichen Handelns.*

Für die wissenschaftliche Aufbereitung der Improvisation genügt die einfache Kenntnis ihrer qualitativen Merkmale nicht. Wenn die Improvisation in ihrem Wesen sinnlich-praktische künstlerische Tätigkeit, Spiel und Mimesis menschlichen Handelns ist, dann sind in ihr alle jene Bewegungsprozesse lebendig, die den einzelnen qualitativen Merkmalen innewohnen. Notwendig ist deren theoretische Durchdringung.

Es muß getrennt einzeln untersucht werden, was in der Wirklichkeit innig zusammenhängt: das komplexe Phänomen, daß der Schauspieler, indem er arbeitet, spielt und damit menschliches Handeln mimetisch – also fiktiv – spiegelt. »Die spezifische sinnliche Tätigkeit des Darstellers erweist sich in der Fähigkeit«, schreibt Ernst Schumacher, »fiktiven Subjekten zur sinnlichen Erscheinung zu verhelfen.«[68] Eben diese spezifische sinnliche Tätigkeit ist die Improvisation, eine sinnlich-praktische *künstlerische Tätigkeit,* welche zugleich *Spiel* ist als *Mimesis* menschlichen Handelns.

# III. Improvisation als künstlerische Tätigkeit

## Zum Begriff der Tätigkeit

Der Verfasser sieht sich der Aufgabe gegenüber, zumindest einige Aspekte dessen, was künstlerische Tätigkeit impliziert, zu eruieren, ohne alle mit dieser komplexen Erscheinung zusammenhängenden Probleme behandeln zu können. Selbst die einschlägigen und zu Rate zu ziehenden Wissenschaften stehen noch sehr am Anfang. Allgemein wird Zurückhaltung geübt. »Heute besitzt die Wissenschaft kaum Kenntnisse darüber, was im Kopfe des Menschen vor sich geht, wenn er liest oder spricht ...«,[1] klagt F. Loeser. »Auch die Nutzung solcher geistiger Potenzen wie des Gedächtnisses, der Konzentration, der Phantasie u. ä. erfolgt auf Grund der Unkenntnisse ihrer Gesetzmäßigkeiten fast ausschließlich spontan.«[2] Angesichts dieser Lage entwickelt der Verfasser eine eigene Position, sich stützend auf die Ergebnisse der tangierenden Wissenschaften.

Ausgangs- und Ansatzpunkt ist ein Hinweis von Marx auf die künstlerische Tätigkeit als »wirklich freies Arbeiten«, welches »zugleich verdammtester Ernst, intensivste Anstrengung« und »Selbstverwirklichung des Individuums«, »Vergegenständlichung des Subjekts, daher reale Freiheit«[3] ist. Sie ist konkrete Tätigkeit, denn »ihre besondere Fertigkeit« ist nicht »etwas Abstraktes, Gleichgültiges«,[4] rein Mechanisches, bloß Formelles, ist vielmehr schöpferisches Hervorbringen des ganz bestimmten, konkreten, einmaligen Kunstproduktes.

Nach Auffassung des sowjetischen Psychologen L. B. Itelson wird der Inhalt der Tätigkeit nicht insgesamt von dem Bedürfnis bestimmt, das sie hervorrief. »*Warum* der Mensch in einer bestimmten Art und Weise und *wofür* er wirkt, ist nicht ein und dasselbe. Die Motive seiner Tätigkeit stimmen nicht direkt mit dem Ziel überein, durch das diese Tätigkeit gelenkt wird.«[5] Zugleich ist die Tätigkeit »untrennbar mit dem Bewußtsein und dem Willen verbunden. Ohne Erkenntnis- und Willensprozesse kann es keine Tätigkeit geben. Die Tätigkeit ist die innere (psychische) und äußere (physische) Aktivität des Menschen und wird durch bewußte Ziele gesteuert.«[6] Jedes relativ abgeschlossene Element der Tätigkeit wird von der Psychologie als Handlung bezeichnet, die aus bestimmten räumlich und zeitlich zusammenhängenden Bewegungen besteht. Das System der Bewegung wird vom Handlungsziel und von den Eigenschaften des Gegenstandes bestimmt. »Nimmt man beispielsweise ein Trinkglas in die Hand, so erfordert das eine andere Kombination von Bewegungen als das Fassen eines Bleistiftes.«[7] Die Bewegungen einer Handlung werden im Verlaufe ihrer Ausführung »ununterbrochen durch den Vergleich ihrer Ergebnisse mit dem Handlungsziel kontrolliert und korrigiert«,[8] wobei die Sinnesorgane als Verbindungskanal fungieren. »Das Handlungsziel eines Menschen besteht meistens darin, etwas im gegebenen Augenblick Benötigtes durch seine Handlungen zu erreichen. Folglich existiert das Ziel *im Gehirn in Form eines dynamischen Modells* des zukünftigen Tätigkeitsergebnisses. Mit diesem *Modell des gewünschten, zukünftigen* Ergebnisses werden die tatsächlichen Ergebnisse der Handlung verglichen, dieses Modell dient der Steuerung und Korrektur der Bewegungen.«[9]

An diesen von L. B. Itelson untersuchten psychologischen Komponenten der Tätigkeit kann nicht vorbeigegangen werden. Aber im hier aufgeworfenen Zusammenhang interessiert die Tätigkeit vorrangig als schöpferischer Produktionsprozeß, als »wirklich freies Arbeiten«.[10]

»Der Arbeitsprozeß«, erklärt Marx im »Kapital«, »ist ... zunächst unabhängig von jeder bestimmten gesellschaftlichen Form zu betrachten. Die Arbeit ist zunächst ein Prozeß zwischen Mensch und Natur, ein Prozeß, worin der Mensch seinen Stoffwechsel mit der Natur durch seine eigne Tat vermittelt, regelt und kontrolliert.«[11] Das vermittelnde, regelnde und kontrollierende Glied zwischen Mensch und Natur ist des Menschen eigne Tat, begriffen als ein Stoffwechselprozeß, als eine Bewegung. »Indem er durch diese Bewegung auf die Natur außer ihm wirkt und sie verändert, verändert er zugleich seine eigne Natur.«[12] Es handelt sich also um einen dialektischen Wechselprozeß, in dem die Arbeit, die Tat, die Tätigkeit, die Praxis vermittelt, regelt und kontrolliert. Erkenntnistheoretisch implizieren die Begriffe »vermitteln, regeln und kontrollieren« sowohl materielle als auch ideelle Prozesse, die in der Arbeit bzw. Tat bzw. Tätigkeit eine spezifische Einheit eingegangen sind. In seiner ersten Feuerbach-These erfaßt Marx deren wesentlichen dialektischen Zusammenhang.

Die wirkliche, sinnliche Tätigkeit kennen heißt, den »Gegenstand, die Wirklichkeit, Sinnlichkeit ... unter der Form des *Objekts* oder der *Anschauung*« zu fassen und »*als menschliche, sinnliche Tätigkeit, Praxis,*

... subjektiv.«[13] Die Praxis, der Arbeitsprozeß als Stoffwechsel mit der Natur, ist demzufolge eine *simultane Einheit* von materiellen und geistigen Prozessen, und zwar von Bewußtsein und sinnlich-praktischer Tätigkeit. Von der Psychologie wird dieses *»Prinzip der Einheit von Bewußtsein und Tatigkeit«* zugleich *»als Prinzip der Einheit von Persönlichkeit und Tätigkeit* fixiert.« (Herv. v. Verf.)[14]
L. B. Itelson sprach von der untrennbaren Verbundenheit der Tätigkeit mit dem Bewußtsein und dem Willen. Gewiß nennt er nicht zufällig speziell den Willen. Das wird zu beachten sein. Aber der übergeordnete Begriff ist das Bewußtsein; ihm sind neben dem Willen vor allem das Denken und die Phantasie zugeordnet. Über den Stellenwert dieser Kategorien in ihrer untrennbaren Verbundenheit mit der sinnlich-praktischen Tätigkeit kann hier nicht befunden werden. Dem Problem ist allerdings nachzugehen, wenn die künstlerische Tätigkeit untersucht wird.

## Simultanität von Phantasie und künstlerischer Tätigkeit

Auch die künstlerische Tätigkeit ist eine simultane Einheit von Persönlichkeit (Bewußtsein) und menschlicher sinnlich-praktischer Tätigkeit. Die künstlerische Widerspiegelung der Wirklichkeit erfolgt vergegenständlicht, das heißt, das Ergebnis der künstlerischen sinnlich-praktischen Tätigkeit ist das materiell gegenständliche Kunstwerk, ein Abbild, Materialisierung (in einem bestimmten Material) von etwas Geistigem, materialisierte Anschauung der Wirklichkeit.
In der künstlerischen Tätigkeit findet das Vermitteln, Regeln, Kontrollieren zwischen Mensch und Wirklichkeit auf doppelte Weise statt: einmal zwischen dem Künstler und dem von ihm sinnlich-praktisch entäußerten, Gestalt annehmenden Kunstprodukt, als dem eigentlichen *kunstschaffenden Stoffwechsel,* als »wirklich freies Arbeiten«, zum anderen zwischen dem Künstler und der ihm in der Anschauung gegebenen Wirklichkeit. Beide Prozesse durchdringen sich zu einem einheitlichen, komplizierten Schöpfungsakt; nach W. Hollitscher »als ein Prozeß zu fassen, in dem ästhetisch bedeutsame Formen, Farben, Töne und Bewegungen ausgewählt und organisiert werden als Mittel für eine Widerspiegelung von Zügen der Wirklichkeit, wobei zugleich das subjektive Verhältnis des Darstellenden zum Dargestellten wiedergegeben und dadurch dieses verbreitet, kollektiv rezipierbar und anwendbar wird.«[15]
Das Kunstprodukt ist ein Produkt des Geistes, materialisiert und inso-

fern wirklich vorhanden, in seiner materiellen Gestalt einmalig und unwiederholbar auf der Welt, das *Produkt des spezifischen künstlerischen Schöpfungsaktes,* Ergebnis der schöpferischen Phantasie des Künstlers. »Ohne die produktive Tätigkeit der Phantasie«, schreibt H. Koch, »kann es keine künstlerische Verallgemeinerung geben.«[16]
In der Tat kommt in der künstlerischen Tätigkeit der Phantasie eine außerordentliche Bedeutung zu, Phantasie begriffen als ein »Neukombinieren, das physiologisch durch die Verschränkung bereits geschlossener zeitweiliger Verbindungen ermöglicht wird«,[17] begriffen als Neukombinieren, Verändern, Umwandeln dessen, »was uns in der Wahrnehmung gegeben ist«,[18] als ein Kombinieren in ideellen Bildern also. »Die Phantasie ist ein notwendiges Element der schöpferischen Tätigkeit des Menschen. Sie ermöglicht dem Menschen bildhafte Vorstellungen vom Endergebnis und von Zwischenergebnissen seiner Arbeit und regt ihn an, seine Vorstellungen gegenständlich auszuführen.«[19]
Die Einheit von künstlerischer sinnlich-praktischer Tätigkeit und Persönlichkeit (Bewußtsein) ist daher, genauer betrachtet, vor allem *eine Einheit von Tätigkeit und Persönlichkeit (Phantasie),* d. h. die Phantasie nimmt innerhalb der reichen psychischen Prozesse, die sich während des sinnlich-praktischen künstlerischen Schaffensaktes abspielen, eine dominierende Rolle ein.
Hegel beleuchtet diese dominierende Rolle der Phantasie in seiner »Ästhetik«. Zwar könne man, schreibt er, »bei poetischen Hervorbringungen so verfahren wollen, daß man das Darzustellende schon vorher als prosaischen Gedanken auffaßte und diesen dann in Bilder, Reime usf. brächte, so daß nun das Bildliche bloß als Zier und Schmuck den abstrakten Reflexionen angehängt würde. Doch möchte solches Verfahren nur eine schlechte Poesie zuwege bringen, denn hier würde« das als *getrennte* Tätigkeit wirksam sein, was bei der künstlerischen Produktivität nur in seiner ungetrennten Einheit Gültigkeit hat. Dies echte Produzieren macht die Tätigkeit der künstlerischen Phantasie aus.«[20] Hegel betont die »ungetrennte Einheit« von Phantasie und echtem Produzieren. An anderer Stelle konstatiert er, daß »in der Kunst … die wirkliche äußere Gestaltung das Element der Produktion ergibt«.[21] Auch Hegel bestätigt also die Simultanität von künstlerischer Phantasie und künstlerischer sinnlich-praktischer Tätigkeit. *Diese Simultanität ist charakteristisch für die Improvisation.* Das durch die Improvisation Hervorgebrachte hängt ab von den im gegebenen Moment in die sinnlich-praktische Tätigkeit einfließenden psychischen Kraftströmen. Letztlich geht nur das unmittelbar ins materiell entstehende Kunstprodukt ein, was in

ungetrennter, simultaner Einheit von Persönlichkeit (Phantasie) und sinnlich-praktischer Tätigkeit während der wirklichen äußeren Gestaltung lebendig ist.

## Dialektik von Phantasie und Denken

Bei Anerkennung der dominierenden Rolle der Phantasie in der künstlerischen Tätigkeit darf der spezifische dialektische Zusammenhang mit dem Denken nicht übersehen werden. Hegel gibt dazu einen wichtigen Hinweis. »Ohne Nachdenken«, schreibt er, »bringt der Mensch sich das, was in ihm ist, nicht zum Bewußtsein, und so merkt man es auch jedem großen Kunstwerk an, daß der Stoff nach allen Richtungen hin lange und tief erwogen und durchdacht ist. Aus der Leichtigkeit der Phantasie geht kein gediegenes Werk hervor.«[22] Auch kann das gediegene Werk weder komplett »in ihm«, also im Künstler sein, noch auf Anhieb materiell existent. Vielmehr wird es in einem bestimmten Zeitraum geschaffen. Da es vorher nicht existierte, *muß es erfunden werden*.

Im künstlerischen *Erfindungsprozeß* haben Phantasie und Denken entsprechend ihrer objektiven Gegebenheit spezifische, dialektisch zusammenhängende Funktionen: »Die vorwegnehmende Widerspiegelung der Wirklichkeit im Prozeß der Phantasie verläuft *in konkret-bildhafter Form*, in Form klarer *Vorstellungen*, während die vorwegnehmende Widerspiegelung im Denkprozeß mit Begriffen operiert, die es ermöglichen, die Welt verallgemeinert und vermittelt zu erkennen ... Es gibt in einer Problemsituation, mit der eine Tätigkeit beginnt, also *zwei Systeme* des Vorwegnehmens der Tätigkeitsergebnisse durch das Bewußtsein: ein organisiertes System von Bildern (Vorstellungen) und ein organisiertes System von Begriffen.«[23]

Zur Spezifik des künstlerischen Schaffens gehört, daß es stets von einer Problemsituation ausgeht, deren Ausgangsdaten nur schwer genau zu analysieren sind, denn sie ist weniger ein organisiertes System von Begriffen, eher ein relativ geordnetes System von Bildern. »In einem solchen Falle beginnt beim Handeln die Phantasie zu wirken. Eine gewisse Unbestimmtheit der Ausgangsdaten ist beispielsweise der Arbeit des Schriftstellers eigen.«[24] Dies trifft aber nicht nur auf den Schriftsteller zu, dies gilt, zwar modifiziert, für alle Künstler; denn ihre Problemsituation ist stets unbestimmt im analytischen Sinne, weil sie nie begrifflich verallgemeinert, sondern stets bildhaft konkret sein muß. Das ist ein komplizierter objektiver Widerspruch des künstlerischen Schaffens. Daher dominiert in der künstlerischen Tätigkeit das System von Bildern, von Vorstellungen, also die Phantasie.

Und die spezifische Dialektik von Phantasie und Denken in der künstlerischen Tätigkeit besteht darin, daß das zu schaffende Kunstprodukt dem Künstler nur in dem Maße zum begreifbaren Gegenstand wird, in dem es in der von der Phantasie gesteuerten sinnlich-praktischen Tätigkeit materiell entsteht. G. K. Lehmann schreibt zu Recht: »Das Denken *begreift* seinen Gegenstand, die Phantasie *erfindet* ihn.«[25] Bevor das Kunstprodukt in einem allerersten, zaghaften materiellen Entwurf begriffen, also Gegenstand für das Erwägen und Nachdenken des Künstlers werden kann, muß es im simultanen Schöpfungsakt von Persönlichkeit (Phantasie) und sinnlich-praktischer künstlerischer Tätigkeit erst einmal materialisiert werden. Zwar kann ein künstlerisches Bild bereits in der Vorstellung Gegenstand des Erwägens und also auch verworfen werden, aber in diesem Falle wird es unbegriffen verworfen.

Konkret materiell produziert wird ein künstlerisches Bild in der sinnlich-praktischen Subjekt(Künstler)-Objekt(Kunstwerk)-Relation während der eigentlichen künstlerischen Tätigkeit. Dabei verlaufen Entstehungs- und Entäußerungsprozeß der Bilder der Phantasie synchron. Und alle vorher irgendwann einmal in der Phantasie bewegten Bilder bzw. Entwürfe sind völlig wertlos, wenn sie nicht während der künstlerischen sinnlich-praktischen Tätigkeit neu entworfen und simultan aus dem Geist hinaus in die Welt geworfen werden, um ihrer überhaupt erst einmal materiell habhaft werden zu können. *Erst diese materielle Entäußerung macht die Phantasie kreativ*. Zur Dialektik von Phantasie und Denken in der künstlerischen Tätigkeit gehört, daß der Künstler die Bilder nicht zu Begriffen erheben darf. Wenn er sie ihrer Konkretheit, ihrer Bestimmtheit beraubt, zum Beispiel nicht das ganz bestimmte konkrete »Haus« als Vorstellungsbild entwirft, sondern ganz allgemein »Haus« denkt, entleert er die Phantasie, beraubt er sie der Möglichkeit, sich nach außen bildhaft konkret zu äußern.

Sobald sich die künstlerische Phantasie praktisch regt, das heißt materiell entäußert, begibt sich der Künstler in eine Subjekt-Objekt-Relation, in der Phantasie und Denken an die wirkliche äußere Gestaltung relativ gebunden sind. Der Künstler erhält in seiner lebendigen sinnlich-praktischen Beziehung zum entstehenden Kunstwerk ständig neue Anregungen, die auf diese Weise angeregten Phantasie- und Denkprozesse wirken auf seine vergegenständlichende Tätigkeit zurück, und in diesem sinnlich-praktischen Wechselprozeß des Vermittelns, Regelns und Kontrollierens entsteht die äußere Gestalt des Kunstwerkes.

Wegen der relativen Gebundenheit der Phantasie an die wirkliche Tätigkeit kann der Künstler den Gesamtverlauf seines Schöpfungsaktes nicht komplett ideell vorwegnehmen. Er ist zwar ein Baumeister, der »die Zelle in seinem Kopfe gebaut hat, bevor er sie in Wachs baut«,[26] das heißt, die Phantasie steuert den Schaffensprozeß hinsichtlich der »Zelle«, der einzelnen Schaffensphase am Gegenstand, aber am Ende des Arbeitsprozesses – bezogen auf den Gesamtproduktionsprozeß eines Kunstwerkes – kommt durchaus nicht ein Resultat heraus, das beim Beginn desselben schon in der Vorstellung des Künstlers, also schon ideell vorhanden war. Hier liegt eine entscheidende Besonderheit des künstlerischen Schaffensprozesses. Bei Rubinstein findet sich ein anschauliches Beispiel: »Tolstoi antwortete auf den Vorwurf, daß er mit Anna Karenina zu grausam verfahren sei, wenn er sie zwinge, ihr Leben unter dem Zug zu beendigen: ›Diese Ansicht erinnert mich an einen Fall, der sich bei Puschkin ereignete. Eines Tages sagte er zu einem seiner Freunde: ‚Stell dir vor, welchen Streich mir Tatjana spielte. Sie hat sich doch wahrhaftig verheiratet! Das hätte ich nie von ihr erwartet.' Das gleiche kann ich von Anna Karenina sagen. Überhaupt spielen mir meine Helden und Heldinnen zuweilen solche Streiche, wie ich sie durchaus nicht wünsche. Sie handeln eben so, wie sie es in der Wirklichkeit tun müssen und wie eben das Leben ist, und nicht so, wie es mir paßt.‹ «[27]

Die künstlerische Tätigkeit zeichnet sich dadurch aus, daß die Phantasie an die sinnlich-praktische Tätigkeit ihres Subjektes gebunden ist. Die Phantasie kann und soll der wirklichen äußeren Gestaltung vorauseilen, insofern wirkt sie schöpferisch. Aber sie kann nicht im Kopfe fertig sein, wenn sie in der Realität noch keine Gestalt angenommen hat, verlöre sie sich doch erbarmungslos in der Fülle ihrer Bilder.

Bekanntlich hat der Geist von »vornherein den Fluch an sich«, mit der Materie behaftet zu sein. Dieses Dilemma bleibt der Phantasie nicht erspart. Ihre Bilder werden nur durch ihre Entäußerung rezipierbar. Und so wie die Sprache »das praktische, auch für andere Menschen existierende, also auch für mich selbst erst existierende wirkliche Bewußtsein«[28] ist, so ist das entäußerte Bild der Kunst das praktische, auch für andere Menschen existierende, also auch für mich selbst erst existierende wirkliche Bild meiner künstlerischen Phantasie.

Eine Besonderheit des schauspielerischen Schaffens besteht darin, daß der Schauspieler in Gestalt der Rolle und das Ensemble in Gestalt eines Stückes eine konkrete Vorgabe zur Verfügung hat, so daß das »im Kopfe fertig sein« (Regiekonzeption) als Möglichkeit, Notwendigkeit und Gefahr beachtet werden muß. Gefahr insofern, als beim Schaffen des wie es scheint fremden und gar nicht eigenen Kunstproduktes gar kein echter künstlerischer Schöpfungsakt zustande kommen kann, sondern in »getrennter Tätigkeit« lediglich schablonenhafte, prosaische Routine obwaltet. Zu Eigenem wird die fremde Vorlage dadurch, daß das Kunstprodukt letztlich auch im Kopfe erst dann fertig ist, wenn es approximativ materiell entstanden ist, das heißt als Ergebnis der Simultanität von Persönlichkeit (Phantasie/Denken) und sinnlich-praktischer künstlerischer Tätigkeit.

## Bewußtsein und Unbewußtes

Géza Révész unterscheidet vier voneinander zeitlich getrennte Phasen der schöpferischen Tätigkeit. »Die *erste Phase* dürfte in allen Gebieten der geistigen Tätigkeit die *Vorbereitung* sein.«[29] Darunter versteht er die präzise Formulierung des Problems, das Entstehen eines anschaulichen oder unanschaulichen Schemas als Ausgangspunkt der Denkarbeit. Er übersieht, daß dieser Ausgangspunkt der Denkarbeit nur durch Entäußerung in Gestalt des Schemas oder des Entwurfes gewonnen werden kann. Alles Nichtentäußerte ist geistig zu vage, zu unbestimmt, zu ungefähr, als daß es ein Ausgangspunkt sein könnte. Bei wahrhaft produktivem Vorgehen spielt sich diese erste Phase nicht, wie Révész meint, nur im Bewußtsein ab, sondern sowohl im Bewußtsein als auch als simultane sinnlich-praktische Tätigkeit.

In dieser ersten Phase tritt nach Révész ein psychischer Zustand ein, den er mit Konzentration bezeichnet. »Es geht hierbei darum, … die Gemütslage, aus der das Werk, vornehmlich das Kunstwerk, gewissermaßen emporwächst, lebendig zu erhalten.«[30] Diese Gemütslage ist, nach Révész, Ausgangspunkt für die nun einsetzende zweite Phase des schöpferischen Prozesses, die sich im Unbewußten abspielt. »Diese Phase läßt sich … als die Periode der *Inkubation* bezeichnen.«[31] Die bewußte Arbeit, so Revesz, erfährt eine Unterbrechung. Im Unbewußten wird ohne unser bewußtes Phantasieren und Denken und ohne unsere Tätigkeit, welche Prozesse alle ruhen, dennoch weitergearbeitet. Nach Révész weisen persönliche Erfahrungen darauf hin, »daß der unbewußte Inkubationsvorgang die unmittelbare Voraussetzung und die Vorstufe der Entdeckungen, Erfindungen, Erleuchtungen bildet«.[32]

Das scheint zuzutreffen, überzeugt aber erst dann, wenn man sich bewußt macht, daß dieser Inkubationsvorgang des Unbewußten den materiellen Entwurf von Phantasie und sinnlich-praktischer Tätigkeit voraussetzt. Ohne diese erste, wenn auch zaghafte und möglicherweise noch verschwommene Entäußerung (Skizze) in der ersten Phase hat das Unbewußte keine Nahrung, es sei denn chaotische Wirrnis.

»Die dritte Phase ...«, schreibt Révész, »tritt in der *Inspiration* oder *Invention* in Erscheinung, die in einem Sinne als Endpunkt der zum größten Teil im Unbewußten vor sich gehenden schöpferischen Tätigkeit, in einem anderen Sinne als *Ausgangspunkt* der vierten Phase zu betrachten ist.«[33] Die vierte, nach Révéz nun wiederum vorwiegend bewußte Phase ist die der Gestaltung, »die zur endgültigen Redaktion, Formulierung bzw. Formgebung führt ...«[34]

Révész unterläßt, der materiellen Seite dieser Formgebung nachzuspüren. Daher ist seine Phasentheorie anfechtbar, wenngleich nicht übersehen werden darf, daß das Unbewußte speziell bei der Reifung der Ideen eine besondere Rolle spielen kann. Die Tatsache allerdings, daß »z. B. Mozart nach einer langen ermüdenden Reise von Wien nach Prag die ganze Partitur der prachtvollen Ouvertüre zu Don Giovanni während einer Nacht ... niederzuschreiben imstande war«,[35] spricht keineswegs für die Auffassung, das geistige Bild des Kunstwerkes sei als Produkt des Bewußtseins und des Unbewußten bereits komplett im Kopfe fertig, bevor der Künstler es gestaltet bzw. zur Formgebung führt. Vielmehr scheint diese Leistung Mozarts der deutliche Ausweis für Genialität zu sein. Der normale schöpferische künstlerische Prozeß – nicht jeder Künstler ist ein Genie – braucht materielle Entwürfe als notwendige Phasen sinnlich-praktischer künstlerischer Tätigkeit.

Natürlich gehören zu diesem Prozeß – in den einzelnen Kunstgattungen unterschiedlich – Phasen relativer schöpferischer Ruhe; denn der Künstler kann nicht ununterbrochen sinnlich-praktisch tätig sein. Und in diesen Phasen praktischer Ruhe, in Anzahl und Dauer abhängig von der Kunstart und von der jeweiligen Künstlerpersönlichkeit, lösen sich bewußtes Nachdenken und unbewußte Vorgänge ab oder durchdringen sich. Aber deren Effizienz erweist sich erst, wenn sie beim Wiedereintreten in sinnlich-praktische Tätigkeit noch präsent bzw. virulent sind, das heißt ansteckungsfähig als geistiger Impuls für sinnlich-praktische Tätigkeit. Das Unbewußte hat hierbei eine untergeordnete, dienende Funktion, es vermag sich im Entäußerungsprozeß nicht vor das Bewußtsein zu drängen. Geschieht es dennoch (etwa im Alkoholrausch), ist das »Kunstwerk« bestenfalls Spiegelbild des inneren geistigen Chaos des Künstlers.

## Phantasie und Beobachtung

Die Gebundenheit des Bewußtseins bzw. der Phantasie an die konkrete künstlerische sinnlich-praktische Tätigkeit ist wesentlich, aber nicht absolut. Der Künstler ist während seines Schöpfungsaktes – so sehr er sich ein- oder abschließen mag, so sehr er sich willentlich nur dieser wesentlichen Subjekt-Objekt-Beziehung überläßt, also sich und seinem Werk – nie völlig außer der Welt, nie völlig losgelöst von der gesellschaftlichen Wirklichkeit, in der er lebt. Die Subjekt-Objekt-Relation Künstler – Wirklichkeit, existent schon vor Beginn der künstlerischen Tätigkeit, hat – ob er will oder nicht – sogar determinierenden Einfluß auf seine künstlerische Tätigkeit.

Auch Hegel spricht von der Bedeutung der Wirklichkeit. »Der Künstler ist … nicht an selbstgemachte Einbildungen verwiesen, sondern von den flachen sogenannten Idealen ab hat er an die Wirklichkeit heranzutreten. Ein idealischer Anfang in der Kunst und Poesie ist immer sehr verdächtig, denn der Künstler hat aus der Überfülle des Lebens und nicht aus der Überfülle abstrakter Allgemeinheiten zu schöpfen …«[36]

An die Wirklichkeit heranzutreten heißt für den Künstler, die Wirklichkeit zu beobachten, nicht passiv, sondern die Kämpfe der Klassen mitkämpfend;[37] denn je »mehr Kenntnisse und Erfahrungen ein Mensch besitzt, desto ergiebiger sind die Ergebnisse seiner Beobachtungen«.[38] Beobachten als eine »Form des willkürlichen Wahrnehmens«[39] ist ein zielgerichtetes Erkennen. »Von uns selbst hängt es ab, was wir sehen. Dazu brauchen wir nur einen Magnetstab zu benutzen, der den Namen trägt ›Wisse, worauf du zu schauen hast!‹ «[40] Die außerordentliche Bedeutung der Beobachtung für die künstlerische Tätigkeit, speziell die des Schauspielers, betont Brecht. Er nennt sie einen der zwei Hauptteile der Schauspielkunst.[41]

Voraussetzung für die wirkliche äußere Gestaltung ist also eine genaue Beobachtungsgabe des Künstlers, ein trainiertes Gedächtnis zur Speicherung der mannigfaltigen Bilder der Wirklichkeit und die Fähigkeit, das früher Wahrgenommene als anschauliches Bild wiederzuerleben. Der Künstler ist Eidetiker, er schöpft aus dem Fond gespeicherter Bilder. Und das künstlerische Bild spiegelt dann nicht nur den Gegenstand wider, sondern »auch die Ansichten und die Weltanschauung des Künstlers, der ein lebendiger, konkreter Mensch und ein Sohn seiner Zeit ist, der bestimmte soziale Interessen vertritt und den individuelle Bestrebungen charakterisieren.«[42]

Die Position, in der Konsequenz die Klassenposition, die der Künstler bei seinen Beobachtungen bezieht, bestimmt das Gefüge der Bilder, deren sich die Phantasie bedient, bestimmt letztlich die schöpferische Potenz und Eigenart der Phantasie. Denn die Phantasie »reproduziert nicht Bilder, sondern erfindet sie: aus den sinnlichen Erinnerungen und Erfahrungen gwinnt sie das *wahrscheinliche* Bild ...«[43] Wenn die Phantasie ihren Gegenstand erfindet, dann bedeutet dies nicht, »daß sie bei der reinen Spekulation Zuflucht sucht, irgendwelche Fiktionen und unsinnige Einbildungen erzeugt«.[44] Je klarer und bewußter sich der Künstler auf seine Beobachtungen der Wirklichkeit stützt und sich nicht »an selbstgemachte Einbildungen« und »abstrakte Allgemeinheiten« bindet, desto größer ist seine Chance, realistisch zu schaffen.

## Phantasie und Empfindung

Am Anfang tritt der Künstler in Beziehung zum Material, aus dem das Kunstprodukt geschaffen werden soll. Er sollte das Material kennen. Ein Bildhauer wählt bewußt die Art des Gesteins, aus dem er seine Statue herauszuhauen gedenkt. Der Schauspieler hat keine Wahl hinsichtlich seiner Physis. Er hat sie hinsichtlich des Requisits, kaum hinsichtlich des Partners und des Bühnenbildes, selten hinsichtlich der Rolle.
Alle Kenntnis des Materials nützt dem Künstler aber letztlich wenig, wenn er in seiner sinnlich-praktischen Tätigkeit nicht die Empfindung für das Material und vor allem zu dem aus dem Material unter seinen Händen erwachsenden Kunstprodukt entwickelt.
»Die Empfindung ist der elementarste psychische Prozeß. Sie widerspiegelt einzelne Eigenschaften von Gegenständen und Erscheinungen der Außenwelt ...«[45] In dieser Gegebenheit ist sie von entscheidender Bedeutung während der sinnlich-praktischen Tätigkeit. Denn die Empfindung ist »nicht nur ein sinnliches Abbild eines Objektes oder – genauer gesagt – eine seiner Komponenten, sondern zugleich auch Tätigkeit beziehungsweise eine ihrer Komponenten«.[46] Empfindungen können »als psychische Erscheinungen nicht zustande kommen, wenn die Antwortreaktion fehlt oder der Empfindung nicht entspricht. In diesem Sinne ist das bewegungslose Auge ›blind‹, ebenso wie eine bewegungslose Hand unsere Erkenntnis der objektiven Realität nicht bereichern könnte.«[47]
Das von der Phantasie erfundene und in simultaner sinnlich-praktischer künstlerischer Tätigkeit entstehende Kunstprodukt steht über die Empfindung in ständiger komplexer Beziehung zur Phantasie und zum Den-

ken des Künstlers. In dieser Gegebenheit erfüllt die Empfindung eine wichtige Funktion; denn »das bildliche Veranschaulichen entfremdet jeden Gehalt zur Äußerlichkeit, und die Empfindung erst hält ihn in subjektiver Einheit mit dem innern Selbst«,[48] erklärt Hegel. Die Empfindung fungiert als Mittler nach außen, sie fungiert aber zugleich als Mittler nach innen, als Bedingung der schöpferischen Tätigkeit der Phantasie.

## Phantasie und Gefühl

Nach Auffassung A. W. Petrowskis ist »die wesentlichste Besonderheit der Phantasie eines Künstlers … ihr großer *emotionaler Gehalt*«.[49] Die Schlußfolgerung, die er aus dieser These für das künstlerische Schaffen zieht, ist einseitig. »Der Schriftsteller, der bildende Künstler oder der Musiker«, schreibt er, »erleben Gefühle, geben ihnen in künstlerischen Bildern Gestalt und regen so die Leser, Betrachter und Hörer an, Gefühle zu erleben, zu leiden oder sich zu freuen«.[50] Eine solche Reduzierung sinnlich-praktischer künstlerischer Tätigkeit auf das Erleben und Vermitteln von Gefühlen ist nicht tragbar. Künstlerische Tätigkeit wird nicht primär ausgeführt, um Gefühle zu erleben und zu vermitteln, sondern Erkenntnisse über die Welt und Lust am Erkennen; sie will Entdeckungen über menschliches Zusammenleben ermöglichen, progressives Verändern fördern, nicht bar jeglicher Gefühle, durchaus nicht, aber über deren enge psychische Skala hinausführend. Walter Hollitscher sieht den Zusammenhang komplexer. Nach ihm stellt die Kunstproduktion »eine Gestaltung … auf Grund gefühlsgefärbter Einsichten dar, die sich, im weitesten Sinn, bildhaft sinnlicher Mittel bedient«.[51]

Nun ist das Problem äußerst kompliziert und im Rahmen dieser Arbeit keineswegs zu entschlüsseln. Die künstlerische sinnlich-praktische Tätigkeit hat, so wurde festgestellt, zwei Seiten: die der Beziehung des Künstlers zur Wirklichkeit, repräsentiert vor allem durch seine Beobachtung der Wirklichkeit, und die seiner Beziehung zum entstehenden Kunstwerk, dem eigentlichen Schaffensakt, repräsentiert durch die Simultanität von sinnlich-praktischer Tätigkeit und Phantasie. Das Gefühl ist beiden Seiten immanent.

Wenn die Beobachtung die Daten aus der Wirklichkeit zur Verfügung stellt, dann muß jetzt konstatiert werden, daß diese Daten stets »gefühlsgefärbt« sind, und zwar abhängig davon, in welchem Zusammenhang der Künstler seine Beobachtung macht. Wenn er nicht nur kontemplativer Beobachter der Wirklichkeit ist, sondern handelnd in ihr steht, dann werden die Bilder in seinem Beobachtungsgedächtnis mit einer konkreten, sozusagen sozialen emotionalen Färbung gespeichert. Denn die Gefühle sind objektiv gesetzmäßig »eine Seite der Tätigkeit der Persönlichkeit und werden vom Menschen, der handelt und die Welt in seinem Gehirn widerspiegelt, in vielfältiger Weise erlebt.« Aber die Gefühle signalisieren dem Menschen nicht nur »von den Geschehnissen in der Welt, was für ihn bedeutsam ist«, sie können sogar zu dauerhaften oder vorübergehenden Motiven menschlicher Tätigkeit werden«,[52] also auch zu Motiven des künstlerischen Schaffens. Mehr noch: Die »Gefühle haben nicht nur eine Signalfunktion, sondern auch eine Steuerungsfunktion«.[53]

Das heißt, wenn die wesentlichste Besonderheit der künstlerischen Phantasie ihre dominierende Rolle beim Erfinden eines Kunstwerkes ist, ihre steuernde Funktion im Komplex der psychischen Prozesse und in der sinnlich-praktischen Tätigkeit, muß jetzt eingeräumt werden, daß das Gefühl innerhalb des Komplexes psychischer Kräfte zur dominierenden Kraft werden, das heißt, daß die sinnlich-praktische künstlerische Tätigkeit ganz oder mehr oder weniger von Emotionen bestimmt sein kann. In diesem Falle wird, was an sich eine wichtige, aber beigeordnete Funktion hat, im Schaffensakt überbetont. Welche Folgen dies für den Produzenten und das von ihm produzierte Kunstwerk hat, kann hier nicht allgemein erörtert, aber in Bezug auf das schauspielerische Schaffen müssen doch einige Aspekte beleuchtet werden.

In der Geschichte des Theaters wurde nicht selten behauptet, der Schauspieler steuere seine sinnlich-praktische künstlerische Tätigkeit mit Gefühlen. Diese Behauptung deckt sich zwar mit der praktischen Möglichkeit und also auch der Erfahrung mancher Schauspieler, theoretische Untersuchung belegt jedoch die Einseitigkeit und letztlich Armut eines lediglich durch Emotionen gesteuerten schauspielerischen Schaffens.

Zunächst einmal ist festzustellen, daß selbstverständlich auch im Produktionsprozeß des Schauspielers jene emotionalen Grundeigenschaften anzutreffen sind, die allgemein während einer Arbeitstätigkeit auftreten[54]: Positive oder negative Emotionen, zwiespältige oder unbestimmte Gefühle entwickeln sich, je nachdem der Schauspieler in seinem Bedürfnis, seine Aufgabe zu erfüllen, erfolgreich ist oder nicht. Die hierbei aufkommenden Gefühle können stimulierend oder hemmend wirken, können die Phantasie blockieren oder mobilisieren. Eine gute Arbeitsatmosphäre ist daher für den Schauspieler außerordentlich wichtig. Aber es ist offenkundig, daß dieser allgemeinen emotionalen

Komponente seines Schaffens keine Steuerungsfunktion zukommt.[55] Ist dies anerkannt, bleibt die Frage, ob nicht dennoch Emotionen Steuerungsfunktion haben, zwar nicht die, die einen Schaffensprozeß stimulierend oder hemmend begleiten, so doch andere, die Dominanz der Phantasie ablösende, ersetzende. Darauf antwortete schon Diderot: »Die Tränen des Schauspielers stammen aus seinem Gehirn; die des empfindsamen Menschen steigen aus seinem Herzen auf.«[56] Diderot konstatiert klar die Dominanz von Phantasie und Denken.[57] Sofern die Tränen bewußt produziert werden, das heißt im Kontext mit und aus konkreten Vorstellungen und Gedanken, sind sie ein unentbehrliches Moment mimetischen Spiels. Sind sie jedoch Ergebnis emotionaler Zuständlichkeit des Schauspielers, in die er sich versetzt, Ergebnis also eines bei sich selbst herbeigeführten allgemeinen Grundgefühls – der Freude, der Trauer usw. –, verliert das mimetische Spiel an gestalterischem Reichtum, an sozialer Konkretheit, schrumpft es zur Zurschaustellung allgemeiner Gefühle.

Aus diesem Grunde können auch nicht Emotionen, die die darzustellende Figur eventuell durchlebt, zu Gefühlen werden, die den Darsteller steuern. Das lehnte schon A. F. Riccoboni ab: »... ich habe jederzeit bemerkt, daß der, welcher das Unglück hat, wirklich zu fühlen, was er ausdrücken soll, nicht fähig ist, richtig zu spielen. Die Empfindungen in einer Szene folgen einander mit solcher Schnelligkeit, die nicht in der Natur ist.«[58] Der schöpferisch arbeitende Schauspieler darf sich nicht den möglichen Emotionen der darzustellenden Figur ausliefern, will er seinen Kopf frei haben für seine Arbeitstätigkeit. In diesem Sinne äußerte Diderot: »Derjenige, den die Natur zum Schauspieler gestempelt hat, wird in seiner Kunst erst dann hervorragen, wenn er eine lange Erfahrung erworben hat, wenn sich der Sturm der Leidenschaften gelegt hat, der Kopf ruhig geworden ist und die Seele sich in die Gewalt bekommen hat.«[59]

Dominanz der Gefühle in der Darstellung kann beeindruckend sein, und es gab und gibt Schauspieler, die diese Art Schauspielkunst, weil sie möglich ist, pflegen. Da es Gefühl nicht außerhalb eines Subjektes gibt – »es ist immer das Gefühl irgendwessen«[60] –, prägt es die individuelle Besonderheit und Eigenart eines Schauspielers mit. Aber bei Dominanz der Gefühle verliert das Spiel gesetzmäßig an geistiger Klarheit, es operiert vordergründig und einseitig mit emotionalen Impulsen.[61] Eine derart verarmte Schauspielkunst steigert lediglich, was der normale psychophysische Apparat eines Menschen ohnehin zu leisten vermag. Die Psychologie hat herausgefunden: »Die mimischen und pantomimischen Bewegungen ermöglichen es dem Menschen, seine Erlebnisse anderen mitzuteilen, andere über seine Beziehungen zum Objekt seiner Gefühle zu informieren, sein Mitgefühl, seinen Ärger, seine Verwunderung auszudrücken. Mimik, Gestik, Seufzer, Veränderungen der Intonationen beim Sprechen sind also gleichsam ›die Sprache der menschlichen Gefühle‹ «.[62]

Damit gerät ins Zentrum der Problematik: Haben wir es bei der Schauspielkunst mit einer psychologischen oder mit einer ästhetischen Kategorie zu tun? Ist anerkannt, daß es sich um eine ästhetische Kategorie handelt, wird nach Realismus gefragt. Und wenn von realistischer Schauspielkunst mehr erwartet wird, als nur »Sprache menschlicher Gefühle« zu sein, nämlich mimetisches Abbild zwischenmenschlichen Geschehens, rückt ins Blickfeld, daß so dimensionierte Schauspielkunst nicht einfach die alltäglich-normalen psycho-physischen Prozesse potenziert, sondern zwischenmenschliche Beziehungen *verwesentlicht* spiegelt (also auch nicht etwa sozialpsychologischen Naturalismus betreibt!). Realistische Schauspielkunst macht schaubar, was zwischen Menschen vorgeht, den Kampf der Motive sowie Entscheidungen als Aktionen und Reaktionen zwischen Menschen. Und insofern sind auch Gefühle Widerspiegelungsgegenstand, impliziert entsprechend ihrem jeweiligen Stellenwert im Tun handelnder Menschen.

## Phantasie und Willen

»Die Grundlage der Willenshandlung«, schreibt Rubinstein, »ist die zielstrebige bewußte Tätigkeit.«[63] Spätestens an dieser Stelle muß die Spezifik schauspielerischer Willenshandlung, ihre eigenartige Doppelung, genauer bezeichnet werden: Der Schauspieler schauspielt, das ist eine künstlerische Tätigkeit (seine Arbeit) und zugleich eine besondere Tätigkeit (nämlich das Handeln der Figur). Diese Tätigkeiten sind identisch und nicht identisch, sie sind nur als Widerspruch faßbar.

Dieter Hoffmeier definiert den Widerspruch so: Das Theater ist jene Stätte, *»die das entscheidende Gattungsmerkmal des Menschen,* nämlich zielgerichtet und vorbedacht zu handeln, *am unmittelbarsten und gegenständlichsten im künstlerischen Bild zu erfassen imstande ist* …«[64] Das künstlerische Bild ist also ein bewegtes Bild, nämlich das zielgerichtet und vorbedacht handelnder Menschen, entworfen und verwirklicht durch das arbeitsame künstlerische Tätigsein von Menschen.

Er, der Schauspieler, schreibt Manfred Wekwerth, »ist zugleich *Teil* der

Wirklichkeit (ein Mensch, der die Fläche betritt) und *Abbild* der Wirklichkeit (also etwas anderes, als er ist.) Wird zum Beispiel auf jener Fläche gezeigt, wie ein Mensch stirbt, stirbt er nicht wirklich. Würde er tatsächlich sterben, wäre es eine Sache der Ärzte, nicht die des Publikums. Aber die Zuschauer wären ebenso unzufrieden, wenn sie nicht wirklich sehen würden, wie ein Mensch stirbt. Er muß also wirklich vor den Augen der Zuschauer sterben, ohne in *Wirklichkeit* zu sterben.«[65]
Indem der Schauspieler als Teil der Wirklichkeit eine dramatische Vorgabe, eine Figur verkörpert, gibt er ein künstlerisches Abbild der Wirklichkeit. An diesem komplizierten Prozeß haben nicht nur Physis und Psyche des Schauspielers teil, sondern auch und vor allem sein bzw. seine Partner auf der Bühne sowie sein Partner Publikum. Stimulans dieses Prozesses ist die dramatische Vorgabe. Der Schauspieler, äußert Ernst Schumacher, »wird zur Selbstverwirklichung durch das uneingeschränkte Offenhalten gegenüber dem anderen, gegenüber seinem Partner nur in dem Maße wirklich angeregt werden, je stärker ihm diese dramatische Vorgabe, diese Grundgegebenheit des Menschlichen mit allen ihren Komplikationen und Konflikten selbst Inhalt und Form dieser Vorgestaltung ist, der er nun seine eigene Gestalt zu verleihen hat.«[66] Die dramatische Vorgabe – eine geistige Fiktion – erhält durch die zielstrebige bewußte Tätigkeit des Darstellers dessen materielle Gestalt.

Die dieser zielstrebigen bewußten schauspielerischen Tätigkeit innewohnenden Willensprozesse erschließen sich nur schwer. Der Verfasser versucht, von einer Prämisse auszugehen, von einer Anmerkung Lenins aus dem philosophischen Nachlaß. Lenin schreibt dort: »Sehr gut ist § 255 der Enzyklopädie, wo die ›Erkenntnisse‹ (die ›theoretische‹) und der ›Wille‹, die ›praktische Tätigkeit‹ als zwei Seiten, zwei Methoden, zwei Mittel der Vernichtung der ›Einseitigkeit‹ sowohl der Subjektivität als auch der Objektivität dargestellt werden.«[67] Die von Lenin akzeptierte weitgehende Identifikation des Willens mit der praktischen Tätigkeit bestätigt die in vorliegender Arbeit behauptete Simultanität von Phantasie und sinnlich-praktischer Tätigkeit auch hinsichtlich des Willens und der sinnlich-praktischen Tätigkeit.

Alle menschlichen Handlungen sind volitional. »Sie sind alle bewußte, zielgerichtete Handlungen«, schreibt Rubinstein, »und schließen Zielstrebigkeit und bewußte Lenkung des Handelns dem Ziel entsprechend ein.«[68] Auch W. Hollitscher erklärt: »Der bewußt handelnde Mensch weiß ..., was er will: er handelt mit Bewußtsein, und darin besteht die grundlegende Spezifik menschlichen Handelns.«[69] Und P. M. Jakobson konstatiert: Als »Willenshandlungen ... werden bewußte Handlungen bezeichnet, die auf ein bestimmtes Ziel gerichtet sind und die auf dem Wege zu diesem Ziel Anstrengungen bei der Überwindung von Hindernissen erfordern.«[70] Auch die Arbeitstätigkeit des Schauspielers unterliegt dieser grundlegenden Gesetzmäßigkeit, *aber bei ihr wird die » ›theoretische‹ Seite« weniger durch Erkenntnisse, vielmehr durch die Phantasie repräsentiert.*

Da das Ziel sinnlich-praktischer schauspielerischer Tätigkeit das fiktive Handeln einer fiktiven Figur ist, bedarf der Wille der Unterstützung durch die Phantasie, um das zunächst vage Ziel überhaupt ins Blickfeld zu bekommen und schrittweise hervorbringen zu können.[71] *Phantasie und Willen sind die zentralen psychischen Kategorien für die zielstrebige bewußte Tätigkeit des Schauspielers.* Die Phantasie entzündet sich am Zielmodell, der dramatischen Vorgabe, und mobilisiert den Willen auf das Ziel, das Bühnenhandeln der fiktiven Figur.[72]

Die Doppelung der schauspielerischen Willenshandlung besteht also letztlich im phantastischen Herstellen der vorgegebenen Umstände und der szenischen Verhältnisse des Stückes, in denen die zu findende Figur agiert, mit dem Ziel, nun *als Figur willentlich* in diesen szenischen Verhältnissen und gemäß den Umständen zu handeln.

Die schauspielerische Willenshandlung kann nur als Einheit praktisch verwirklicht werden, das heißt, der Schauspieler kann nicht einseitig nur die Willenshandlung der Figur herstellen wollen. Tut er das, löst er die Figur aus den konkreten Umständen, in denen sie agiert. Dies Phänomen erklärt, wieso eine Figur nicht dadurch verwirklicht werden kann, daß lediglich ihre psycho-physischen Prozesse hergestellt werden. In diesem Falle verliert der Schauspieler seinen Kopf für die vorgegebenen Umstände und szenischen Verhältnisse. Er braucht seinen Kopf aber nicht nur dafür, sondern auch für das Herstellen der Willenshandlung der Figur; denn deren Willenshandlung als eine ästhetische Erscheinung unterscheidet sich von einer alltäglichen Willenshandlung ganz erheblich.

Um diesen Unterschied aufzeigen zu können, ist es zunächst nötig, die alltägliche Willenshandlung genauer in Augenschein zu nehmen. Nach Rubinstein ist die Willenshandlung ein komplizierter Willensakt, bei dem vier Hauptphasen unterschieden werden: 1. Auftreten des Antriebes und vorläufiges Aufstellen des Zieles, 2. Überlegen und Kampf der Motive, 3. Entschluß und 4. Durchführung.[73] Auch P. M. Jakobson unterteilt die Willenshandlung als einen Willensakt in diese, wie er sagt, Kettenglieder: »Voraussetzung für jede Willenshandlung ...« ist, »daß der

Mensch ein Ziel hat, oder anders ausgedrückt, daß er sich bewußt geworden ist, was er durch bestimmte Handlungen erreichen will … Aber noch ein weiteres Glied ist unbedingte Voraussetzung einer Willenshandlung: Das sind die Handlungsmotive. Sie offenbaren, warum der Mensch ein bestimmtes Ziel anstrebt, … Ergebnis des Kampfes der Motive ist der Entschluß.«[74] Erst dem Entschluß folgt die Durchführung. Und erst die Durchführung ist auch eine klare physische, also klar ablesbare Aktion. Das Auftreten des Antriebes und das vorläufige Aufstellen des Zieles, das Überlegen und der Kampf der Motive sowie der Entschluß sind psychische, also innere Prozesse, die nicht notwendig äußere gestische und mimische Entsprechungen nach sich ziehen müssen.

Damit wird der Unterschied zur Schauspielkunst deutlich. Die vom Kopf des Darstellers bewußt zu steuernden Willensprozesse der Figur implizieren – im Gegensatz zur alltäglichen Willenshandlung – die materielle Schaubarkeit des Kampfes der Motive und des Entschlusses. Das in der Alltäglichkeit zwar Mögliche, aber stets Zufällige, wird im Künstlerischen zum Notwendigen. Und das Unvermögen, die psychischen Willensprozesse der Figur nach außen hin transparent zu machen, ist ein Beweis für fehlende schauspielerische Begabung.

Die psycho-physischen Prozesse des Schauspielers unterliegen also, sobald er auf der Bühne spielend handelt, besonderen Gesetzen, auf Grund derer sich ihr Stellenwert und ihr funktioneller Zusammenhang ändern. Das, was normalerweise unbewußt abläuft, die Hauptphasen des Willensaktes bzw. der Willenshandlung, wird bewußt benutzt. Die Motive (das »warum?«) und das Ziel (das »wozu?«) der Figur werden zu erstrangigen Kategorien. Indem der/die Schauspieler/Figur bewußt »warum – was – wozu?« fragt, initiiert er/sie in seinem/ihrem Kopfe die Willensprozesse, die die Willenshandlung der fiktiven Figur auslösen. Der Schauspieler bedient sich erkannter psycho-physischer Prozesse, die er für seine Zwecke modifiziert handhabt.

Es handelt sich um folgendes Phänomen: »Willenshandlungen des Menschen werden erst nach Bildung eines verbalisierten Vorsatzes getätigt.«[75] Beim spielenden Kind ist dies noch deutlich zu beobachten, sein Handeln erhält die Impulse unmittelbar von Verbalisierungen. Das Kind trägt seine Gedanken auf der Zunge. Sie gehen simultan in sein Handeln ein. Beim Erwachsenen ist diese dialektische Beziehung zwar nicht verloren, aber die Handlungsgedanken werden nicht mehr fortlaufend ausgesprochen, sie sind verinnerlicht.[76] Dennoch *löst der Handlungsgedanke auch beim Erwachsenen die Willenshandlung aus.* »Das reflektorische Geschehen greift dabei … nicht unmittelbar (über den ›niedrigeren Reflexbogen‹) von den ersten Signalen – Empfindungen, Wahrnehmungen und Vorstellungen – auf den efferenten motorischen Abschnitt über, sondern es bezieht vorerst das höhere Zweite Signalsystem ein. In diesem bildet sich der Handlungsgedanke, welcher nunmehr die Handlung auslöst.«[77]

Diese allgemeine Gesetzmäßigkeit macht sich der Schauspieler bewußt zunutze. Seine Situation auf der Bühne ist eine fiktive. Daher kommt sein Handlungsgedanke nicht allein aus der Bühnensituation seiner Figur, sondern auch aus seiner Phantasie. Und die über modellierende Improvisationen entwickelten Handlungsgedanken fixiert er in Gestalt einer Gedankenkette, gespeichert im Gedächtnis, bekannt unter dem Begriff »Untertext«. Die Handlungsgedankenkette wird zur wesentlichen geistigen Stütze für seine Willenshandlung als Figur, allerdings abhängig davon, daß der »Untertext« nicht eine durch Sinnieren verworrene Handlungsgedankenkette ist, sondern eine »grobe«, verwesentlichte, primär situative. Der Kampf der Motive der Figur ist grundsätzlich als Kette von weitertreibenden, also das Handeln weitertreibenden Ja-Nein-Entscheidungen zu bauen, nicht als zuständliches und umständliches Vermeiden von Entscheidungen.[78] Insofern unterscheidet sich eine bewußt situativ gebaute Handlungsgedankenkette grundsätzlich von einer alltäglich entstehenden.

Dabei kommt in der Schauspielkunst – wiederum im Unterschied zum Alltagshandeln – dem »niedrigeren Reflexbogen«, den ersten Signalen wie Empfindungen, Wahrnehmungen und Vorstellungen, eine große Bedeutung zu. »Wir handeln nicht spontan, auf Grund eines wahrnehmungsmäßig gegebenen Bildes«, behauptet L. Kardos, »sondern bewußt und gewollt«.[79] Der Schauspieler jedoch handelt bewußt und gewollt spontan auf Grund eines wahrnehmungsmäßig gegebenen bzw. vorgestellten Bildes, vor allem solange er über modellierende Improvisationen die Partitur seiner Figur im Ensemble der szenischen Verhältnisse aufbaut. Da dies kein Mensch a priori kann, weil er das verlernt hat, weil normalerweise nur der »höhere Reflexbogen« fungiert, muß sich der werdende Schauspieler bemühen, diese kreative Ursprünglichkeit und Naivität spontanen Handelns wiederzugewinnen. Er muß lernen, spontan zu handeln und dieses Moment kreativer Ursprünglichkeit auch im schließlich fixierten Handeln aufzubewahren.

## Phantasie und Wertung

Im Verlauf seiner Darlegungen hat sich der Verfasser – vom Allgemeinen ausgehend – immer mehr der Spezifik des schauspielerischen Schaffens zugewandt. Die dabei konstatierte besondere Funktionsweise des psycho-physischen Apparates des spielenden Schauspielers, das bewußte Nutzen bestimmter psycho-physischer Prozesse, ist auch davon abhängig, was als Widerspiegelungsgegenstand der Schauspielkunst verstanden wird.

Brecht erklärte: »Theater besteht darin, daß lebende Abbildungen von überlieferten oder erdachten Geschehnissen zwischen Menschen hergestellt werden ...«[80] Diese Auffassung von Schauspielkunst hat sich im Ergebnis der Durchdringung der Theaterpraxis mit der dialektisch-materialistischen Weltanschauung mehr und mehr durchgesetzt. Geschehnisse zwischen Menschen sind Widerspiegelungsgegenstand der Schauspielkunst, zwischenmenschliche Beziehungen, das, was materiell zwischen handelnden Menschen vergeht, *soziale Vorgänge* also.

Ist dies anerkannt, rückt ein Phänomen menschlicher Tätigkeit ins Blickfeld, das im Raum sozialer Beziehungen angesiedelt und dessen Bedeutung für die künstlerische Tätigkeit erheblich ist: die Wertorientierung. Das sinnlich-praktische Tätigkeitsverhältnis des Menschen zur objektiven Wirklichkeit impliziert bekanntlich nicht nur ein erkennendes Herangehen an die Gegenstände der Wirklichkeit, sondern auch ein wertendes. Das epistemologische Herangehen bemüht sich, »den Gegenstand zu erfassen, wie er außerhalb vom Menschen und von der Menschheit existiert, das Bewußtsein von der Beziehung des Subjektes, des Menschen, zu seinem Inhalt zu befreien und das Wissen selbst, das heißt die objektive Wahrheit, in reiner Gestalt herauszuarbeiten«.[81] Das wertende Herangehen bemüht sich, »sowohl im Objekt als auch in seiner Widerspiegelung die Aufmerksamkeit auf die Beziehung des Menschen zu ihm zu konzentrieren, alles vom Standpunkt der in ihm angelegten Möglichkeiten, menschliche Bedürfnisse zu befriedigen, zu beurteilen«.[82] Das wertende Herangehen zielt auf die Bedeutung, die eine Erscheinung (Mensch oder Gegenstand) für die Befriedigung der Bedürfnisse eines Menschen hat. Da dieses wertende Herangehen das einer bestimmten Persönlichkeit ist, kann es von deren Bewußtsein, deren Weltanschauung, nicht getrennt werden. »Wir nehmen an, daß die Weltanschauung als Orientierungsmittel des Menschen in der objektiven Realität mit der Bildung besonderer psychischer Mechanismen zusammenhängt, mit deren Hilfe der Mensch Dinge und Erscheinungen

seiner Umwelt hinsichtlich ihrer Bedeutung für die Befriedigung seiner Bedürfnisse beurteilt.«[83]
Die Relevanz dieser Prozesse für die künstlerische Tätigkeit hat der sowjetische Ästhetiker M. S. Kagan untersucht. Er faßt das künstlerische Schaffen als synkretische Einheit von vier im Alltag mehr oder weniger getrennt anzutreffenden Tätigkeiten: der Arbeit, der zwischenmenschlichen Kommunikation, der Erkenntnis und der Bewertung der Objekte der Tätigkeit, und folgert, daß »das künstlerische Abbild sowohl eine erkenntnismäßige Information als auch eine Wertinformation in sich schließt«.[84]
Wertung ist also in der Relation Künstler – Wirklichkeit existent, vor allem aber in der Relation Künstler – Kunstprodukt. Für den Schauspieler existiert eine weitere Wertung: die aus der Sicht der Figur. Der Schauspieler wertet im Sinne der künstlerischen Tätigkeit die Figur, die er gestaltet, deren Handeln im Gefüge der Geschehnisse. Im Sinne der Willenshandlung der Figur wertet er aus der Sicht der Figur alle Aktionen bezüglich ihrer Bedeutung für die Befriedigung der Interessen und Bedürfnisse der Figur. Beide Wertungen hängen zusammen, ins Schaffen geht vor allem die letztere ein.
Die Schauspielkunst spiegelt soziale Vorgänge. Da »Wertvorstellungen den Menschen in seiner sozialen Tätigkeit orientieren, seine Tätigkeit steuern und anregen, sein subjektives Verhältnis zur gesellschaftlichen Tätigkeit ›koordinieren‹ «,[85] sind diese Prozesse schaubar zu machen. Die Hauptphasen der Willensakte der Figur, »Kampf der Motive«, »Entscheidung« und »Durchführung«, erhalten durch die Wertorientierung ihren *sozialen Inhalt*. Indem der Schauspieler aus der Sicht der Figur wertet, gibt er zugleich eine Wertung der Figur, das heißt, das soziale Verhalten und Handeln der Figur (für den Zuschauer die Erkenntnisinformation) wird ergänzt durch die Auffassung des Schauspielers vom sozialen Verhalten und Handeln der Figur (für den Zuschauer eine Wertinformation).

## Improvisation als künstlerische Tätigkeit

Die Auseinandersetzung mit dem, was als Wesen der künstlerischen sinnlich-praktischen Tätigkeit gefaßt werden kann, erhärtet: die Improvisation ist der originäre und eigentliche elementare schöpferische Produktionsakt des Schauspielers, in dem der Schauspieler effektiv etwas ästhetisch Neues schafft. Sie impliziert alle jene Elemente, die allgemein der künstlerischen sinnlich-praktischen Tätigkeit innewohnen. Sie ist spontanes mimetisches Spiel zum Zwecke des Erfindens eines Figuren-Vorganges, das heißt eines Abbildes von Geschehnissen zwischen Menschen. Sie ist eine simultane Einheit von Persönlichkeit (Phantasie, Denken, Beobachtung, Empfindung, Gefühl, Willen und Werten) und gestisch-mimischem Ausdrücken (sinnlich-praktischem Handeln) bis hin zur Ausweitung des inneren Sprechens (Untertext) zum Sprechen (Text), wobei der entstehende Text nicht anders als natürlich produziert werden kann.[86] Unbewußtes, nicht bewußt einsetzbar, fließt insgesamt ein, sofern organisches schauspielerisches Schaffen zustande kommt. Das ist dann der Fall, wenn die Improvisation vom Produktions*akt* zum *-prozeß* wird, das heißt, die *Simultanität* von Persönlichkeit (Phantasie, Denken usw.) und gestisch-mimisch-verbaler Tätigkeit *als eine Bewegung* in Gang kommt.

Der Produktionsprozeß, also ein Ablauf in Zeit und Raum, spiegelt das Handeln von Menschen in mimetischem Spiel. Jede Improvisation ist daher zwangsläufig eine Erscheinung im Bühnenraum von unterschiedlicher Dauer und von unterschiedlichem Umfang, abhängig jeweils vom zu erfindenden Figuren-Vorgang.

Die Improvisation ist kein Selbstzweck, kein »freies Spiel« zu irgendwelcher psychodramatischen Selbstbefreiung.[87] Nicht die sinnlich-praktische Tätigkeit als Simultanität mit der Persönlichkeit und deren psychischen Prozessen an sich ist wesentlich, sondern die mittels dieser Simultanität zu erzielenden mimisch-gestischen Entdeckungen sozialer Beziehungen zwischen Menschen.

Insofern ist die Improvisation auch keine schauspielerische Aktion, die aus sich heraus, etwa allein aus dem Spieltrieb des Spielers geboren wird. Die Darlegungen über das Wesen der sinnlich-praktischen Tätigkeit erhellen, daß die Improvisation als eine künstlerische sinnlich-praktische Tätigkeit nur in Gang kommt durch die mobilisierende Kraft der Phantasie und den vitalen Impuls des Willens, gekoppelt mit einer bestimmten Zielvorstellung.

Diese bestimmte Zielvorstellung ist ein kompliziertes Gebilde. Es unterliegt einer Entwicklung. Der improvisierende Mime der Antike, der allseitige Schöpfer seines kleinen Werkes, hatte das mimetische Abbild als Zielvorstellung. Nachdem die dramatische Vorlage aufgekommen war, verkam die Improvisation. Die modellierende Improvisation, mit der die Mimesis des Schöpfers wieder eingebracht werden kann, hat nun die dramatische Vorlage als Zielvorstellung.[88] Die Zielvorstellung ist die Einheit mehrerer Ziele (Elemente), wozu gehören:

- die dramatische Vorgabe (geistige Fiktion) in Gestalt der schriftlich fixierten Rolle
- die zu verwirklichende dramatische Vorgabe (materielle Fiktion) in Gestalt der Figur
- das Handlungsziel als jeweiliges Ziel der Willenshandlung der Figur in konkreten Bühnensituationen
- die Fabel der dramatischen Vorlage als Gesamtkomposition einer Vielzahl von beredten Vorgängen.

Mit diesen Elementen ist ungenügend erfaßt, daß auf der Bühne in der Regel wenigstens zwei Schauspieler sinnlich-praktisch tätig sind und erst ihre gemeinsame zielgerichtete Arbeit den zwischenmenschlichen Vorgang hervorbringt. Wenn Schauspielkunst vornehmlich spiegelt, was zwischen Menschen vorgeht, dann muß *hier* das wesentliche Element der Zielvorstellung gesucht werden. Vorgänge zwischen zwei Figuren, die etwas über Beziehungen zwischen Menschen aussagen, sind beredte Vorgänge. Jeder beredte Vorgang kann mittels modellierender Improvisation gefunden werden. Daher ist das Problem der Zielvorstellung letztlich, welche Daten vorgegeben werden müssen, um *eine modellierende Improvisation in Gang zu setzen, die zum beredten Vorgang führt.* Zu dem Zweck muß aus der dramatischen Vorlage herausanalysiert werden, was zwischen den Figuren vorgeht. Dies Analysieren ist kein geistiges Fixieren der einzelnen Details des zwischenfigürlichen Geschehens, sondern ein Vorgeben des wesentlichen Handelns (des »was?«), das sich zwischen den Figuren zuträgt. *Wesentliches Element der Zielvorstellung* und damit praktikable thematische Ausgangsgröße für die modellierende Improvisation ist mithin ein bestimmtes Handeln, vorgegeben mit einem *Verb,* zum Beispiel »ablenken«, »beschweren«, »überreden«, »überlisten« usw. Das »was?« wird als materielles zwischenfigürliches Geschehen improvisiert, das sich schließlich dadurch konstituiert, daß zwei Figuren in Verfolgung ihres jeweiligen Handlungszieles, wozu ihr willentliches sinnlich-praktisches Handeln gehört, dem Publikum den beredten Vorgang als das im Geschehen Wesentliche mitteilen.

Über das modellierende Improvisieren des »Verbs«, des wesentlichen Handelns in konkreter Situation, finden die Schauspieler nach und nach zu ihren Figuren, also durch die Simultanität von Persönlichkeit (Phantasie/Denken) und sinnlich-praktischer künstlerischer Tätigkeit. Damit wird praktiziert, was auch Brecht fordert: »Seine«, des Schauspielers, »Figur entsteht durch das Eingehen von Beziehungen zu anderen Figuren«.[89]

Bei Nutzung der Improvisation in der Ausbildung entfällt zunächst die dramatische Vorlage. Die Vorgabe für die spielenden Studenten muß aber so beschaffen sein, daß eine Improvisation möglich ist, die in ihrem Kern bereits dem Wesen der modellierenden Improvisation entspricht. Denn die modellierende Improvisation wird angestrebt, und am Ende des Improvisations-Seminars wird die Arbeit mit der dramatischen Vorlage geübt. In der schauspielpädagogischen Praxis muß demzufolge vor allem das zwischenmenschliche Geschehen improvisiert werden, wobei der Akzent auf dem Erfinden von Vorgängen in konkreten Situationen und auf dem Handeln von Figuren in konkreten Situationen liegen muß.

*Die pädagogische Improvisation* ist das Mittel für den Studenten, einen ersten gestisch-mimischen Entwurf der spezifisch pädagogischen Zielvorstellung zu erhalten. Dieser Entwurf hat durchaus etwas Unfertiges, Unvollkommenes. Aber durch den mit der Improvisation entstandenen transitorischen Entwurf gewinnt die Zielvorstellung im Kopf des Spielers an Bildkraft, und zugleich wird am Entwurf Beibehaltenswertes und Unbrauchbares materiell sichtbar; zwar weniger für den Studenten, aber um so deutlicher für den erfahrenen Pädagogen. Beibehaltenswert ist im Grunde alles, was sich der materiellen Invention der Zielvorstellung nähert. Wenn daran gelegen ist, das Ziel immer konkreter und genauer zu erfinden – und hierin liegen Sinn und Reiz schauspielerischen Schaffens –, geschieht dies mittels modifizierter Wiederholung der Improvisation. Modifiziert insofern, als das Beibehaltenswerte möglichst wiederholt und zugleich eine weitere Annäherung an das Ziel versucht wird.

Zu behaupten, die »Wiederholung von etwas Improvisiertem ist nicht mehr Improvisation,«[90] geht daher am Wesen der Erscheinung vorbei, an der fundamentalen schöpferischen Schwierigkeit des Schauspielers, den improvisierten transitorischen Figuren-Vorgang festzuhalten, ihn als materiellen Entwurf dingfest zu machen. Maler oder Schriftsteller haben da keine Schwierigkeiten. Ihre erste Skizze findet sich schwarz auf weiß auf dem Papier, und dies noch nach Tagen oder Jahren. *Der Schauspieler kann seinen materiellen Entwurf nur zu wiederholen versuchen, und das ist, solange der Ablauf des Handelns nicht fixiert ist, immer wieder eine Improvisation.*

Nach einmaligem Ablauf haftet der transitorische Figuren-Vorgang durchaus nicht fest im Gedächtnis, auch nicht im bewegungsempfindlichen, nur mit den Umrissen und Zügen, die einem Entwurf eigen sind. Daher ist pure Wiederholung der Improvisation sinnlos, unschöpferisch. Der Schauspieler muß seinen Entwurf weiterentwickeln. Er muß neu improvisieren, und zwar aufbauend auf dem Beibehaltenswerten. Die Improvisation als Wiederholung ist komplizierter, schwieriger als der erste Wurf; denn sie soll näher ans Ziel heranführen und die vorgegebene Zielvorstellung immer deutlicher im Figuren-Vorgang schaubar machen.

Ein spontanes Losspielen, sobald die thematische Vorgabe gegeben ist, würde zwar scheinbar Kriterien der Spontaneität erfüllen, wäre aber praktisch ein kopfloses Losspielen und entspräche nach bisherigen Erkenntnissen nicht der Improvisation als sinnlich-praktischer Tätigkeit. *Die Spontaneität der Improvisation beruht nicht darauf, daß kopflos losgespielt, sondern spontan reagiert wird – im Spiel.*

# IV. Improvisation als Spiel

## Über das Wesen des Schau-Spiels

Bei der Bestimmung der qualitativen Merkmale der Improvisation erwies sich, daß die Improvisation Mimesis menschlichen Handelns ist, und zwar als Spiel. Eine weitere theoretische Durchdringung der Improvisation macht daher eine nähere Erkundung dessen erforderlich, was allgemein als Spiel begriffen wird. Angesichts der Fülle von Auffassungen und Definitionen, die allein von J. Schaller, K. Groos, F. J. J. Buytendijk, M. Lazarus, G. v. Kujawa, J. Huizinga, H. Scheuerl, S. L. Rubinstein, L. B. Itelson bis G. Klaus zum Wesen des Spiels angeboten werden, orientiert sich der Verfasser auf diejenigen, die das Spiel als eine eigenständige Gegebenheit zu fassen suchen.

Spieltheoretische Betrachtungen weisen an allen Arbeitstätigkeiten Spielaspekte nach. Georg Klaus zum Beispiel philosophiert in seinen spieltheoretischen Darlegungen vorwiegend über diese, wie er meint, erste Form des Spiels: »Der Mensch als homo ludens spielt ..., indem er am inneren Modell der Außenwelt künftige Situationen spielerisch vorwegnimmt, d. h. am Modell mögliche Formen der Auseinandersetzung mit der Umwelt durchspielt.«[1] Derlei »Spiel« ist gewiß ein wichtiger Aspekt jeglicher Arbeitstätigkeit, aber keineswegs eine eigenständige Gegebenheit Spiel.[2] Folgerichtig untersucht Klaus »strategische Spiele« diverser Arbeitstätigkeiten, nicht aber das *Spiel als eine eigenständige Erscheinung*. Er verweist darauf. Er nennt es die zweite Form des Spiels, welche »besteht in der Herstellung einer künstlichen Umgebung und in der Auseinandersetzung mit dieser Umgebung.«[3] Da er diese zweite Form des Spiels nicht behandelt, sind bei ihm keine brauchbaren Auskünfte einzuholen. Aber es ist offensichtlich, daß gerade diese zweite Form des Spiels neben den diversen Sport-Spielen das Schau-Spiel einschließt. Allerdings bedeutet das »Herstellen einer künstlichen Umgebung« nicht automatisch Herstellen von Kunst. Auch ein Fußballfeld ist eine »künstliche Umgebung«. Es bedarf der Unterscheidung zwischen Sport und Kunst sowie genauerer Bestimmung des Wesens des Schau-Spiels.

Das Spiel ist, nach Rubinstein, eine der drei grundlegenden menschlichen Tätigkeiten. »Die grundlegende, historisch ursprüngliche Form menschlicher Tätigkeit« ist die Arbeit. »Besondere, sich von der Arbeit unterscheidende, aber mit ihr verbundene und von ihr ausgehende Arten der Tätigkeit sind das Spiel und das Lernen.«[4] Auch L. B. Itelson nennt diese drei grundlegenden menschlichen Tätigkeiten: das Spiel, das Lernen und die Arbeit.[5] Zweifelsohne ist das Spiel des Schauspielers – ob Improvisation oder fixiertes Handeln – Arbeit. Indem der Schauspieler schauspielt, arbeitet er. *Sein Spiel ist also ein besonderes Spiel, es impliziert eine weitere der grundlegenden menschlichen Tätigkeiten: die Arbeit.* Und die Spezifik dieser Arbeit ist eine andere Art von Tätigkeit, nämlich unmittelbar schaubares sinnliches menschliches Handeln (essen, trinken, streiten, lieben, kämpfen usw.) des Spielers als fiktive Figur. *Folglich ist Schau-Spiel Arbeit als fiktives menschliches Handeln.*
Damit wird die funktionelle Beziehung deutich: Schau-Spiel spiegelt menschliches Handeln. »Das Ziel des Spiels ist … eine Handlung …«,[6] schrieb schon Aristoteles. Und Brecht erklärte: Das Theater »macht die praktikablen Abbildungen der Gesellschaft, die dazu imstande sind, sie zu beeinflussen, ganz und gar als ein Spiel …«[7]
In der Tat: Das Wesen des Schau-Spiels ist schaubares menschliches Handeln, eine Nachahmung menschlichen Handelns als Spiel. Hat dieses Spiel noch spielspezifische Merkmale? Spiel auf der Bühne kann nie unmittelbar alltägliches Handeln sein. Alle Versuche, das Spiel des Darstellers auf der Bühne mit alltäglichem Handeln »kurzzuschließen«, mißachten, daß auf der Bühne in erster Linie gespielt und erst in zweiter Linie gehandelt wird. Beide Abläufe verlaufen zwar synchron, aber ihr Unterschied ist objektiv gegeben: *Das Spiel ist real, das Handeln fiktiv.* Der Schauspieler handelt als fiktive Figur in fiktiven Bühnensituationen, und eben dies ist sein Spiel. Das Spiel ist Vermittler zwischen dem Wirklichkeitshandeln und dem Bühnenhandeln und in dieser Eigenschaft, als Kunst, bisher kaum untersucht.

## Spiel als Kunst

Ein wichtiger Hinweis findet sich bei Rubinstein. Er behandelt das Spiel vor allem als eine Erscheinung des Kindesalters, und in diesem Zusammenhang stellt er zunächst allgemein fest: »Das Spiel ist eine der bedeutsamsten Erscheinungen des Lebens, eine sozusagen nutzlose und gleichzeitig notwendige Tätigkeit … Das Wesen des menschlichen

Spiels besteht in der Fähigkeit, die Wirklichkeit im Abbilden umzubilden.«[8] Dann schreibt Rubinstein: »Späterhin, besonders bei den Erwachsenen, wird das von der nichtspielenden Tätigkeit losgelöste Spiel in seinem Sujetgehalt komplizierter und wird ganz auf die Bühne, das Theater, das Podium verlegt ... Das Spiel wird zur Kunst. Diese verlangt stärkere spezielle Arbeit an sich selbst. Die Kunst wird zum Sonderfall, zum Beruf. Das Spiel geht hier in Arbeit über. Schauspieler werden nur wenige Menschen. Nur sie bewahren das Privileg, das in der Kindheit alle genossen hatten, und erheben es auf eine höhere Ebene, um alle möglichen der Phantasie zugänglichen Rollen zu übernehmen und in ihrer eigenen Tätigkeit ein vielgestaltiges Leben zu verkörpern.«[9] *Das Spiel wird zur Kunst durch Arbeit.* Folglich wohnt dem Spiel als Kunst nicht mehr jene Qualität inne, die dem Kinderspiel eigen und Privileg aller Kinder ist. Das heißt, vom Kinderspiel führt kein direkter Weg zur Kunst.

Träfe es dennoch zu, wäre es sinnvoll, in der Ausbildung von Schauspielern mit naivem Kinderspiel zu beginnen, die Studenten Tiere und Pflanzen spielen zu lassen, Flugzeuge und Schiffe und allerlei von der Phantasie herbeigezauberte Fabelgestalten und Märchenfiguren. Alles könnte im Namen der Phantasiebereicherung, der allgemeinen Lockerung des Studenten und der Förderung seiner Spielfreude betrieben werden und wäre doch nur vertane Zeit. Die Orientierung auf naives Kinderspiel ist vor allem in der gutbürgerlichen Schauspielpädagogik zu beobachten.[10]

## Das kindliche Rollenspiel

Das naive Spiel des Kindes, insbesondere dessen Rollenspiel, scheint die genetische Vorstufe der Improvisation des Schauspielers zu sein. Zweifellos ist jegliches Rollenspiel des Kindes eine Art Improvisation; denn das Kind spielt unmittelbar aus der Eingebung heraus. Es verwandelt den Holzstab in ein Flugzeug und sich zum Flugzeugführer, die Papierschachtel zum Auto und sich zum Chauffeur. »In den Rollenspielen entstehen die Rollen anfangs je nach den zufällig sich anbietenden Gegenständen. Die Gegenstände, die dem Kind in die Hand fallen, bestimmen die Rolle, die es übernimmt. Später verändert sich die Situation. Das Kind übernimmt eine bestimmte Rolle, in der es von beständigeren inneren Motiven ausgeht, und es mißt dann den Gegenständen, die es in das Spiel einbezieht, entsprechende Bedeutung bei.«[11] Diese beständigeren inneren Motive sind aber nicht das, was für die qualitative Bestimmung einer Improvisation im schauspielerischen Sinne wesentlich ist.

Obwohl die Entwicklung des Rollenspiels nicht mit dem Vorschulalter endet, also auch im Schulalter und in der Schule gepflegt werden kann, wohnt ihr objektiv keine Entwicklung zur Kunst inne, vielmehr eine hin zur Praxis. Die innere Struktur des Rollenspiels ist nicht potent im Sinne von Arbeit als Kunst, sondern von unspielerischer Arbeit. Daher führt das Rollenspiel zum Regelspiel. »Die Handlungen werden nunmehr durch abstrakte Forderungen oder Regeln gesteuert ... Das Ziel der Tätigkeit ist die soziale Bekräftigung (›das Gewinnen‹). Hier führt der Weg im Grunde genommen aus dem Spiel hinaus. Die gesellschaftlichen Merkmale des Spiels bleiben zwar erhalten (diese Tätgkeit ergibt noch kein nützliches Produkt), aber seiner psychologischen Struktur nach nähert es sich der Arbeit (Ziel ist nicht die Tätigkeit selbst, sondern ihr Ergebnis) ...«[12]

Nicht der systematische Aufbau einer in konkreten fiktiven Bühnensituationen handelnden fiktiven Figur ist Inhalt und Ziel des Rollenspiels, sondern das verspielte, spontane Herstellen der erwünschten Rolle, eine Art Improvisation, gewiß, aber nicht als eine Gestalt der Kunst, sondern ganz des Spiels. Der Eindruck von Schauspielkunst, der sich zuweilen herstellen mag, ist Zufall und möglicherweise Hinweis auf eine sich ankündigende schauspielerische Begabung, nicht aber notwendiges Ergebnis zielstrebiger Arbeit. Daher sollte die Ausbildung von Schauspielern nicht zum kindlich-naiven Rollenspiel zurückgehen. Vielmehr muß sie *das Spielen von vornherein als Arbeit* lehren, und sie läuft in die Irre, weg von Kunst und hin zu Scharlatanerie, wenn sie Erwachsene zurückführt zu purem, von Arbeit freiem Spiel.[13]

Die hartnäckige Frage, ob das Rollenspiel wegen seiner Naivität, seiner ungezügelten Spiellaune nicht möglicherweise dennoch ein prinzipieller Ausgangspunkt für die Ausbildung von Schauspielern sein könnte, etwa um verlorengegangene kindliche Unbekümmertheit und Unverbildetheit im erwachsenen jungen Menschen wiederzubeleben, kann nur so beantwortet werden, daß es grundsätzlich nicht um Wiedergewinnung von kindlicher Naivität und Unbekümmertheit geht. Mit kindlicher Naivität und Unbekümmertheit können Erwachsene nicht Kunst machen, es sei denn kindische. Vielmehr geht es grundsätzlich um die Gewinnung und Nutzung der dem Spiel de facto und a priori innewohnenden Elemente wie Spontaneität, Naivität, Intuition, Direktheit, Witz, Unbekümmertheit, Sensitivität und Vergnügen. Lebendiges Spiel impliziert diese Elemente objektiv und stimuliert sie subjektiv. Und sobald die Improvisation als künstlerische Tätigkeit (Arbeit) und Spiel begriffen und gepflegt wird, werden die elementaren Bestandteile des Spiels in das Schau-Spiel eingebracht.

## Archaische Herkunft des Spiels

Inwiefern enthält die Improvisation zwangsläufig die für kreatives Schau-Spielen wesentlichen, im Erwachsenen aber verschütteten Elemente? Um die Frage nicht mit einer Behauptung zu beantworten, wendet sich der Verfasser der Genesis des Spiels zu, ohne diese hier im Detail erforschen zu können. Aber Überlegungen zweier Spieltheoretiker seien eingebracht.

»Spiel ist älter als Kultur«, schreibt Johan Huizinga, »denn so ungenügend der Begriff Kultur begrenzt sein mag, er setzt doch auf jeden Fall eine menschliche Gesellschaft voraus, und die Tiere haben nicht auf den Menschen gewartet, daß diese sie erst das Spiel lehrten ...«[14] Huizinga spricht von einer »tief im Ästhetischen verankerten Eigenart des Spiels ...«[15] Nachdem er über den Witz des Spiels meditiert, darüber, daß es eine unbedingt primäre Lebenskategorie sei, daß es »nicht verneint« werden könne, erklärt er: »Die Tiere können spielen, also sind sie bereits mehr als mechanische Dinge. Wir spielen und wissen, daß wir spielen, also sind wir mehr als bloß vernünftige Wesen; denn das Spiel ist unvernünftig.«[16] In dieser Eigenart und Bestimmung findet sich »das Spiel in der Kultur als eine gegebene Größe vor, die vor der Kultur selbst da ist ..., als eine bestimmte Qualität des Handelns ..., die sich vom gewöhnlichen Leben unterscheidet.«[17]

In vorgefundener, gegebener Größe ist *Spiel stets zugleich Improvisation,* eine syngenetische und synergistische Einheit, die sich in ihrem Wesen im Schau-Spiel bis in die Gegenwart erhalten hat. Nach Auffassung von Hans Scheuerl sind »allein die Aufführung, die Improvisation ... mit dem Spiele vergleichbar«.[18] Dies feststellend schlußfolgert er: »Das ist das Wunder der künstlerischen Improvisation: Man kann sie eher ein Kunstwerk ohne Schaffensprozeß als einen Schaffensprozeß ohne Kunstwerk nennen.«[19] Den Zusammenhang von Improvisation und Spiel betonend schreibt er: Es gibt Spiele, »die man im vollen Sinne ›improvisiert‹: ... *Der Spielablauf ist als ein Werdendes zugleich immer schon ›fertig‹.*«[20]

Die Überlegungen Huizingas und Scheuerls nähren die Rubinstein widersprechende Auffassung, daß es sich bei der Einheit von Improvisation und Spiel um eine aus archaischer Zeit auf uns gekommene Erscheinung handelt, um eine praktische menschliche Tätigkeit, die schon vor der Entstehung der menschlichen Arbeit lebendig war. *Aber durch die Arbeit wurde sie schließlich in die Kunst und damit aus dem »gewöhnlichen Leben« ins »ungewöhnliche Leben« gedrängt.*

Als der werdende Mensch zu arbeiten lernte, verlernte er zu spielen, aber er bewahrte sich das Spielen im Sport (erste markante historische Erscheinung: Olympische Spiele) und in der Kunst (erste markante historische Erscheinungen: der Mimus und die Großen Dionysien). Dabei blieb die Einheit von Spiel und Improvisation erhalten, aber die Entwicklung verlief unterschiedlich. Im Sport wohnt die Improvisation dem Spiel weiterhin ohne eigene Ausprägung inne. In der Kunst wurde sie eigenständig: im Mimus. Der Mimus war sehr früh berufsmäßig ausgeübte Arbeitstätigkeit.[21] Das Spiel wurde zur Kunst über die Improvisation.

Wahrscheinlich deshalb enthält die Improvisation vor allem ästhetische Elemente. »Die Worte«, schreibt Huizinga, »mit denen wir die Elemente des Spiels benennen können, gehören zum größten Teil in den Bereich des Ästhetischen. Es sind Wörter, mit denen wir auch Wirkungen der Schönheit zu bezeichnen suchen: Spannung, Gleichgewicht, Auswägen, Ablösung, Kontrast Variation, Bindung und Lösung, Auflösung. *Das Spiel bindet und löst. Es fesselt.* Es bannt, *das heißt: es bezaubert.* Es ist voll von den beiden edelsten Eigenschaften, die der Mensch in den Dingen wahrzunehmen und auszudrücken vermag: es ist erfüllt von Rhythmus und Harmonie.«[22]

Offenkundig birgt die Improvisation als Spiel eine außerordentliche Fülle von unterschiedlichen Elementen, und es scheint geboten, nicht nur den Vorrang des Ästhetischen zu vermerken, sondern nach weiteren Elementen zu fragen.

## Spiel als Ausdrucksakt

Nach Rubinstein bestimmen das Wesen des Spiels zwei Merkmale. Das erste besagt, »daß die *Motive des Spiels* nicht in dem Nutzeffekt und in dem sachlichen Ergebnis bestehen, ... sondern in den *vielfältigen Erlebnissen der Seiten der Wirklichkeit,* die für den spielenden Menschen ... von Bedeutung sind«.[23] Und das zweite, charakteristische Merkmal des Spiels besteht darin, daß die »Spieltätigkeit ... mannigfache Motive der spezifischen menschlichen Tätigkeit« verwirklicht, »ohne daß sie dabei mit den Mitteln oder Methoden des Handelns verbunden ist, durch die sich diese im unspielerischen, praktischen Bereich vollzieht. In der Spieltätigkeit sind die Handlungen eher *semantische* Ausdrucksakte als operative Verfahren.«[24]

Diese Bestimmungen Rubinsteins beleuchten den schon genannten funktionalen Zusammenhang zwischen unspielerischem, praktischem Alltagshandeln und dessen Widerspiegelung im Schau-Spiel, wo das Alltagshandeln verwesentlicht zu einer Spielhandlung umgeschmolzen ist und damit semantischen Ausdruck gewinnt, ästhetisch beredt wird. Gleichzeitig wird die Spielhandlung in den vorgegebenen Bühnensituationen zum Erlebnis für den spielenden Menschen.

Die von Rubinstein genannten zwei Merkmale des Spiels finden sich in der Improvisation wieder, bzw. sie dürfen nicht übersehen werden, wenn Improvisation als Arbeit und als Kunst betrieben wird. In dieser Eigenschaft genügt sich die Improvisation nicht selbst, sondern zielt auf außerhalb des Schau-Spiels liegende Wirkung beim Publikum.

## Spiel mit Bildern

Der spielende Mensch erlebt die Spielwirklichkeit in besonderer Weise. Sie ist zwar fiktiv, aber für ihn real, und in dieser Realität hebt sie sich als eigenständige Wesenheit von der Alltagswirklichkeit ab. »In der Sphäre eines Spiels haben die Gesetze und Gebräuche des gewöhnlichen Lebens keine Geltung«, äußert Huizinga.[25] Und F. J. J. Buytendijk schreibt: »Die Sphäre des Spiels ist das Paradies des ›als-ob‹.«[26] In dieser Sphäre findet nach Buytendijk eine eigene Art von Kommunikation statt, eine vorbegriffliche, eine »pathische«. Unter »pathisch« versteht er, sich auf E. Straus[27] beziehend, eine vorrangig empfindende Beziehung des Spielers innerhalb der Sphäre des Spiels zu den Gegenständen und Mitspielern des Spiels, die nicht zur gnostischen ausreift, weil im Spiel weder Zeit dazu noch Notwendigkeit dafür ist, sondern im Ablauf des Spiels sehr schnell immer neue »pathische« Beziehungen hergestellt werden müssen. Daher »liegt in der Dynamik des Spielens grundsätzlich das Element der ›Überraschung‹, des ›Abenteuers‹ und des ›Einfalles‹ «.[28]

Die von Buytendijk vertretene Auffassung einer spezifischen Art von Kommunikation in der Spielsphäre verdient Beachtung, insbesondere im Zusammenhang mit der von ihm skizzierten inneren Dialektik des

Spiels. »Jedes Spiel fängt mit einer Bewegung an, deren Folge nicht völlig berechenbar ist, ein überraschendes Element in sich trägt. Das rührt daher, weil die Bewegung sich an dem Spielgegenstand (etwa einem Ball) vollzieht oder auf einen Mitspieler gerichtet ist, und weil dieser Gegenstand oder Mitspieler *selbst* dynamische Eigenschaften besitzt, die nur teilweise berechenbar sind. Ein Ball und ein Mitspieler sind tückisch und erweisen sich als *eigen*-sinnig, und aus eigenen inneren Gründen sich bewegend ... Kurz gesagt: *Spielen ist also nicht nur, daß einer mit etwas spielt, sondern auch, daß etwas mit dem Spieler spielt* ...«[29]
Die Spielgegenstände sind in der Regel auch in der Improvisation konkret vorhanden, vor allem aber die Mitspieler. Auch für die Improvisation gilt, was Buytendijk schreibt: »Tier und Mensch spielen nur mit *Bildern*. Ein Gegenstand ist nur insofern Spielobjekt als er *Bildhaftigkeit* besitzt. Die Sphäre des Spiels ist die Sphäre der Bilder und damit die Sphäre der *Möglichkeiten* und der *Phantasie* ...«[30] Drastisch schlußfolgert T. Haecker: »Ein gesunder Instinkt in uns hält alle Begriffsspielerei für frivol oder lächerlich oder skurril, für einen Verfall des Denkens. Das Spielen mit Bildern aber? Wer es nicht kann, ist kein Künstler, wer es nicht versteht, versteht die Kunst nicht.«[31]

## Freiheit im Spiel

Die Spiel-Sphäre als eine sich von der Alltagswirklichkeit abhebende und unterscheidende Sphäre ist zunächst einmal frei von Alltagswirklichkeit. Die Improvisation als Mimesis knüpft jedoch sehr bestimmte Beziehungen zur Wirklichkeit. Und insofern ist Improvisation nicht frei, sondern determiniert durch Wirklichkeit. Diese Dialektik übersehen heißt, eine »freie Improvisation« zu postulieren und damit den elementaren Kern der Improvisation zu zerstören; denn Improvisation ohne Bezug zur gesellschaftlichen Wirklichkeit ist der fragwürdige Versuch, allein aus dem »ich« heraus zu produzieren, das psychische »Innenleben« des Spielers nach außen zu bringen. Solche Selbstspiegelung ist für das Psychodrama von Belang, aber nicht für die Schauspielkunst.
Daher wird hier der Auffassung Hans Günther von Klödens widersprochen, der unter einer »freien Improvisation« eine Improvisationsform versteht, »in der dem Spieler keine Anhaltspunkte und keine Story gegeben sind.«[32] In einem solchen Falle ist der Spieler ganz auf sich angewiesen, »frei«, und das kann dazu verleiten, das subjektive psychische Innenleben aus sich herausholen zu wollen und derlei Bemühen dann

auch noch als Inkarnation von Kunst zu empfinden. Ein Vertreter solchen Empfindens ist Jerzy Grotowski. »Um den Prozeß der Selbstoffenbarung in Gang zu bringen«, schreibt er, »muß auf das Unterbewußtsein zurückgegriffen werden ...«[33] Und an anderer Stelle: »Der Schauspieler, der einen Akt der Selbstdurchdringung eingeht, der sich selbst offenbart und den innersten Teil seines Ichs aufopfert – das Schmerzlichste, das, was nicht für die Augen der Welt bestimmt ist – muß fähig sein, den geringsten Impuls manifest zu machen ... Das heißt, daß sich der Schauspieler während des Spiels in Trance befinden muß. Unter Trance verstehe ich die Fähigkeit, sich in einer besonderen, auf das Theater bezogenen Weise zu konzentrieren, ... Müßte ich es in einem Satz ausdrücken, würde ich das alles als eine Frage der Hingabe bezeichnen. Man muß sich selbst, im innersten Bereich, voll Vertrauen, ganz hingeben, so wie man sich in der Liebe hingibt. Das ist der springende Punkt. Selbstdurchdringung, Trance, Exzeß ...«[34]

Wie »der springende Punkt« auch immer genannt werden mag – das subjektive psychische Innenleben des Spielers ist kein Widerspiegelungsgegenstand für die Improvisation. Die Improvisation lebt durch Widerspiegelung von Wirklichkeit und durch die Vorgabe, die diese Widerspiegelung stimuliert. Dort, wo keine solche Vorgabe gegeben wird, handelt es sich folglich nicht um Improvisation. Der Begriff »Freie Improvisation«, wie ihn von Klöden prononciert prägt, kann daher zu Mißverständnissen führen.

Selbst von Klöden anerkennt: »... auch die freieste Improvisation ...« ist »durch zwei Größen gebunden: Durch das eigene Wesen und durch seine Umwelt, ...«[35]; wobei er unter dem »eigenen Wesen« das spezifische Wesen des Spielers versteht. Wenn dies eigene Wesen in »freier Improvisation« zum Widerspiegelungsgegenstand gemacht wird, dann endet das Unterfangen – trotz Bindung an die Umwelt – letztlich wiederum bei Selbstoffenbarung. Kein Spieler kann ohne das eigene Wesen arbeiten. Er ist davon abhängig, er muß es mit ins Spiel bringen, aber nicht als Widerspiegelungsgegenstand, sondern als Arbeitsinstrument, mit dem das Arbeitsprodukt, die Figur und ihre Vorgänge, erfunden und hergestellt wird.

Die *Freiheit im Spiel* besteht in der *Freiheit der Entscheidung* innerhalb der Spiel-Sphäre, der »zeitweiligen Sphäre von Aktivität mit einer eigenen Tendenz«.[36] Der Spieler ist zwar an Vorgaben gebunden, aber das sind keine Befehle; denn »befohlenes Spiel ist kein Spiel mehr ...«[37] Im Moment des tatsächlich sich abspielenden sinnlich-praktischen Handelns auf der Bühne entscheidet der improvisierende Spieler selbständig und frei, welche Aktivitäten er innerhalb einer vorgegebenen Situation entwickelt, was und wie er handelt.

## Der Spieltrieb

Im Spiel werden fortwährend Entscheidungen getroffen. Ein Impulsgeber für die Entscheidungsfreudigkeit ist der Spieltrieb. Wenn nach dem gefragt wird, was als Element des Spiels in der Improvisation unbedingt lebendig sein muß, dann ist es der Spieltrieb.

»Das Verhalten von Jungtieren beim Spiel«, schreibt L. B. Itelson, »kann vor allem als Befriedigung des Bedürfnisses des Organismus nach Aktivität, als Entladung angehäufter Energie betrachtet werden. Ihr Spieltrieb wird gehemmt, wenn sie zum Beispiel hungrig sind, wenn es sehr heiß ist ... Wenn Tiere längere Zeit keine Spielpartner haben, dann ist ihre Reizbarkeit und ihre Spielaktivität erheblich erhöht, als wäre bei ihnen dadurch gleichsam ein Überschuß an Energie (oder ein ›Spielhunger‹) entstanden. Der Zusammenhang der Spieltätigkeit mit dem Energiehaushalt des Organismus erklärt die Entstehung des Spieltriebes.«[38] Diese Erklärung für die Entstehung des Spieltriebes läßt offen, ob der Spieltrieb auch beim Menschen mit dem Energiehaushalt des Organismus zusammenhängt. Offenbar gibt es Modifikationen. Das Spiel der Kinder »geht mit einer ›funktionellen Befriedigung‹ einher. Vom Bedürfnis nach Tätigkeit wird es hervorgerufen, und seine Quelle sind Nachahmung und Erfahrung.«[39] Beim Erwachsenen kommen andere Aspekte hinzu. Wahrscheinlich kann der Energiehaushalt des Organismus in der Arbeit im »gewöhnlichen Leben« nicht vollkommen und allseitig abreagiert werden, so daß er immer wieder den Spieltrieb stimuliert, insbesondere für das Liebesspiel. Und es finden sich bürgerliche Wissenschaftler, die daraufhin mit Sorge fragen: »Ist der Spieltrieb, der bisher unser Überleben ermöglichte, nicht schon heute zu einer Größe emporgewuchert, daß er unsere Existenz bedroht?«[40] Ohne Zweifel bewegt sich die Wissenschaft in Sachen Spieltrieb auf kaum erforschtem Feld. Vermag sie beim allgemeinen Spieltrieb nur auf Entladung angehäufter Energie des Energiehaushaltes des Organismus zu verweisen, sich dabei auf Erkenntnisse bei Jungtieren stützend, so ist ihr Wissen noch vager angesichts des modifizierten Spieltriebes des Schauspielers.

Zunächst das Privileg aller, wird der Spieltrieb als eine allgemeine Erscheinung durch das *Lernen* in der Schule und später durch die *Arbeit* im »gewöhnlichen Leben« verdrängt. Nur in diversen Sport-Spielen kann er sich ausleben, auch im Liebesspiel. In der Schauspielkunst aber muß er von ungewöhnlicher Energie sein. Er muß als Entladung des Energiehaushaltes des Organismus so kräftig sein, daß er das *Spiel als Arbeit* in Gang zu bringen vermag. Und selbst das gelingt ihm nur, wenn ihm *Phantasie* und *Willen* zu Hilfe kommen. Daher ist es eine Illusion, den Spieltrieb als einen »im Erwachsenen Schlummernden« durch Rollenspiel wiedererwecken zu können. Wenn der Spieltrieb nicht a priori so kräftig ist, daß er gemeinsam mit Phantasie und Willen das Spiel als Arbeit in Gang zu bringen vermag, hält Rollenspiel lediglich von der Arbeit ab.

Der russische Theatertheoretiker und -pädagoge W. Panso hat als eine zentrale Kategorie den »künstlerischen Funken« etabliert. »In dem einen ist der Funke, im anderen nicht.«[41] Nach Panso erklärt der Funke nichts, aber er wohnt als besondere und bestimmende Kategorie allen talentierten Schauspielern inne, wobei er auf unterschiedliche Weise zum Ausdruck kommt. Als Beleg für seine Meinung beschreibt Panso den Auftritt eines jungen Bewerbers in einer Aufnahmeprüfung: »Er war irgendwoher aus der Provinz gekommen. Im vorangehenden Gespräch machte er einen ziemlich blassen Eindruck. Und die äußerlichen Voraussetzungen waren alles andere als der Rede wert: Schwachheit, eine unterdurchschnittliche Größe ... Im Gespräch Schüchternheit, Bescheidenheit, Unbestimmtheit, sogar Verschlossenheit.«[42] Panso schildert, wie wenig er von diesem jungen Mann auf der Bühne erwartete, und wie sehr dieser ihn überraschte: »Nein, kein Schmächtiger, aber ein Schlanker, Stattlicher, Ausdrucksvoller. Im Verlaufe des Gespräches war das nicht bemerkbar gewesen. Und welch schöne Arme, ausdrucksvoll bis in die Fingerspitzen ... Und die Augen. Wie als ob sie zu ihm heranziehen. Er schaut auf irgendetwas, und ihr schaut zusammen auf ihn. Er versinkt im Nachdenken, und ihr bemüht euch herauszubekommen, worüber er nachdenkt.«[43] Solch auffallende Wirkung ist Ausdruck jenes produktiven Bündnisses von Spieltrieb, Phantasie und Willen, welches mit dem Begriff »künstlerischer Funke« gewiß sehr bildhaft umschrieben ist. Der Spieltrieb, der spezifische Überschuß von Energie des Organismus, verschmolzen mit Phantasie und Willen, verleiht dem im »gewöhnlichen Leben« unscheinbaren jungen Menschen die besondere Ausstrahlung aus der Spiel-Sphäre.

Ohne Zweifel ist der Spieltrieb des Schauspielers von eigener Qualität. Eines ihrer Merkmale ist, was Elmer Rice den künstlerischen Impuls nennt. Rice schreibt: »Ob nun Kunst definiert werden kann oder nicht, jeder Künstler weiß – oder würde wissen, dächte er darüber nach – daß der künstlerische Impuls aus zwei Elementen besteht: aus einem Bedürfnis der Selbstäußerung (des Selbstausdruckes) und einem Wunsch, in Kommunikation zu kommen, zum Austausch zu kommen mit dem, was ausgedrückt ist.«[44] Der Spieltrieb des Schauspielers impliziert in der Tat sowohl das Bedürfnis zur Selbstäußerung als auch den Wunsch, mit dem Geäußerten in Kommunikation mit den Zuschauern zu kommen. Geschieht letzteres nicht, findet der Spieltrieb keine Entsprechung, fällt er in sich zurück, harrt er günstigerer Gelegenheit und spart Energie. Aufgespeicherte Energie wiederum kann die Selbstäußerung übertreiben, kann über die Stränge schlagen lassen. Im Jargon der Schauspieler heißt das auch: seinem Affen Zucker geben.

Rice versteht unter Selbstäußerung nicht das bereits kritisch zurückgewiesene Äußern psychischen Innenlebens. Er umschreibt seinen Begriff der Selbstäußerung mit den Worten: »Wir sagen, daß ein Mensch ›etwas in seiner Anschauung hat‹: eine erregende Idee oder Vorstellung oder Problem; will sagen, ... er ›hat etwas, mit dem er herausplatzen möchte‹ ...«[45] Dieses »etwas in der Anschauung haben«, mit dem man »herausplatzen möchte«, ist Nahrung für den Spieltrieb.

Auf analoge Weise versuchte schon Schiller, den Spieltrieb zu erklären. Nach Schiller impliziert der Spieltrieb den sinnlichen Trieb und den Formtrieb. »Der sinnliche Trieb will bestimmt *werden*, er will sein Objekt empfangen; der Formtrieb will *selbst* bestimmen, er will sein Objekt hervorbringen; der Spieltrieb wird also bestrebt sein, so zu empfangen, wie er selbst hervorgebracht hätte, und so hervorzubringen, wie der Sinn zu empfangen trachtet.«[46] Hier findet sich Kongruenz mit der konstatierten Simultanität von Persönlichkeit und sinnlich-praktischer künstlerischer Tätigkeit, begriffen nun als Regung des Energiehaushalts des menschlichen Organismus, als Spieltrieb, gerichtet auf Arbeit als Kunstschaffen mit dem ästhetischen Ziel der Schönheit. »Die Schönheit«, schreibt Schiller, »kann weder ausschließend bloßes Leben sein, ... noch kann sie ausschließend bloße Gestalt sein ...: sie ist das gemeinschaftliche Objekt beider Triebe, das heißt, des Spieltriebes.«[47] Der Spieltrieb hilft, menschliches Handeln (»das bloße Leben«) zum mimetischen Spiel zu formen, das seinerseits nicht »bloße Gestalt« ist, sondern durch die dem Spieltrieb innewohnende Dialektik von sinnlichem Trieb und Formtrieb zum schönen Kunstbild wächst. Der Spieltrieb hat eine kreative Funktion in bezug auf das entstehende Kunstprodukt.

Der Spieltrieb ist eine wesentliche psychische Kraft, den Schöpfungsakt, die Improvisation, auszulösen und voranzubringen. Der Schauspieler ist durch äußere Stimuli zwar anzuregen, vor allem dessen Phantasie und

Willen, aber sein Spiel entfaltet sich nur schleppend, wenn nicht der Spieltrieb nach Betätigung drängt. So Kriterien für schauspielerische Begabung gesucht werden, rangiert der Spieltrieb als eine notwendige Gegebenheit an vorderer Stelle.

## Spielregeln

»Jedes Spiel hat seine eigenen Regeln«, erklärt Johan Huizinga. »Sie bestimmen, was innerhalb der zeitweiligen Welt, die es herausgetrennt hat, gelten soll. Die Regeln eines Spiels sind unbedingt bindend und dulden keinen Zweifel ... Gegenüber den Regeln eines Spiels ist kein Skeptizismus möglich ... Sobald die Regeln übertreten werden, stürzt die Spielwelt zusammen. Dann ist es aus mit dem Spiel.«[48] Diese allgemeinen Bestimmungen gelten auch für die Improvisation.

Wenn die Improvisation als spontanes mimetisches Spiel in Gang kommen soll, verbieten sich langwierige Vorbereitungen, zum Beispiel konkrete Absprachen der Studenten über das, was im Verlaufe des Spiels im einzelnen geschehen soll. Dies verletzt die Regel, daß die Vorgabe die Freiheit im Spiel nicht beeinträchtigen darf. Den Ablauf des Handelns in allen Einzelheiten vorher abzusprechen, bedeutet den Tod der Improvisation. Die Vorgabe sollte reich sein an plastischen Daten für die Situation, hinsichtlich des Vorganges aber sollte sie nur ein, zwei Fixpunkte enthalten. Mit anderen Worten: Das Gedächtnis des Spielers darf nicht zu früh mit Daten belastet werden, die zwar später – beim Wiederholen der Improvisation – sinnvoll sein können, im Moment aber geeignet sind, das Spiel zu blockieren. Das sind vor allem solche Daten, die den Verlauf des Handelns zu früh fixieren.

Entscheidend für das Aufstellen der Spielregeln ist, daß die Fertigkeit der Studenten trainiert werden soll, *über Improvisationen* zu fixiertem Handeln zu kommen. Die einmalig gespielte Improvisation hat demzufolge nur so lange Sinn, wie elementares Improvisieren geübt wird. Bald aber muß die Improvisation als Mittel und Schritt auf dem Wege zu fixiertem Handeln begriffen und praktiziert werden. Folglich wird zur Regel, die Improvisationen zu wiederholen, und zwar nun stets durch weitere Daten angereichert. Diese Anreicherung fügt also zur jeweiligen Spielerfahrung weitere Vorstellungsbilder zur Konkretisierung der Situation hinzu, auch wird entschieden, welche in der Improvisation entstandenen Spielpunkte beibehalten bzw. fallengelassen werden. Grundsätzlich ist die Vorgabe nicht als ein Wust von Begriffen zu formulieren,

sondern bildhaft anschaulich, um dem Spieler zu helfen, etwas »in der Anschauung« zu haben, mitdem er »herausplatzen« kann.
Hat die Improvisation begonnen, zählt es zur Regel, daß der Partner nicht privat als Meier, Müller, Schulze beobachtet und bewertet wird, sondern grundsätzlich als die bestimmte Figur, als die er dem Spieler anschaulich gegenübertritt. Alles was der Partner macht, macht er nicht als der privat und persönlich bekannte Kommilitone, sondern als bildhaft konkrete Figur in der Spiel-Sphäre. Und so muß er behandelt werden. Ungewöhnliche und unvermutete Aktionen des Partners dürfen nicht zum Verlassen der Spiel-Sphäre führen, sonst »stürzt die Spielwelt zusammen«.
Die »pathische« Kommunikation des Spiels, die *Spontaneität von Aktion und Reaktion der Spieler* ist die Hauptregel für die Improvisation als Spiel. Sie wohnt dem Spiel zwar objektiv inne, muß aber deutlich als Regel postuliert werden, da sie aus Unkenntnis leicht aus dem Spiel zu eliminieren ist. Das geschieht dann, wenn das Beziehungsgeflecht der Figuren, das spielerische »Zwischen«, nicht aus bewußter Improvisation geboren, sondern außerhalb der Spiel-Sphäre gedanklich vorprogrammiert wird. Nach vorgenannten Regeln entstehende Improvisationen werden keinesfalls als etwas Fertiges abgeliefert, sie unterscheiden sich grundsätzlich vom Stegreifspiel.

## Das Stegreifspiel

Das Erhellen der Genesis der Improvisation hatte sichtbar gemacht, daß die Improvisation historisch durch fixiertes Handeln auf Grund fixierten Textes allmählich negiert wurde, doch in der Commedia dell'arte noch einmal Eigenständigkeit erlangte. In dieser Eigenständigkeit war sie Stegreifspiel. Während die modellierende Improvisation stets etwas Experimentelles bleibt, gleichsam ein Angebot, von dem ausgehend und an dem weiter gearbeitet werden kann, ist das Stegreifspiel stets etwas »Vollendetes«, ein »Kunstwerk ohne Schaffensprozeß«, obwohl es als improvisiert Entstandenes objektiv nicht bis ins Detail ausgereift sein kann.
»Das Stegreifspiel«, schreibt von Klöden, »wird allgemein für die leichteste Form der Improvisation gehalten, weil ja, wie man sagt, ›das Handlungsgerüst, an dem sich der Schauspieler festhalten kann, gegeben ist...«‹. Selbst wenn man natürlich sagen könnte, daß es hier nicht gelte, Wegstückchen für Wegstückchen zu finden, sondern daß man,

vorausgesetzt, die Story ist in sich stimmig, den ›Gesamtpfad‹ als Ganzheit erfassen müßte, so halte ich doch diese Übung nicht nur für schwierig, sondern auch für höchst bedenklich. ›Der liebe Gott steckt im Detail‹, sagte Liebermann, und hier ist die Versuchung zu groß, über die Stimmigkeit des Details hinzusudeln, nur um den langen roten Faden nicht zu verlieren . . .«[49] Es besteht tatsächlich keinerlei Veranlassung, das Stegreifspiel zu pflegen und als Fertigkeit zu trainieren, da es seit der Commedia dell'arte in dieser Ausprägung nicht mehr lebendig ist. Abgesehen davon, daß die Commedia dell'arte wahrscheinlich ein modifiziertes Stegreifspiel war. Die Darsteller der Commedia dell'arte spielten oft ihr Leben lang nur einen bestimmten Maskentyp. So dürfte neben Routine auch Ausprobiertes, einst durch Improvisationen Entstandenes, aber nun Schematisches ins Spiel gekommen sein. Pörtner nennt den grundsätzlichen Mangel der historischen Commedia dell'arte: Die »spielerische Freiheit beschränkt sich auf Extemporieren und eine geschickte Handhabung von schablonisierten Techniken. Rolle und Spielmechanismen sind vorgeprägt und bestimmen die Spielform«.[50]

Die Notwendigkeit, den seit der Renaissance entstehenden bürgerlichen Stücken zu sichern, auf der Bühne textgetreu gespielt zu werden, erklärt, weshalb das Stegreifspiel in der Theaterpraxis nicht überlebte. Wiederbelebungsversuche vermochten den heute an die Schauspielkunst gestellten Forderungen hinsichtlich der Dialektik von Spontaneität und Disziplin nicht gerecht zu werden. Das Kardinalproblem ist: Alle Versuche, den Schauspieler auch wieder zum Autor seiner Szene zu machen, führen objektiv zurück, anstatt vorwärts. »Das trifft den wunden Punkt der gesamten Stegreiftheater-Erneuerung«, schreibt Pörtner, »der Dichter wird zwar von der Bühne verbannt, der Schauspieler aus seiner Vormundschaft entlassen, auf sich selbst gestellt, aber nun muß er zugleich Dichter und Schauspieler sein. Und das ist weder durch Übung noch durch Analyse«[51] zu erreichen. Das soll auch in der Ausbildung von Schauspielern nicht erreicht werden.

Ziel der Ausbildung ist nicht das Stegreifspiel. Ziel ist, daß der Student die Improvisation als spontanes Spiel erlernt, nicht als Selbstzweck, sondern als das Erlernen des schauspielerischen Schöpfungsaktes in seiner Dialektik von Improvisieren (Spontaneität) und Fixieren (Disziplin). Dabei ist der Schauspielstudent in dieser Ausbildungsphase tatsächlich zunächst auch sein eigener »Dichter«. Er durchläuft gewissermaßen die Genesis der Improvisation,[52] aber nicht orientiert auf deren Entwicklung zum Stegreif (Commedia dell'arte), sondern auf deren Negation durch fixiertes Handeln.[53]

Die modellierende Improvisation kommt durch die dramatische Vorgabe in Gang. Da in der Grundausbildung nicht mit Dichtertext gearbeitet wird, unterscheidet sich die Improvisation in der Ausbildung von der modellierenden Improvisation. Sie ist eine pädagogische Improvisation. Und bei der Bestimmung ihrer Kriterien kommt es darauf an, die zu finden, die sie für den Schauspielstudenten zu einer organischen Vorstufe der modellierenden Improvisation machen. Schritt für Schritt werden, ausgehend von elementaren Improvisationen, die zu spielenden Improvisationen angereichert. Die in vorliegender Arbeit dazu notwendigen Erörterungen scheinen lebendiges Schauspielen zuweilen zu kalt zu sezieren, aber ohne Untersuchung der elementaren Strukturen keine Erkenntnis.

## Spiel mit Publikum

Die pädagogische Improvisation wird grundsätzlich vor Publikum gespielt, und zwar vor den Studenten der jeweiligen Studiengruppe. Dadurch stellt sich von Anfang an das Spiel mit Publikum her. »Die Funktion des Publikums«, erklärt Viola Spolin, »muß ein konkreter Teil des Schauspielertrainings werden. Leider wird das meist außer acht gelassen.«[54] V. Spolin nennt das Publikum das am meisten geachtete Mitglied des Theaters. »Wenn das Publikum als ein organischer Teil der Theatererfahrung verstanden wird, ist dem Schauspielstudenten sofort die Verantwortung des Gastgebers gegeben, und er ist nicht nervös. Die vierte Wand verschwindet, und der Zuschauer wird ein Teil des Spiels . . .«[55] Welcher Teil? Viola Spolin versteht darunter einen Teil der im Spiel gewonnenen Theatererfahrung. Zu den vielfältigen Empfindungen der Wirklichkeit des Spiels während des Spiels gehört als Teil a priori das Publikum. Dabei ist die Aktivität aufgeteilt: Die Spieler spielen, das Publikum schaut zu – das ist das *Theaterspiel.*

In den mimetischen Tänzen der Urgesellschaft gab es zunächst keine Aufteilung in Spieler und Publikum. Diverse Versuche, diesen Zustand wiederherzustellen,[56] sind hier nicht Gegenstand. Notiert wird, was Paul Pörtner, ein Experimentator auf diesem Felde, an Erkenntnissen gesammelt hat. Er bemühte sich, Stücke so zu schreiben, daß an einer bestimmten Stelle das Publikum zum unmittelbaren Mitspiel aufgefordert werden kann. Dieses Mitspiel besteht zum Beispiel darin, daß die Zuschauer, nachdem sie aufmerksam zugeschaut haben, mithelfen sollen, einen Kriminalfall zu klären. Pörtner hat immer wieder viel Mitspielbe-

reitschaft beim Publikum vorgefunden, muß aber konstatieren: »Das Ziel: Kreativität aller Beteiligten zu erwecken, bleibt ein Fernziel.«[57]
Zugleich hat Pörtner Erfahrungen gesammelt, die für das Spiel mit Publikum zutreffen, in dem die Zuschauer nur zuschauen, also mittelbar mitspielen. Er formuliert: »Das ist das erste dieser Publikumserforschung: das Publikum nimmt nicht ›objektiv‹ wahr, was auf der Bühne geschieht, sondern subjektiv: es projiziert seine Deutung in das Gezeigte hinein, es nimmt Partei und sieht die Dinge gefiltert, gefärbt durch Sympathie, Antipathie, schärfer oder unschärfer; es trifft seine Wahl, beschränkt sich auf Ausschnitte, die wie vorgesetzte Masken die Sicht begrenzen.«[58] Das ist der Ansatzpunkt für Wekwerths Theorie vom Publikum als dem primären Spieler im Theater: »Der primäre Spieler im Theater ist nicht der Schauspieler, sondern der Zuschauer.«[59]
Wekwerth beruft sich auf ein Experiment. In einer Schauspielschule erhielt ein Schüler ohne Wissen der anderen Schüler den Auftrag, auf der Bühne *nichts zu machen.* »Ganz langsam zogen wir den Vorhang auf. Tatsächlich stand unser Delinquent auf der Bühne und machte *nichts.* Er verzog keine Miene, er sagte nichts, er bewegte sich nicht, ja er hatte einen absolut leeren Ausdruck im Gesicht, . . .«[60] Nach fünfzehn Minuten wurde der Vorhang wieder geschlossen. »Unsere Frage an die Zuschauer: Was ist in den fünfzehn Minuten auf der Bühne vor sich gegangen? Das Resultat war verblüffend: Sie hatten ungeheuer viel gesehen. Ja, die verschiedensten Zuschauer hatten auch das Verschiedenste gesehen.«[61] Wekwerth erklärt, die Zuschauer hätten in diesem Falle das Theater selbst erlebt; denn obwohl der Schauspieler nicht gespielt habe, hätten doch alle Zuschauer gespielt, indem sie dem Geschauten eine mögliche Deutung gegeben hätten.
Dieser Logik kann hier nicht gefolgt werden. Wenn ein Schauspielschüler den Auftrag hat, sich auf der Bühne zu konzentrieren, »ohne das Geringste zu tun«,[62] dann *handelt er zwar nicht, aber er spielt.* Er hat eine klare Vorgabe. Und in dem Moment, da der Vorhang aufgeht, ist dieses fiktive »Nicht-das-Geringste-Tun« reales Spiel, und zwar Schau-Spiel, und das, was daraufhin zwischen Bühne und Zuschauerraum zustande kommt, ist Theater-Spiel.
Das Experiment ist auch insofern ungenau, als nur Schauspielschüler bereit sind, fünfzehn Minuten auf eine Bühne zu starren und sich Deutungen einfallen zu lassen, obwohl sie sehen, daß ihr Kommilitone einen Menschen abgibt, der nichts tut. Reguläres Publikum wäre schwerlich geneigt, »Deutungs-Spiele« zu machen, wenn auf der Bühne nicht gehandelt wird. Die Zuschauer würden ein solches Spiel sehr bald

als unsinnig empfinden. Sie würden unruhig, unmutig. Sie würden erklären, daß die Regeln des Theater-Spiels verletzt werden, das heißt, die Spiel-Welt Theater-Spiel würde zusammenstürzen.

Das Primat im Spiel mit Publikum kommt dem materiellen Schau-Spiel auf der Bühne zu. Das Schau-Spiel determiniert das geistige Mitspiel der Zuschauer. Der Zuschauer kann nicht geistig »Maria Stuart« spielen, wenn real auf der Bühne »Mutter Courage« gespielt wird. »Denn erst in dem Moment«, schreibt auch Wekwerth, *»wo der Schauspieler mit seinem Spiel beginnt, bekommt der Zuschauer die Möglichkeit, mit seinen Vorstellungen zu spielen«*.[63] Die Wechselwirkung, die Unterhaltung, die auf diese Weise zustande kommt und sich im Zuschauerraum durch Reaktionen wie Lachen, Beifall usw. äußert, stimuliert das Spiel des Schauspielers, beeinflußt auch die Dialektik vom Improvisieren und Fixieren.

Ist der Schauspieler gewohnt, unter Anwesenheit von Zuschauern zu produzieren und deren Reaktionen als Bestandteil des Spiels zu empfinden, und zwar des Schau-Spiels wie des Theater-Spiels, dann wird auch seine Reproduktion vor Zuschauern – also während der Vorstellung – zu einem Akt des Produzierens. Die Schauspieler produzieren das Schau-Spiel, eine materielle Erscheinung, und die dieser materiellen Erscheinung zuschauenden Zuschauer produzieren mit Phantasie und Vorstellungskraft ihre vom Spiel determinierte ideelle Deutung des Schau-Spiels, wodurch ihre Reaktionen entstehen und das als Theater-Spiel bezeichnete Wechselspiel zwischen Bühne und Zuschauerraum. »Damit rückt die Arbeit und die Fähigkeit des Schauspielers wieder in den Mittelpunkt der Theaterarbeit . . «[64]

# V. Improvisation als Mimesis

## Historische Zusammenhänge

Die Bestimmung der qualitativen Merkmale erwies, daß die Improvisation spontanes gestisch-mimisch-verbales Spiel ist, und zwar als Mimesis menschlichen Handelns. Alle Versuche, sie als frei von Mimesis zu etablieren, bedeuten ihre Loslösung von der Realität und damit Zerstörung ihres historisch gewachsenen spezifischen Wesens.

Nach Hermann Koller kann das griechische Wort »Mimesis« nicht ohne weiteres mit »Nachahmung« übersetzt werden. Seines Erachtens besitzt das Wort »ein ganz anderes Bedeutungsfeld ... als die Ausdrücke ›Nachahmung‹, ›imitatio‹. Sein Bedeutungszentrum liegt im Tanz. Mimeisthai heißt primär: »durch Tanz zur Darstellung bringen.«[1] Nun sind hier nicht die vielfältigen Schattierungen des antiken Mimesisbegriffes darzulegen. Nach Adolf Stahr waren »Mimesis und mimeisthai (Nachahmung und nachahmen) ... schon vor Aristoteles und Platon geläufige Ausdrücke zur Bezeichnung des Wesens der bildenden Künste, sowie der Musik und Poesie . . .«[2] Hier interessieren die historischen Prozesse, die das Entstehen des Begriffes »Mimesis« erklären.

Kollers Untersuchung ergab, »daß Mimesis ursprünglich ›tänzerischer Ausdruck‹ heißt«[3]. Zweifellos ist weit in die Geschichte zurückzugehen, um die objektive Herkunft zu eruieren. Auch Koller tut dies, allerdings wieder in der Welt der Begriffe, und er reduziert Mimesis auf Mimos.[4] Aber Mimesis ist offenkundig zunächst in außerkünstlerischen Prozessen lebendig. Bei Günther K. Lehmann findet sich ein schlüssiger Hinweis. Lehmann macht aufmerksam auf die elementare Funktion der Mimesis als urwüchsiger Form leibhaft-sinnlichen Erkennens und Vermittelns von Wirklichkeit. In der Übergangsphase zur Klassengesellschaft, schreibt er, drängte »die kontemplative Reflektion ... die bis dahin geübte Technik der leibhaften ›Nachahmung‹ (Mimesis) zurück. Nunmehr übernahm das an begrifflich-ideellen Werten orientierte und mit Willen begabte reflektive Selbstbewußtsein die normative Steuerung des gesellschaftlichen Verhaltens; denn die durch ein mimetisches Verhaltenstraining jeweils realisierbare Anpassung an die Umwelt reichte, angesichts einer tiefgehend veränderten sozialen Struktur, nicht mehr aus.«[5] Trifft diese Erkenntnis Lehmanns zu, ist Mimesis in ihrem ursprünglichen Wesen sinnlich-praktische *leibhafte Nachahmung* von Tieren und Menschen, ist sie sinnenhaftes Entdecken von Realität, in der archaischen Tanz-Improvisation wie später im archaischen Mimus, nicht rational begriffen, sondern unmittelbar kurzgeschlossen in ein sinnliches, leibhaftlebendiges Abbild umgeschmolzen. Mit dem Aufkommen der Klassengesellschaft jedoch und der Trennung der herrschenden Klasse von der körperlichen Arbeit vollzog sich die historische Trennung des mimetisch-leibhaften Entdeckens von Wirklichkeit von der sich stürmisch entwickelnden begrifflichen Erkenntnis von Wirklichkeit. Leibhafte Mimesis bewahrte das Volk im Tanz und vor allem im Mimus. Die Soloszenen des antiken Mimus sind schließlich leibhafte Nachahmungen als Darstellung, also *ästhetische Entdeckungen handelnder Menschen*, oft sogar bereits in ihrem sozialen Habitus, vor allem jedoch in ihrer triebhaften Aktivität. Heinz Kindermann beschreibt auf Vasen-Abbildungen schaubare Aktionen des sizilianischen Mimus, des Phlyaken-Theaters, das in der Literarisierungsphase des Mimus lebendig war und das, »da es vom Mimus herkommt, in vieler Hinsicht immer noch, zumindest im stummen Spiel, improvisiert«[6] wird: »Geizhälse, zitternde und diebische Sklaven, denen die gestohlenen Dinge aus den Taschen fallen, hexenhafte Weiber, Prügel werden ausgeteilt und der Geprügelte verlacht, parodierte Ringkämpfe, der tölpische Bauer in der Stadt, gelehrte Damen, die ihre Zähne mit Federn putzen, laut ihre Ware anpreisende Vogelhändler, das verlorene und wiedergefundene Kind, groteske Liebeserklärungen, Vater und Sohn streiten um die gleiche Frau, herrschsüchtige alte Frauen putzen ihre Männer herunter.«[7] Auffallend das leibhaft Sinnliche, das offenbar außerordentlich Anschauliche all dieser Darstellungen. Daß es sich beim Mimus um sowohl nachahmende als auch darstellende Improvisationen handelte, ist unumstritten. Der Mimus »stellt das Leben des Alltags mit scharfem Realismus dar, nach Inhalt und Sprache nur dem Belustigungsbedürfnis des niederen Volkes dienend, also grundsätzlich unliterarisch, in improvisierten, nur das Charakteristische, nicht das Dramatische betonenden Soloszenen.«[8] Beim Mimus ging es »um die Kunstfertigkeit der Lebens-Nachahmung . . . Die darstellerische Nachahmung beschränkt sich aber nicht auf stimmliche Effekte. Die Gebärden-Imitatio ... spielt ... bei der nachahmenden Menschen-Charakterisierung eine beherrschende Rolle.«[9]

Wesen der Mimesis

Der unliterarische Mimus wurde negiert durch Spiel nach fixiertem Text. Fortan verkümmerte die Improvisation als ureigener Schöpfungsakt des Mimen und mit ihr die Mimesis. Das leibhafte Abbild war nicht mehr in seinem originären Zusammenhang mit der Improvisation begreifbar. Jetzt war der Spieler nicht mehr der alleinige Schöpfer seiner Figur und ihrer Szene, jetzt mußte er die ihm vom Autor mit fixiertem Text vorgegebene Gestalt zu schaffen versuchen. Damit etablierte sich die Übermacht der Literatur, und das spezifische mimetische Schöpfertum des Schauspielers geriet aus dem Blickfeld. In den Vordergrund rückte das Prinzip der Mimesis als ein literarisches Problem und damit die vom Mimus in der Praxis längst beantwortete Frage, was nachzuahmen sei.

Aufschlußreich ist die Auseinandersetzung zwischen Platon und Aristoteles. Der Idealist Platon vermutete in den Erscheinungen der Wirklichkeit ihnen übergeordnete und sie determinierende Urideen, so daß seines Erachtens ein Kunstprodukt zwangsläufig nur das dürftige menschliche Abbild vom materiellen Bild einer geistigen Uridee sein konnte. Diese »Verirrung Platons aufgedeckt ... zu haben«, schreibt Adolf Stahr, »... ist Aristoteles' unsterblicher Verdienst.«[10] Ob Aristoteles damit der »wissenschaftliche Begründer der Mimesistheorie«[11] genannt werden kann, wie Hermann Reich behauptet, oder ob bei Aristoteles die »Relikte der Mimesis völlig verblaßt«[12] waren, wie G. K. Lehmann konstatiert, kann hier nicht untersucht werden.

Immerhin findet sich bei Aristoteles die grundsätzliche Feststellung: »Der nachahmend gestaltende Künstler stellt handelnde Menschen dar.«[13] Aristoteles zielt nicht auf Urideen als Objekt der Nachahmung, sondern auf einen beobachtbaren, realen materiellen Vorgang: handelnde Menschen. Er stellt eine Forderung, die ohne Mimesis nicht erfüllt werden kann; denn leibhaftes Nachahmen ist stets ein organischer Vollzug und hat den lebendigen Menschen im Auge, insonderheit das, was ihn vor allem auszeichnet: sein Handeln.

Aristoteles' Feststellung ist aber noch in anderer Hinsicht von Belang. Sie erfaßt den dialektischen Zusammenhang dessen, was Koller aufgespalten gegeneinandersetzt: »Nachahmung« und »Darstellung«. Nach Meinung Kollers muß an der Grundbedeutung »tänzerische Darstellung« für mimeisthai festgehalten werden. »Nur von diesem Ausgangspunkt her ist die Aufspaltung der Bedeutungen in ›nachahmen‹ und ›darstellen‹ sprachlich einwandfrei, nicht aber, wenn wir ›nachahmen‹ zum Ausgangspunkt nehmen.«[14] In der Maxime von Aristoteles ist

– unbesehen einer Rangfolge – zusammengefaßt: Es wird dargestellt – also sinnlich schaubar gemacht –, und zwar handelnde Menschen, indem handelnde Menschen nachgeahmt werden. Auch nach Koller übrigens ist Mimesis »immer an den Menschen gebunden, sie ist seine Formwerdung«.[15]

Eine Bestimmung des Wesens der Mimesis kann an dem dialektischen Zusammenhang von »Darstellen« und »Nachahmen« tatsächlich nicht vorbeigehen. Mimesis ist leibhafte Darstellung handelnder Menschen als eine Nachahmung bzw. leibhafte Nachahmung handelnder Menschen als eine Darstellung. In dieser dialektischen Einheit von Darstellen und Nachahmen ist Mimesis nur über die Improvisation zu realisieren.

Bleibt zu fragen, ob der Begriff »handelnde Menschen« als Widerspiegelungs-Gegenstand der Mimesis eindeutig genug ist. Seit Aristoteles hat es zahllose, hier nicht abzuhandelnde Bemühungen gegeben, genauer zu definieren, was unter Nachahmung »handelnder Menschen« zu verstehen sei. Realistisch bzw. materialistisch orientierte Schauspielkunst hat stets die materielle Aktion, das beobachtbare praktische Agieren mit Willen und Gefühlen ausgestatteter Menschen im Auge gehabt. Es hat aber auch nicht an Versuchen gefehlt, das Handeln der Menschen als Gegenstand der Nachahmung in Frage zu stellen und zu leugnen, daß in der komplizierten menschlichen Praxis das Bewußtsein des Menschen, insbesondere sein Denken, die bestimmende Rolle spielt. Nach Auffassung dialektisch-materialistischer Theaterwissenschaft erfaßt das Theater das entscheidende Gattungsmerkmal des Menschen, nämlich zielgerichtet und vorbedacht zu handeln, im künstlerischen Bild.[16] Ohne Zweifel ist die Bestimmung »zielgerichtet und vorbedacht handelnde Menschen« heute in das Wesen der Mimesis zu integrieren. Damit ist zugleich festgehalten, daß Mimesis grundsätzlich mehr als nur materiell Äußerliches leibhaft wiedergibt. Also scheiden unbelebte Gegenstände, Pflanzen usw., auch Tiere, als Objekt der Mimesis aus. Insofern ist die archaische Mimesis von der Mimesis als Kunst zu unterscheiden.

## Mimesis als Kunst

Eine Kopie wird allgemein nicht mit Kunst in Verbindung gebracht. Unter Kopieren wird das sklavische, gleichsam spiegelgetreue Nachvollziehen des in der Wirklichkeit Geschauten verstanden. Der Kopist hält mit seiner Auffassung zurück, das Abgebildete ist Abklatsch. Dieses direkte Spiegeln des Geschauten stößt a priori auf die objektive Schwierigkeit, daß das Geschaute vom Spieler nie absolut getreu kopiert werden kann. Indem der Spieler im Spiel zwangsläufig bestimmte Bewegungsabläufe der geschauten Menschen anders nachvollziehen muß, ist er gezwungen, Details auszuwählen bzw. zusammenzufügen. Der nachahmend Darstellende sucht während des mimetischen Prozesses aus dem im Gedächtnis ruhenden Geschauten das Interessanteste, Reizvollste, Charakteristischste zu erfassen, was mit oberflächlichem Kopieren äußerer Gebärden nichts zu tun hat. Der nachahmend Darstellende ist sich nicht nur bewußt, mimetischer Spieler zu sein, er ahmt auch bewußt nach, das heißt, er trachtet, eine kopierende Darstellung zu vermeiden. Da das Ergebnis der Mimesis zwar als vages Denkmodell vorweggenommen werden kann, letztlich aber allein das Ergebnis leibhaften sinnlichen Vollzugs[17] ist, ist die Improvisation die gegebene sinnlich-praktische Tätigkeit, durch die Leibhaftigkeit und sinnliche Anschaulichkeit des mimetischen Prozesses gewährleistet sind.

Ohne die Improvisation als Mimesis untersucht zu haben, beschreibt Brecht den Prozeß so: »Der Schauspieler beobachtet den Mitmenschen mit all seinen Muskeln und Nerven in einem Akt der Nachahmung, welcher zugleich ein Denkprozeß ist. Denn bei bloßer Nachahmung käme höchstens das Beobachtete heraus, was nicht genug ist, da das Original, was es aussagt, mit zu leiser Stimme aussagt. Um vom Abklatsch zur Abbildung zu kommen, sieht der Schauspieler auf die Leute, als machten sie ihm vor, was sie machen, kurz, als empfählen sie ihm, was sie machen, zu bedenken.« Daß Brecht einseitig von Nachahmung spricht, nicht die mimetische Einheit mit der Darstellung erfaßt, fällt auf, kann aber hier nicht debattiert werden.[18] Improvisation als Mimesis funktioniert durch die Simultanität von Persönlichkeit (Phantasie/Denken) und sinnlich-praktischer künstlerischer Tätigkeit als Schöpfen und Entäußern der in der Beobachtung gewonnenen, im Gedächtnis gespeicherten und im Moment der Tätigkeit neu mobilisierten Bilder handelnder Menschen.

Ein erklärter Gegner von Nachäfferei war Stanislawski. Äußere Gewohnheiten eines bekannten Menschen einfach zu wiederholen, nennt er einen großen Fehler. Solcherlei Unterfangen verlegt sich »auf einfaches Nachäffen, auf Kopieren, auf Imitation. Das hat überhaupt keine Beziehung zu schöpferischer Arbeit.«[19] Mimesis ist ein Akt des Umschaffens, ist Verwesentlichung menschlichen Handelns im Spiel. Mimesis ist künstlerische Arbeit.

Insofern hat das Nachahmen eines als Vorbild empfundenen Darstellers nichts mit Mimesis zu tun. Schon F. Riccoboni erklärt: »Die Nachahmung derjenigen, welche vor uns gewesen sind, ist allezeit unglücklich.«[20] Und Berthold Viertel bemerkt: »Zwar fehlt es den jungen Leuten an der selbsterworbenen Bühnenerfahrung, jedoch haben sie ausübenden Schauspielern, schlechten oder guten, oft genug zugesehen, mit lernbegierigen, ehrgeizigen und eifersüchtigen Augen. Sie trachten ihre Vorgänger nachzuahmen, nicht selten reproduzieren sie deren Unarten und üble Manieren . . .«[21]

Noch heute lernen junge Schauspieler gern durch das Beobachten erfahrener Schauspieler. Sobald sie diese aber »nachahmen«, haben sie nicht die Realität zum Objekt, sondern schauspielerische Fertigkeiten. Diese Art »Nachahmung« erklärt, weshalb sich konventionelle Theater-Gebärden so hartnäckig auf realistischer Bühne erhalten – Gebärden der Trauer, der Freude, der Überraschung, des Schreckens usw., wie sie als Zeichen schon immer gesetzt und immer wieder »nachgeahmt« wurden, den Blick auf die Wirklichkeit verstellend und die Schauspielkunst unmimetisch machend. Diese Gebärden sind stereo-type Verallgemeinerungen geworden, wohingegen mit modellierenden Improvisationen erarbeitetes mimetisches Spiel stets die *ureigene konkrete Schöpfung* des jeweiligen Darstellers ist.

## Verschüttete Mimesis

So grotesk es scheinen mag, gerade der ureigene mimetische Schöpfungsakt des Schauspielers geriet mit dem Entstehen der Schauspielkunst in einen scheinbar unlösbaren Widerspruch: in den durch die historische Entwicklung gesetzten Widerspruch, zum vom Autor vorgegebenen fixierten Text die gemäß agierende Figur finden zu müssen. Schumacher benennt das Problem: »In der entwickelten darstellenden Kunst bedarf es meistens einer dramatisch-textlichen Vorgestaltung, durch die die sinnliche Tätigkeit des darstellenden Subjekts programmiert wird, aber auf eine solche Weise, daß sie die sinnliche Tätigkeit des darstellenden Subjekts gerade in ihrer Subjektivität erfordert.«[22] Eben diese Subjektivität der sinnlichen Tätigkeit des darstellenden Subjekts, das mimetisch Eigene des nachahmenden Darstellers, durch gute Stücke zwar stimuliert, reibt sich an dem Widerspruch, etwas Fremdes bewältigen zu müssen, den vorgegebenen fixierten Text.

Die einfachste, naheliegendste und über Jahrhunderte praktizierte Lösung war die, den Text auswendig zu lernen und ihn in der Aufführung möglichst schön zu deklamieren sowie dazu mehr oder weniger passend scheinende Gebärden zu machen. Allerdings war das keine Lösung, schon gar keine mimetische. Also forderte Shakespeare: »Sprecht mir bitte die Rede, ... leicht von der Zunge weg ... Sägt auch nicht mit Euern Händen durch die Luft ... Paßt die Gebärde dem Wort, das Wort der Gebärde an, und achtet besonders darauf, daß Ihr das rechte Maß der Natur nicht überschreitet.«[23] Shakespeares (Hamlets) Rede an die Schauspieler wurde an der Wende vom 16. zum 17. Jahrhundert geschrieben. Mitte des 18. Jahrhunderts polemisiert der deutsche Theaterpraktiker J. D. Beil: »Was nennt Ihr Proben? was Spielen? Früh die Rolle vom Blatte herbuchstabieren? Abends Euch ankleiden, schminken, herausgehen, und die Eingebung des Orakels im Loche auf gut Glück nachbeten? Ob Ihr Unsinn heraushalset – die besten Stücke verhunzet – den Zuschauer ermüdet – das kümmert Euch nicht.«[24] Die bürgerliche Theatergeschichte ist reich an Versuchen, den Widerspruch durch den Kampf um Realismus zu lösen, durch immer genauere Bestimmung dessen, was und wie nachgeahmt und dargestellt werden soll (F. Riccoboni, Diderot, Lessing, Goethe, Ekhof, Schröder bis Reinhardt). Ekhof forderte und praktizierte bereits systematisch Theaterproben.[25]

Auch der Improvisation erinnerte man sich. »Es ist die beste Art«, schrieb Goethe, »die Menschen aus sich heraus und durch einen Umweg wieder in sich hinein zu führen«.[26] Goethe plädiert hier keineswegs für psychodramatische Selbstentäußerung des Darstellers, vielmehr für die schöpferische Lösung des Widerspruches zwischen fixiertem Text und mimetischem Spiel. »Nicht die Ausführung durch Worte« soll nach Goethes Meinung gewinnen, »denn durch diese muß freilich der überlegende Schriftsteller seine Arbeit zieren, sondern die Ausführung durch Gebärden und Mienen, Ausrufungen, und was dazu gehört, kurz, das stumme, halblaute Spiel, welches nach und nach bei uns ganz verloren zu gehen scheint. Es sind wohl Schauspieler in Deutschland, deren Körper das zeigt, was sie denken und fühlen, die durch Schweigen, Zaudern, durch Winke, durch zarte anmutige Bewegungen des Körpers eine Rede vorzubereiten und die Pausen des Gesprächs durch eine gefällige Pantomime mit dem Ganzen zu verbinden wissen; aber eine Übung, die einem glücklichen Naturell zu Hilfe käme und es lehrte, mit dem Schriftsteller zu wetteifern, ist nicht so im Gange, als es zum Troste derer, die das Theater besuchen, wohl zu wünschen wäre«.[27] Eine solche Übung, das heißt das systematische Nutzen der modellierenden Improvisation für mimetisches Spiel, ist nie in Gang gekommen. Noch bevor der Kampf um Realismus im bürgerlichen Theater ausgekämpft und damit auch das mimetische Wesen des schöpferischen schauspielerischen Schaffens praktisch und theoretisch aufgedeckt werden konnte, verlegte spätbürgerliche Ideologie produktiver Erkenntnis den Weg. Hatten Shakespeare, Riccoboni, Lessing, Diderot, Ekhof, Schröder und Goethe für das Nachahmen handelnder Menschen gestritten, wurde nun selbst das Nachahmen handelnder Menschen suspekt bzw. ihr Handeln zunehmend deformiert dargestellt. Das sich im 20. Jahrhundert entwickelnde autoritäre Regietheater rückte »die sinnliche Tätigkeit des darstellenden Subjekts gerade in ihrer Subjektivität« noch weiter an die Peripherie theatralischer Unternehmungen. Craig zum Beispiel wußte schließlich mit dem schöpferischen Schauspieler überhaupt nichts mehr anzufangen und suchte ihn durch Über-Marionetten zu ersetzen.[28]

Im hier gebotenen Zusammenhang kann die außerordentliche Vielfalt der spätbürgerlichen Theaterpraktiken und -theorien nicht behandelt werden.[29] Auffällig ist, daß Bemühungen um realistische Theaterkunst stets auch die Improvisation ins Gespräch und zum Experiment bringen. Vorrangig muß hier Stanislawski erwähnt werden, obwohl er sich – leibhafte Mimesis einschränkend – vor allem auf Spiegelung menschlicher Gefühle konzentrierte. Die Übungen, die seine Schauspieler und seine Schauspielschüler ausführten, waren vielfach ausgesprochene Improvisationen. Berthold Viertel nennt es lehrreich, »Versuchen der Improvisation beizuwohnen, die von Schauspielschülern nach der sogenannten Stanislawski-Methode unternommen werden«.[30] Zumindest an dem Beispiel, das Viertel beschreibt, zeigt sich, daß die praktizierten Improvisationen einseitig auf Gefühle orientiert waren. »Zugrunde gelegt werden nicht ohne Grund seelische Elementar-Zustände wie Angst, Erwartung, Enttäuschung usw. Es ist dabei die Annahme, daß jede nur mögliche Schauspielerei sich aus einer Kombination und aus der Entwicklung solcher emotioneller Elemente ergibt. Freilich müssen, damit sie spielbar sind, zu diesen Emotionen Situationen erfunden werden, die sie auslösen.«[31]

Ohne Zweifel war die Orientierung Stanislawskis auf die Wahrheit der Gefühle auch verursacht durch sein beharrliches Bestreben, zumindest ästhetisch aus der Umklammerung konventioneller Ideologien auszubrechen. Erst sehr spät, wenige Jahre vor seinem Tode, erkannte er die Bedeutung des sinnlich-praktischen Handelns und die Möglichkeit, auf der Bühne durch physisches Handeln zu gemäßen psychischen Prozessen zu kommen. Allerdings hielt er auch dann noch an der objektiv nicht realisierbaren Version fest, Darsteller und Figur durch praktisches Bühnenhandeln so verschmelzen zu können, daß der Darsteller seine

Figur auf der Bühne »lebt«.[32] Das »Leben« einer Figur auf der Bühne scheint zwar exakt leibhafte Mimesis zu sein, doch Improvisation als Mimesis – in der hier erarbeiteten Bestimmung – hat nicht das Gefühl zur entscheidenden psychischen Entsprechung des darstellenden Bühnenhandelns, sondern Phantasie und Denken, verschmolzen mit dem Willen und dem Spieltrieb.

Trotz dieser Einschränkung führt Stanislawskis Wirken an die Erschließung des mimetischen Wesens des schauspielerischen Schöpfungsaktes heran. Daher sollte bei Stanislawski angeknüpft werden.

## Mimesis als Arbeit

Das Freilegen der Mimesis von der Patina konventioneller und moderner theatralischer Praktiken, die das ureigene mimetische Spiel des schöpferisch nachahmenden Darstellers verdecken bzw. ersticken, ist ein aktuelles und weltweites Bemühen.[33] Peter Brook zum Beispiel führt den Kampf gegen das »tödliche Theater«[34] für das »unmittelbare Theater«, und er führt diesen Kampf mittels Improvisation. Es ist dies kein »nostalgisches« Streben, antike Mimesis wiederbeleben zu wollen. Zum Mimus führt kein Weg zurück. Aber das objektiv gesetzmäßige Wesen des Arbeitsprozesses des schöpferischen Darstellers hat sich – trotz fixiertem Text – in seinem Kern nicht geändert und kann sich auch nicht ändern. Auf jeder Theaterprobe ringt der schöpferische Schauspieler – nicht der Darstellungsbeamte! – darum, vom fixierten Text und vom auf Fixierung des Handelns bedachten Regisseur nicht vorzeitig und einseitig auf »Darstellung« festgelegt zu werden, noch bevor er seine eigene »Nachahmung« wenigstens als Angebot eingebracht hat.

»Darstellen« – im Sinne von sinnlich schaubar erscheinen – bedeutet durchaus nicht automatisch »Nachahmen«. Darstellen lassen sich äußere Posen, schematisierte Haltungen, arrangierte Gänge, Klischees, theatralische Gebärden, Text-Deklamationen, Laute, Singsang, Triebe, Leidenschaften, Gefühle, Depressionen, Träume, ewige Ideen, Urideen Über-Marionetten, Monstren usw. usf., einzeln genommen, gekoppelt oder alles in einem, je nach der jeweils herrschenden Auffassung von Schauspielkunst. Oft handelt es sich irgendwie sogar um »Nachahmung«, zum Beispiel dann, wenn eine Seite des menschlichen Lebensprozesses willkürlich herauspräpariert und »nachgeahmt« wird, etwa bei Artaud, der die nächtlichen Träume des Menschen auf dem Theater materialisiert zu sehen wünscht, des Menschen »Hang zum Verbrechen, seine erotische Besessenheit, seine Wildheit, seine Chimären, ... ja sogar sein Kannibalismus«.[35]

Sobald das Objekt der Mimesis, der zielgerichtet und vorbedacht handelnde Mensch, aus dem Blickfeld gerät, zerbricht die produktive Einheit leibhaften Darstellens und Nachahmens. Selbst dort, wo mittels Improvisationen ein »unmittelbares Theater« erreicht werden soll, muß sich nicht Mimesis herstellen. Heute besteht keine automatische Simultanität mehr zwischen Improvisation und Mimesis. Diese vor über zwei Jahrtausenden existente Simultanität ist verschüttet und kann nur durch zielstrebige Arbeit wiedergewonnen werden, durch eine Arbeit, die sich des Wesens und des Zusammenhanges beider Erscheinungen bewußt ist.

Brook ist Kronzeuge für diese Problematik. Er schreibt: »Wer mit Improvisationen arbeitet, ist imstande, mit erschreckender Deutlichkeit zu erkennen, wie schnell die Grenzen der sogenannten Freiheit erreicht sind. Unsere öffentlich veranstalteten Übungen ... brachten die Schauspieler schnell dahin, daß sie jede Nacht ihre Klischees mit Variationen bekränzten – wie Marcel Marceaus Figur, die aus einem Gefängnis ausbricht, nur um sich in einem anderen wiederzufinden. Wir experimentierten mit einem Schauspieler, der eine Tür öffnet und etwas Unerwartetes entdeckt ... Was sich zuerst zeigte, war des Schauspielers Repertoire an Nachahmungen. Der vor Überraschung geöffnete Mund, der entsetzte Schritt rückwärts: woher kamen die sogenannten Spontaneitäten? Offenbar wurde die wahre und augenblickliche innere Reaktion blockiert, und blitzschnell lieferte die Erinnerung eine Nachahmung vorher gesehener Formen.«[36]

Brook gebraucht den Begriff Nachahmung nicht im mimetischen Sinne, sondern in bezug auf stereotype gestische und mimische Äußerungen. Aber er sollte sich nicht wundern, denn er selbst zerstört die mögliche Wiedergewinnung des Zusammenhangs von Improvisation und Mimesis, wenn er dem Schauspieler, der eine Tür öffnet und etwas Unerwartetes entdecken soll, die Mimesis mit folgender Anweisung zerschlägt:

»Er sollte auf das Unerwartete einmal mit Gesten, ein anderes Mal mit Lauten und ein drittes Mal mit Farbe antworten. Man hatte ihm nahegelegt, die erste Geste, den ersten Schrei oder Klecks auszuführen, die ihm einfielen.«[37] Hierauf kann der Schauspieler nur unmimetisch mit Klischees antworten. Abgesehen von der völlig indiskutablen Farb-Reaktion auf Unerwartetes hinter der Tür, orientierte Brook einseitig und vorzeitig auf »Darstellung«, anstatt den Spieler »nachahmen« zu lassen. Grundsätzlich muß dem Spieler überlassen bleiben, wie und ob er gestisch, mimisch und (oder) verbal reagiert, wobei nicht allgemein »etwas Unerwartetes« hinter der Tür angenommen werden darf, sondern das Unerwartete muß stets konkret bestimmt werden, etwa die tote Katze, die übergelaufene Badewanne, der maskierte Einbrecher usw., denn nur aus dieser konkret bestimmten Situation kann sich eine konkrete kreative mimetische Reaktion ergeben.

Es ist schon beachtenswert, mit welcher Leidenschaft Brook für die Improvisation plädiert. »Die Improvisation als Trainingsmittel der Schauspieler bei der Probe und die Übungen zielen alle auf das gleiche ab: sich vom tödlichen Theater zu befreien ... Es hat keinen Zweck zu meinen, daß Übungen in die Schule gehörten und nur in einer gewissen Entwicklungsperiode des Schauspielers vonnöten seien. Ein Schauspieler ist, wie jeder Künstler, gleich einem Garten, und es hilft nichts, das Unkraut nur einmal zu entfernen, damit es immer so bleibt ...«[38] Nun sind »Improvisationen als Trainingsmittel für Schauspieler bei der Probe« nicht notwendig, wenn auf der Probe sowieso mit modellierenden Improvisationen gearbeitet wird, um zum fixierten Spiel zu kommen.

# VI. Erfinden eines Vorganges

## Elementare Improvisationen

Der Begriff Improvisation wird nunmehr grundsätzlich nicht im Sinne von Stegreif, sondern im Sinne der modellierenden Improvisation benutzt. Während bisher vor allem die sinnlich-praktische künstlerische Tätigkeit Gegenstand der Untersuchung war, wird nun das fiktive sinnlich-praktische Handeln erkundet. Alle Improvisation und alles Erlernen der Kunst des Improvisierens funktioniert nur über fiktives sinnlich-praktisches Handeln als mimetisches Spiel. Die Improvisationen, die gespielt werden, um Schritt für Schritt das fiktive sinnlich-praktische Handeln zu erlernen, sind pädagogische Improvisationen, die bestimmte Ausbildungsstufen implizieren entsprechend der objektiven organischen Struktur der modellierenden Improvisation.
Begonnen wird mit elementaren Improvisationen. Sie sind als erste schauspielerische Übungen anzusehen, denn sie führen von zufälligem Alltagshandeln zu verwesentlichtem Bühnenhandeln, zu mimetischem Spiel. Elementar werden diese Improvisationen genannt, weil sie dem Studenten helfen, spielend die elementaren Grundbestandteile seines Schaffens kennenzulernen, die zugleich die elementaren Mittel sind, auf der Bühne sinnlich-praktisch die materiellen Verhältnisse einer Szene, eines Aktes, einer Fabel, eines Geschehens, mithin des Bühnenhandelns, herzustellen. Diese elementaren Grundbestandteile sind:

1. der *Vorgang* (Bühnenvorgang) als komplexe dialektische Einheit von inneren psychischen und äußeren physischen Prozessen des Spielers und kleinste Phase des materiellen Ablaufes des sinnlich-praktischen Handelns zwischen mehreren Spielern;
2. die *Situation* (Bühnensituation) als Summe gegebener Umstände und Stimulans des Vorganges bzw. der Vorgänge.

Elementar werden diese Improvisationen des weiteren genannt,

- weil mit ihnen zunächst bewußt herausgelöst einzeln geübt wird, was später in einen komplexen Prozeß einfließen muß;
- weil sie über das sinnlich-praktische Handeln die in den

Vorübungen[1] mehr oder weniger gesondert trainierten Fähigkeiten – Beobachtung, Phantasie, Vorstellungskraft usw. – nunmehr in ihrer organischen Verflechtung ins Spiel bringen, wobei sich die spezifische Eigenart der Improvisation als Einheit von sinnlich-praktischem Handeln, spontanem Spiel und Mimesis entfalten kann;
- weil sie ohne Partner gespielt werden, das heißt, das erste Kennenlernen und Ausprobieren der elementaren Mittel der Schauspielkunst ohne Partner erfolgt;
- weil die Dialektik zwischen thematisch Vorgegebenem und spontanem mimetischem Spiel noch durch relativ wenige und einfach zu bewältigende Daten in Gang gebracht werden kann.

Die elementaren Improvisationen sind noch mehr Spiel und weniger Schauspiel, wenngleich mit dem Üben der elementaren Improvisationen die Relation zwischen Spiel und Schauspiel zunehmend zugunsten des Schauspiels verschoben wird, auch dadurch, daß Improvisationen wiederholt werden. Damit wird dem Studenten schon in dieser frühen Ausbildungsphase erlebbar, was später wesentlich wird: Wiederholen der Improvisation als Bedingung für das Fixieren des Handelns.

## Vom Kopieren zur Mimesis

Die der Improvisation innewohnende Mimesis darf nicht als gegeben behandelt, sondern muß bewußt gemacht, also bewußt geübt werden. Dabei wird an die Beobachtungsübungen angeknüpft. Das Beobachtete wird nicht erzählt, sondern sinnlich-praktisch handelnd wiedergegeben. Um das Wesen der Mimesis (Nachahmen und Darstellen) erkennbar zu machen, wird zunächst kopiert.

Ein Student wird gebeten, eine im Alltag beobachtete und im Gedächtnis gespeicherte Tätigkeit eines Menschen auf der Bühne sinnlich-praktisch zu kopieren, zum Beispiel eine bestimmte Art zu gehen, das Haar zu kämmen u. ä. Erforderlich hierzu ist zunächst noch weniger Phantasie als vielmehr bildhaftes Erinnerungsvermögen und die Fähigkeit, das Beobachtete zu kopieren, wobei das Kopierte kein Standbild, sondern ein bildhafter Handlungsablauf sein soll. Ausgangspunkt ist die materielle Wirklichkeit; kopiert wird, indem versucht wird, eine Tätigkeit genau so zu machen, wie sie der Kopierte gemacht hat. Heraus kommt ein relativ mechanischer Abklatsch, eben eine Kopie; bei guter Beobachtung und schon hinlänglichen Fertigkeiten des Spielers eine annähernd getreue Kopie.

Mit dieser Übung wird dem Studenten bewußt gemacht, daß in jedem Falle die gesellschaftliche Wirklichkeit das Material für sein sinnlich-praktisches Handeln liefert, daß aber lediglich ein naturalistischer Abklatsch, eine wertfreie Kopie entsteht, wenn die Daten der Wirklichkeit im Verlauf des sinnlich-praktischen Handelns nur sklavisch wiederholt werden.

Mimesis – und damit die elementare Improvisation – entwickelt sich dann, wenn der Student die Aufgabe erhält, einen Menschen zu beobachten und dessen Tätigkeit wertend nachzuahmen. Zu diesem Zweck wird er aufgefordert, die Tätigkeit eines Menschen während des Beobachtungsprozesses in einzelne Abfolgeelemente aufzugliedern und im Gedächtnis zu speichern. Die Tätigkeit »Haar kämmen« kann etwa diese Abfolgeelemente haben: Zuerst oben auf dem Kopf kämmen, dann auf der linken, dann auf der rechten Seite, dann hinten, dann den Pony vor der Stirn, dann noch einmal mit der Hand links und rechts übers Haar streichen. Im Gedächtnis werden diese Abfolgeelemente, zwar schon subjektiv sortiert, so doch im wesentlichen in ihrer objektiven Gegebenheit und Reihenfolge gespeichert. Erst im Verlaufe des improvisatorischen sinnlich-praktischen Handelns wählt der Spieler aus, welche Elemente er benutzt, verbindet sie zu *eigenem* Handeln, was einen Wertungsprozeß einschließt, und die Einheit von Nachahmen und Darstellen etabliert. Zugleich wird im Ansatz die Dialektik der inneren und äußeren Prozesse eines Vorganges hergestellt.

Der Fonds von Wirklichkeitsbeobachtungen wird selbstverständlich durch das Beobachten vieler Menschen gespeist, was voraussetzt, daß bewußt beobachtet wird, also möglichst viele Abfolgeelemente einer bestimmten Tätigkeit registriert werden. Lernt der Student auf diese Weise bewußt zu beobachten, steht ihm schließlich ein reicher, ständig wachsender Fonds von Beobachtungen zur Verfügung, aus denen er nach Belieben und je nach Notwendigkeit schöpfen kann. Er geht also von der Wirklichkeit und zugleich von sich aus, schmilzt Fremdes zu Eigenem um.

## Bemerkungen zum Begriff Vorgang

Zunächst einmal muß das Erfinden eines Vorganges in der Ausbildung vom Finden des beredten Vorganges während der Theaterproben unterschieden werden. Allerdings ist das Erfinden eines Vorganges kein schauspielpädagogischer Selbstzweck, sondern soll im Ergebnis des

Lernprozesses zur Fähigkeit des Studenten führen, Vorgänge sowohl zu finden als auch zu erfinden und sie zu fixieren, und zwar als beredte Vorgänge.

Stanislawski erklärt, »daß die Zuschauer im Theater nur dann die Vorgänge auf der Bühne verstehen und indirekt daran teilnehmen können, wenn dort eine Wechselbeziehung zwischen den handelnden Personen des Stückes besteht.«[2] Für Stanislawski ist der Vorgang hier gekoppelt mit der Wechselbeziehung zwischen handelnden Personen, er sieht ihn nicht im Zusammenhang mit der Fabel. Die Fabel teilt er in Episoden.[3] In seinem »Plan für den Arbeitsprozeß an der Rolle« fordert er unter Punkt 7 das »Teilen« eines Stückes »in sehr große physische Abschnitte«, und unter Punkt 9: »Falls sich ein großer Abschnitt nicht erfassen läßt, vorläufig in mittelgroße und notfalls in kleine und kleinste Stücke teilen.«[4]

Nach Brecht ist »die Gesamtkomposition aller gestischen Vorgänge, enthaltend die Mitteilungen und Impulse, die das Vergnügen des Publikums … ausmachen sollten«,[5] die Fabel. Der einzelne gestische Vorgang ist also ein Teil der auf die Bühne umgesetzten, materialisierten Fabel eines Stückes.

Wekwerth nennt den Vorgang »das konstituierende Element des Theaters, … die materielle Hülle des Theaters selbst.«[6] Weiter schreibt er: »Die Vorführungen des Theaters, in welcher Form sie immer erfolgen, können nur eine Folge von Vorgängen zwischen Menschen sein. Erst in dieser Funktion kann die Struktur des Theaters wirksam werden und genußvolle Abbilder der Wirklichkeit liefern. Theater besteht in der Tatsache, daß etwas vorgeht.«[7] Dieses »etwas vorgehen« ist mehr als nur ein »sich ereignen«, »geschehen«, »verlaufen«, »ablaufen«. »Ein Mann geht durch einen Raum, während ihm ein anderer zusieht, das ist alles, was zur Theaterhandlung notwendig ist«,[8] behauptet Peter Brook. Aber das ist nicht alles. Ein über die Bühne gehender Mann ergibt für den Zuschauer noch keine Theaterhandlung. Der Vorgang bzw. Bühnenvorgang ist grundsätzlich mehr als solch einfaches Über-die-Bühne-Gehen. Was auf der Bühne vorgeht, und das kann außerordentlich viel sein, ist insofern mehr, als es Mitteilungen und Impulse für das Publikum enthält, aber die enthält es *nur dann, wenn es in einem fiktiven Zusammenhang vorgeht, als Spiel.* Der im Rahmen seiner Arbeit über die Bühne gehende Bühnenarbeiter spielt nicht, also entsteht auch kein Bühnenvorgang.

Den Studenten wird dieses Phänomen mit einer Übung sinnfällig gemacht, die allerdings nicht wiederholt werden kann, da ihre Beweiskraft in ihrer unvorbereiteten Einmaligkeit besteht.[9] Ein Student des Studienkollektivs wird hinausgeschickt und mit den Verbleibenden vereinbart, daß der Student aufgefordert werden wird, sich auf der Bühne auf einen Stuhl zu setzen, wo ihn die Zuschauer betrachten werden. Nun wird der Student hereingeholt. Auf Anweisung des Pädagogen setzt er sich auf den Stuhl, blickt erwartungsvoll zu den Zuschauenden und harrt der Dinge, die da kommen werden. Aber es geschieht nichts, außer: Er schaut nach unten, die Zuschauer zu ihm hoch. Und das ist die Keimform eines Vorganges: Aus dem Sitzenden entwickelt sich ein Spieler. Er wartet, schlägt in zunehmender Unruhe ein Bein über das andere, verschränkt die Arme, wartet, löst sie wieder, wartet, blickt verlegen zum Fenster hinaus, wartet, sucht hilflos die Augen des Pädagogen, findet keine Resonanz, fährt verlegen mit der Zunge über die Lippen, fügt sich, wartet, faßt sich, wartet, verkrampft sich, tut betont locker, wartet, wird immer unsicherer – *in ihm und an ihm geht allerhand vor:* ein äußerst verlegen wartender junger Mann.

Die thematische Vorgabe war: Sich auf einen Stuhl setzen. Die vage Bühnensituation, in die der Student auf diese Weise geriet, stimulierte bei ihm innere und äußere Prozesse. Er begann intuitiv zu spielen, indem er fiktiv handelte, als ein Mensch nämlich, der unvermutet auf irgend etwas zu warten hatte. Er blieb aber nicht in dieser Situation; denn diese klare Vorgabe hatte er nicht. Also stieg er aus der Situation aus, zerstörte das Spiel, schaute unspielerisch ins Publikum, zum Pädagogen. Dann begab er sich wieder in die Situation, wartete weiter, freilich nicht als der, der er vorher war. Nun war er noch unsicherer in seinem Warten auf irgend etwas.

Es handelte sich also mit dem, was da entstanden war, noch nicht um einen Vorgang, sondern nur um dessen Keimform. Aber die Übung demonstrierte den Lernenden deutlich, daß alles, was auf der Bühne vorgeht, Mitteilungen und Impulse für die Zuschauer enthält, und zwar zwangsläufig, notwendigerweise, gesetzmäßig, *wenn es als Spiel in Gang kommt.*

Die Frage ist, *welche Mitteilungen* sind da überhaupt mitteilenswert, das heißt *sollen* vom Zuschauer *wahrgenommen werden.* Solange der Zuschauer nur wahrnimmt, *daß* etwas vorgeht, schließt das noch keine Mitteilung im Sinne der Beredsamkeit ein. Beredt wird der Vorgang erst, wenn über das »was« des Vorgehens wahrgenommen werden kann, *welche sozialen Beziehungen zwischen den Menschen/Figuren bestehen,* wenn die erkenntnismäßige Information mit der Wertinformation verbunden ist. Insofern ist die Beredsamkeit des einzelnen Vorganges objektiv begrenzt, insonderheit desjenigen Vorganges, der von nur einem Spieler hergestellt werden muß. Erst in der Gesamtkomposition der Vorgänge wächst die Beredsamkeit der einzelnen Vorgänge, das heißt, *mitteilenswert ist das Fabeldienliche*. Der Vorgang, der fabeldienliche Mitteilungen enthält, ist ein *beredter Vorgang*.[10]

In Brechts »Leben des Galilei« zum Beispiel tritt in der ersten Szene Frau Sarti zu Galilei ins Zimmer, das Bett zu machen. Damit beginnt ein Vorgang zwischen Galilei und Frau Sarti, genauer: der Vorgang des Beschwerdeführens. Beredter Vorgang ist nicht Galileis Frühstücken, auch nicht Frau Sartis Bettenmachen, sondern ihr Beschwerdeführen bei Galilei, der ihrem Sohn unheiliges Zeug beibringt, anstatt sich um den Milchmann zu kümmern. In der Art und Weise, wie die Schauspielerin als Frau Sarti das Bett macht, dabei Beziehungen zu Galilei aufnimmt, wird das Beschwerdeführen schaubar. Es kann aber auch davon abgelenkt werden, zum Beispiel, wenn die Schauspielerin so angelegentlich mit dem Bettzeug herumwirtschaftet, daß Frau Sarti als eine äußerst reinliche und ordnungsliebende, aber nicht als eine beschwerdeführende Frau wahrgenommen wird. Beredt ist grundsätzlich nur der Vorgang, der Mitteilungen und Impulse fabeldienlich vermittelt und dem alles übrige auf der Bühne Vorgehende untergeordnet ist.

Es kann mithin nicht beliebig *ein* beredter Vorgang *erfunden*, sondern nur *der* beredte Vorgang *gefunden* werden, und zwar der vom Dichter vorgegebene. Erfunden werden muß er nur dann, wenn er partout nicht zu finden ist, sei es, daß er vom Dichter gar nicht gegeben wurde, sei es, weil weder Schauspieler noch Regisseur die Geduld aufbringen, zu suchen und zu finden, sondern einfach einen passablen Vorgang erfinden oder, was das Schlimmste ist, einen unter Umständen sogar fabelverdeckenden Vorgang rein äußerlich montieren.

Beim Finden des vom Dichter vorgegebenen Vorganges handelt es sich um das Auffinden einer objektiv gegebenen Erscheinung, die im Stücktext verborgen liegt und analysiert, herausgearbeitet werden muß als fabeldienlich, das heißt, die Fabel des Stückes in der gegebenen Phase transparent machend und insofern als beredter Vorgang in der Erscheinung zugleich das Wesen erschließend. Das Finden der beredten Vorgänge eines Stückes erfolgt sinnlich-praktisch handelnd, improvisierend, die Vorgänge materiell modellierend. Da der Vorgang als Grundbestandteil des schauspielerischen Schaffens im literarischen Schaffen keine klaren Entsprechungen hat, ist das »Transponieren« der dichterischen Vorgabe in die Zeichensprache der Schauspielkunst ein äußerst komplizierter Prozeß, dessen Dialektik kaum untersucht ist.[11]

Fest steht, daß Schauspieler wie Regisseur gezwungen sind zu entscheiden, wo ein Vorgang beginnt und wo er endet. Als objektives Kriterium, als Markierung für den Beginn eines neuen Vorganges ist das Eintreten eines neuen Umstandes anzusehen. Aber im Verlaufe des sinnlich-praktischen Handelns ändern sich die Umstände fortwährend, und wenn die Gesamtkomposition aller Vorgänge nicht ein ungegliedertes, verworrenes Durcheinander werden soll, anstatt ein Eins-durch-das-andere im dramatischen oder ein Eins-nach-dem-anderen im epischen Sinne, muß zwischen quantitativen und qualitativen Sprüngen unterschieden, muß die Abfolge der beredten, die Fabel erzählenden Vorgänge klar gegliedert werden.
In die Vorgänge fließen zwangsläufig die subjektiven Auffassungen des Regisseurs und der Schauspieler ein. Ihr Finden ist eine künstlerische Tätigkeit, die hohe Meisterschaft erfordert. Nur künstlerische Meisterschaft im Entdecken beredter Vorgänge wird auch zu großen Theatererlebnissen führen.

## Der Vorgang als Schöpfungsakt

In der elementaren Improvisation, die ohne Autorentext gespielt wird, kann der Vorgang nicht gefunden, er muß erfunden werden, nur von Fall zu Fall eine gewisse Beredsamkeit erzielend. Doch zunächst geht es gar nicht um Beredsamkeit. Zunächst soll in der Ausbildung erreicht werden, daß der Student den Vorgang überhaupt erst einmal als Grundbestandteil seines künftigen Arbeitsprozesses kennenlernt, daß er lernt, einen Vorgang spielend sinnlich-praktisch zu erfinden, ihn im Sinne künstlerischer Tätigkeit mit einer Improvisation als materiellem Entwurf anzubieten.
Ein Vorgang impliziert *alle Prozesse*, die im gegebenen Fall *zwischen den Figuren*, *in* (psychisch) und *an* (physisch) ihnen stattfinden bzw. vorgehen. Die Dialektik dieser Einheit besteht darin, daß *zwischen den Figuren etwas vorgeht, weil in und an ihnen etwas vorgeht, bzw. es geht an und in ihnen etwas vor, weil zwischen ihnen etwas vorgeht.* Der Begriff Vorgang schließt diese beiden wesentlichen, qualitätsbestimmenden Seiten der Erscheinung ein, und in dieser widersprüchlichen Einheit ist der Vorgang ein Grundbestandteil des schauspielerischen Schaffensprozesses.
Beim Erlernen des Erfindens eines Vorganges muß allerdings vorerst von einer dieser Seiten abgesehen werden, nämlich von den zwi-

schenfigürlichen Prozessen; denn es wird anfangs ohne Partner gespielt. Andererseits ist das Agieren nur eines Darstellers auf der Bühne so selten nicht, weshalb diese Ausbildungsphase durchaus nicht praxisfremd ist. Die Aufgabe bleibt für den Studenten kompliziert genug: Die auf den Spieler bezogene Seite des Vorganges impliziert ja eine weitere widersprüchliche Einheit, die dialektische Einheit des *in* (innere bzw. psychische) und *an* (äußere bzw. körperliche bzw. physische Prozesse) dem Spieler Vorgehenden.[12] Diese Einheit muß vom Spieler mit Hilfe der Improvisation in einem simultanen Schöpfungsakt von Phantasie und sinnlich-praktischem Handeln hergestellt werden. Das ausführliche und gründliche Training dieses Schöpfungsaktes steht am Anfang aller schauspielerischen Übungen.

Da der Schauspieler später weder während der Probe noch in der Aufführung auf schöpferische Eingebungen warten kann, sondern auf die Sekunde schöpfungsbereit sein muß – der Vorhang geht hoch! –, gewinnt das Training des Schöpfungsaktes zusätzliche Bedeutung. Allein durch die Improvisation, mit der er spontan und spielend Vorgänge erfinden kann, lernt der angehende Schauspieler diese seinem Kunstmetier eigene Schwierigkeit meistern. An die Mobilität und Produktionsbereitschaft seiner Phantasie werden außerordentliche Anforderungen gestellt. Er muß lernen, auf Zuruf und auf Anhieb eine Fülle von Daten, manchmal selbst vom Pädagogen mehr oder weniger abstrakt gegeben, bildhaft konkret umzusetzen.

## Von einer Tätigkeit zum Vorgang

Angefangen wird mit dem Improvisieren einer einfachen Tätigkeit. Zum Beispiel bekommt eine Studentin die Aufgabe, sich die Wimpern zu tuschen. Vorgegeben ist lediglich das »was?« Was tue ich? Wimpern tuschen! Ohne sich vorbereiten zu können, also ohne vorher überlegen zu können, was da zu machen wäre, betritt die Studentin die Bühne und beginnt zu improvisieren. Sie handelt sinnlich-praktisch mit vorgestelltem Spiegel und vorgestelltem Tuschpinsel.

Im konkreten Fall waren viele Einzelheiten zu sehen, einzelne Elemente der Abfolge »Wimpern tuschen«, Wiederholungen, darunter sich gleichbleibende Wiederholungen. Die Studentin wischte mehrmals die Tusche wieder aus und tuschte neu. Sie hätte im Grunde, wäre nicht mit vorgestellten Gegenständen gehandelt worden, ein arg verschmiertes Gesicht gehabt. Der Tätigkeit »Wimpern tuschen« fehlte die Konsequenz logischer Abfolge, der sich die einzelnen Elemente der Tätigkeit unterordnen und wodurch Wesentliches von Unwesentlichem geschieden sowie Allgemeines im Einzelnen gegeben wird, was die alltägliche Tätigkeit zum Spiel und zum Vorgang erhebt.

Der Nachvollzug der Tätigkeit erfolgte zwar nicht rein äußerlich, das heißt, die Studentin war durchaus innerlich beteiligt an ihrem Unterfangen, aber dies innere Beteiligtsein (der innere Prozeß) bestand lediglich in dem gewollten Bemühen, die einzelnen Elemente der Tätigkeit »Wimpern tuschen« mimetisch herzustellen. Anhand ihres Tuns wurde ablesbar, daß allein mit einer auf das Mimetische gerichteten Absicht kein Vorgang herzustellen ist. Die Studentin hatte kein die Gesamtheit des Vorganges verbindendes geistiges Moment gefunden, die Bilder ihrer Phantasie waren heterogen geblieben.

Die Improvisation wurde wiederholt als Versuch, die Problematik noch deutlicher zu machen. Die Studentin bekam jetzt vom Pädagogen eine Abfolge als Vorgabe: Ich will mir die Wimpern tuschen, rutsche ab, es verschmiert, ich wische ab, versuche erneut, es gelingt mir nicht, ich gehe ungeschminkt. Die Studentin wiederholte, aber es klappte wieder nicht. Jetzt machte das Wissen um Abfolge und Ausgang der kleinen Geschichte den Vorgang kaputt, es hatte nicht die Phantasie mobilisiert, sondern eher gebremst. Ergebnis war eine rein mechanische Abfolge. Der Vorgang wurde nicht in seinen Elementen entwickelt. Es wurde nur äußerlich etwas gemacht. Es entstand noch nicht die Dialektik von innerem und äußerem Prozeß. Das Ganze blieb ausgesprochen unsinnlich.

Um äußerliche Mechanismen abzubauen bzw. gar nicht erst aufkommen zu lassen, muß über ein gezieltes Stimulieren der Phantasie die Dialektik von *an* und *in* dem Spieler Vorgehendem provoziert werden. Das geschieht durch das Einbringen der Kategorien Motiv und Handlungsziel.

## Motiv und Handlungsziel

Bekanntlich vollziehen sich im Alltag die zahllosen physischen und psychischen Prozesse einer Tätigkeit organisch und selbstverständlich. Ihr bewußtes Ingangbringen ist nicht notwendig. Wenn ein Mädchen z. B. Wimpern tuscht, fragt es nicht zugleich, welchen Anteil bestimmte psychische Prozesse wie Denken, Empfinden und Fühlen haben. Die Sache funktioniert einfach. Sie funktioniert, weil nicht irgendein Mädchen allgemein Wimpern tuscht, sondern weil ein bestimmtes Mädchen in einer bestimmten Situation, also unter bestimmten konkreten Umständen, die Wimpern tuscht und dabei nicht über das »warum?« und »wozu?« meditiert, das »warum?« und »wozu?« ihr dennoch immanent gegeben sind. Auf der Bühne stellt sich das »warum?« und »wozu?« – zumindest solange es nicht gründlich trainiert ist – nicht organisch und selbstverständlich her, sondern muß bewußt gemacht und erlernt werden. »Alles, was auf der Bühne vor sich geht«, sagt Stanislawski, »muß zu irgend etwas gut sein. Auch hier oben sitzen muß man zu irgendeinem Zweck ... «[13] Das sinnlich-praktische Handeln bekommt seinen Antrieb, sein Motiv durch die Antworten auf die Frage nach dem »warum?« und sein Handlungsziel durch die Antworten auf die Frage nach dem »wozu?«[14]

Hier macht die Studentin zum ersten Male Bekanntschaft mit dem komplizierten, spezifischen »Mechanismus« der psychophysischen Prozesse des schauspielerischen Schaffens, welcher in dieser Phase der Ausbildung noch nicht beherrschbar ist. Bekanntlich löst der verbalisierte, aber auch der nicht ausgesprochene Handlungsgedanke die Willenshandlung aus. Das Wort kann auch »Handlungen auslösen, die sonst von den entsprechenden Signalen des ersten Signalsystems hervorgerufen werden.«[15] Im pathischen Spiel kommt es zu entsprechenden handlungsauslösenden Signalen des ersten Signalsystems. Aber noch wird nicht pathisch gespielt. In der gegebenen Ausbildungsphase wird auch noch nicht die Bühnensituation aufgebaut, die im ersten Signalsystem Wirkungen hervorrufen könnte. Also muß die Phantasie zunächst relativ allein – sozusagen auf sich gestellt – das Wort/die »Ant-Wort« geben, das/die fiktives Handeln auslöst. Indem das/die »Ant-Wort« gedacht, nicht ausgesprochen wird, wird es/sie zum auslösenden Impuls für das fiktive Handeln.

In jede Phase des sinnlich-praktischen Handelns »Wimpern tuschen« muß Antwort auf das »warum?« und das »wozu?« einfließen, und zwar dadurch, daß die Spielerin ihr Tun ständig aus der Sicht des »warum – was – wozu?« *bewertet* und folgerichtig handelt. So wird *das fiktive Handeln durchgeistigt*, der Denkprozeß des fiktiven Handelns bewußt mobilisiert. Das »warum?« knüpft die geistigen Fäden zur inneren und äußeren Ursache, zum Motiv, das »wozu?« zum Ziel des Handelns. Damit stehen die einzelnen Phasen des Vorganges nicht mehr für sich, sondern werden mit zwar fiktiven, aber für das ablaufende Handeln objektiven Zusammenhängen verknüpft.

Der Verknüpfungsprozeß ist primär ein materieller, er muß sinnlich-praktisch handelnd erfolgen, in der Improvisation, nicht in der Diskussion. Die klügsten verbalen Antworten der Spielerin auf das »warum – was – wozu?«, geistreichem Nachdenken entsprungen, nützen gar nichts, wenn sie zwar gedanklich logisch und stimmig sind, von ihr aber nicht sinnlich-praktisch umgesetzt werden können. Zwar muß »warum – was – wozu?« gefragt werden, aber geantwortet wird grundsätzlich mit dem Handeln in der Improvisation. Dies verhindert, daß die Studentin meditiert, anstatt zu spielen.

Wenn sich im gegebenen Fall die Studentin die Wimpern tuscht, weil sie eben das Gesicht gesäubert hat (warum?) und nun zu einem Rendezvous mit ihrem Freund gehen möchte (wozu?), dann soll sie diese *Begründungen spielen.* Im konkreten Falle hantierte sie zunächst mit einem Handtuch im Gesicht, begann dann, die Wimpern zu tuschen und führte dies sichtlich mit freudiger Erwartung aus, so daß einige Zuschauer spontan einen Freund assoziierten. Andere hatten einen Theaterbesuch vermutet oder die Teilnahme an einer Fete. Die Tätigkeit war im Ansatz zum Vorgang entwickelt worden, aber da dieser noch nicht als Vorgang in konkreter Situation gespielt werden konnte, ließen sich Fehldeutungen nicht vermeiden.

In Weiterentwicklung der Übung »Vom Kopieren zur Mimesis« wird also nicht mehr von einer bei einer anderen Person beobachteten Tätigkeit ausgegangen und speziell diese mimetisch gespielt, sondern – gespeist vom Beobachtungsfonds – ein *Vorgang mit Hilfe der Phantasie auf der Bühne improvisiert und damit sinnlich-praktisch handelnd erfunden.* Der Spieler verwesentlicht den Vorgang, indem er Wiederholungen und Unwichtiges wegläßt, er durchgeistigt ihn, indem er die einzelnen Phasen der Tätigkeit bewertet. Das Erfinden muß als ein fiktives Handeln, also als Spiel, stets zugleich Mimesis sein, nun als Verwesentlichung der bestimmten nachgeahmten und dargestellten Tätigkeit.

Einfach draufloszuspielen, also nicht nach dem »warum – was – wozu?« zu fragen, kann im Glücksfall einer spontanen Eingebung interessante Ergebnisse entlocken, orientiert aber nicht auf das bewußte Erlernen einer produktiven Arbeitsmethode.

## Von sich und nicht von sich ausgehen

Die Improvisation bleibt Spielerei und führt nicht zur Schauspielkunst, wenn nicht von vornherein angestrebt wird, dem Studenten den Zusammenhang zwischen den materiellen und ideellen Komponenten des sinnlich-praktischen Handelns an sich selbst erlebbar zu machen und

Wissen und Technik zu vermitteln, wie dieses Handeln in Gang gesetzt werden kann.

Stanislawski hatte in seinem letzten Lebensjahr vom »innerlich Charakteristischen« gesprochen, das zu schaffen sei, wobei das äußerlich Charakteristische von selbst erscheinen müsse. »Aber wie ist es«, fragt er, »wenn das (äußerlich) Charakteristische nicht erscheint? Sollen sie alles tun, was sie schon getan haben, nur mit hinkendem Fuß, mit knapper oder geschwätziger Sprache, mit gewissen Fuß-, Hand- und Körperstellungen, mit bestimmten, äußerlich angenommenen Gewohnheiten und Manieren. Wenn das äußerlich Charakteristische nicht von selbst entsteht, dann führt es äußerlich herbei.«[16] Selbstverständlich wird solch äußerliches Herbeiführen hin und wieder der letzte Versuch bleiben, wenn trotz aller methodischen Treue sich das Gewünschte nicht einstellt. Insofern ist dieser letzte von 25 Hinweisen Stanislawskis für den Arbeitsprozeß an der Rolle nicht als Aufschrei zu werten, man solle, wenn alle Methode nicht hilft, schließlich und endlich einfach äußerlich-formal herangehen.

Gewiß, das formale äußerliche Darstellen stimuliert psychische Prozesse, und es gibt Schauspieler, die allein über das äußere formale Herstellen des Handelns auch innere Entsprechungen zu erzeugen vermögen; so wie es auch Schauspieler gibt, die über das willkürliche Produzieren von Emotionen zu entsprechenden äußeren Vorgängen zu gelangen versuchen. Aber weder das eine noch das andere ist ein produktives, ein dialektisch-materialistisches Herangehen.

Zu empfehlen ist weder, einseitig nur an der äußeren physischen Form mimetisch zu arbeiten und darauf zu vertrauen, daß sich dann schon die entsprechenden ideellen Ströme einstellen werden; noch einseitig Emotionen »aufzupumpen« und darauf zu spekulieren, daß sich dies dann auch gestisch äußern wird. Prinzipiell muß von beiden Seiten herangegangen werden. Beim Erfinden eines Vorganges als einer ersten schauspielerischen Übung wird so verfahren. Das sinnlich-praktische Handeln wird als physischer mimetischer Vollzug angestrebt und gleichzeitig die entsprechenden spezifischen psychischen Prozesse angeregt, und zwar über simultan zu produzierende konkrete Bilder der Phantasie. Realisiert wird diese Übung mit der Improvisation, mit der die Simultanität beider Prozesse objektiv gegeben ist. Aber mit der Improvisation ist noch mehr gegeben, nämlich die Simultanität mit den zwischenfigürlichen materiellen Prozessen. Erst damit wird zum Kern des Problems vorgestoßen und zu dem, was *dialektisch-materialistisches Herangehen* genannt werden kann. Aus pädagogischen Gründen muß

zunächst von einer der wesentlichen Seiten des Vorganges abgesehen werden, von den zwischenfigürlichen Prozessen. Gerade diese jedoch sind es, die für die weitere Ausbildung entscheidend werden. *Die Dialektik des an und in dem Spieler Vorgehenden* (eine Seite des Vorganges) *kommt komplex in Gang über die andere Seite des Vorganges, über das, was materiell zwischen den Figuren, bzw. materiell auf der Bühne vorgeht. Es gilt, die Materialität des Vorganges zu fassen und herzustellen.* Damit werden die spezifischen physischen und psychischen Prozesse des Spielers ausgelöst, die ihrerseits dialektisch wechselwirkend die Materialität, also Schaubarkeit des Vorganges bewirken. Bekanntlich beziehen sich die Begriffe Physis und Psyche nur auf den Menschen, und sie verführen dazu, ihn eher als biologisches, denn als soziales Wesen zu begreifen sowie die Sinnlichkeit des schauspielerischen Schaffens auf Physis und Psyche des Spielers zu reduzieren und nicht als sinnliches, gegenständliches materielles Handeln zu fassen, das in die fiktive, aber objektive Bühnenrealität wirkt. Schon die ständige arbeitsmethodische Verwendung der Begriffe Physis und Psyche kann zum Abkapseln des Schauspielers in sich selbst verleiten.
*Erfinden eines Vorganges heißt, daß der Spieler stets zugleich von sich (Bewußtsein und Körper) und nicht von sich (fiktive Bühnenwirklichkeit) ausgeht.* Das »Von-sich-Ausgehen« impliziert den Körper des Spielers und dessen Bewußtsein mit allen ihm gegebenen Daten der Wirklichkeit (Beobachtungsfonds), den entscheidenden Kategorien Phantasie, Denken, Wille, Spieltrieb, den beigeordneten Kategorien Vorstellungskraft, Empfinden, Gefühl, Unter- und Unbewußtes sowie der akzeptierten thematischen Vorgabe. Das »Nicht-von-sich-Ausgehen« umfaßt die gegebene fiktive Bühnenwirklichkeit als äußerst komplizierte Kategorie, bestehend im kahlen Bühnenraum, den erst die Phantasie des Spielers virtuell mit konkreten Bildern füllt, aber auch im materiell gegebenen Requisit, in dem mehr oder weniger konkret gebauten Bühnenbild und vor allem im lebendigen Partner, schließlich in all dem, was außerhalb der fiktiven Bühnenwirklichkeit (hinter den Kulissen) an gesellschaftlichen Bezügen vorgegeben oder entworfen werden muß. *Das einzige praktikable Mittel, die universelle Komplexität dieses Geschehens handhabbar zu machen, ist die Improvisation.* Sie ist die spezifische Form sinnlich-praktischen Handelns, über die sich mimetisch spielend die Dialektik des »Von-sich-und-nicht-von-sich-Ausgehens« realisieren läßt.

## Das Requisit als materieller Hebel

Als Ansatzpunkt, weil materieller Hebel, der universellen Komplexität des Geschehens »Von-sich-und-nicht-von-sich-Ausgehen« beizukommen, bietet sich das konkret gegebene Requisit. Es ist objektiv bildhaft vorhanden und insofern ein ausgezeichnetes Stimulans für die Phantasie des Spielers; denn »man lernt nur mit Mühe«, das nicht gegebene Objekt »auf der Bühne mit dem inneren Auge zu sehen«[17]. Das konkret gegebene Requisit muß der Spieler nicht mit dem inneren Auge sehen, er sieht es wirklich, und das hilft ihm, von diesem Requisit ausgehend die weiteren, nicht gegebenen Umstände phantasievoll zu entwerfen.
Allerdings ist ein Hinweis Stanislawskis auf Gefahren beim Benutzen realer Gegenstände zu beachten. »Benutzt man reale Gegenstände«, sagt er, »so rutschen dem Ausführenden instinktiv aus mechanischer Lebensgewohnheit viele Handlungen durch, ohne daß er sie verfolgen kann. Dieses Durchrutschen abzupassen ist schwer, läßt man es aber zu, so gibt es Löcher in der logischen und folgerichtigen Linie der physischen Handlung. Die unterbrochene Logik macht ihrerseits die Wahrhaftigkeit zunichte ...«[18] Tatsächlich verführt vor allem der Umgang mit in der Wirklichkeit oft gebrauchten realen Gegenständen (Tasse, Hut usw.) dazu, sich nicht dem konkreten Empfinden dieses Gegenstandes hinzugeben, sondern »aus mechanischer Lebensgewohnheit« mechanisch und folglich relativ empfindungslos damit umzugehen. Ungewöhnliche Gegenstände provozieren zwangsläufig einen konkreteren und empfindsameren Umgang.
Bei Beachtung dieser Problematik erfüllt das Requisit seine Funktion als Hebel für die Dialektik des »Von-sich-und-nicht-von-sich-Ausgehens«. Die Vorübungen mit vorgestelltem Gegenstand, die dem angehenden Spieler die Dialektik von Vorstellungsbild und gestisch-mimischem Ausdruck bewußt machen sollen, sind in dieser Ausbildungsphase vielleicht mit einer Wiederholungsübung in Erinnerung zu rufen, ansonsten aber nicht mehr angebracht. Der Weg hin zum Schauspiel ist eingeschlagen, und am Ziele wird nicht mit vorgestellten Gegenständen gespielt werden.
Von nun an wird also im Improvisations-Seminar vornehmlich mit konkreten Gegenständen gearbeitet, was die Notwendigkeit, sich Gegenstände vorzustellen, nicht ausschließt, weil ja doch nicht alle Requisiten zur Verfügung stehen werden. Aber die für die Ausbildung notwendigen Requisiten müssen materiell vorhanden sein. Der Pädagoge legt zum Beispiel ein Beil auf die Bühne und vertraut darauf, daß die in der

realen Wirklichkeit geltenden Gesetzmäßigkeiten auch hier wirken. »Für Hegel«, schreibt Marx, »ist der Denkprozeß, den er sogar unter dem Namen Idee in ein selbständiges Subjekt verwandelt, der Demiurg des Wirklichen, . . . Bei mir ist umgekehrt das Ideelle nichts andres als das im Menschenkopf umgesetzte und übersetzte Materielle.«[19]

Das Requisit wird von dem im Zuschauerraum sitzenden Studenten als bestimmter Gegenstand wahrgenommen und löst durch seine Bildhaftigkeit Assoziationsketten der Vorstellungskraft aus, die der Phantasie helfen zu erkunden, was mit diesem Requisit gemacht werden könnte. Mit einem Beil kann man Holz hacken, Fleischstücke zerlegen, einen Baum fällen, einen Menschen erschlagen usw. Sobald der Student einen Einfall hat, betritt er die Bühne und spielt. Er debattiert seinen Einfall nicht, er improvisiert ihn. Und damit kommt die Dialektik des »Von-sich-und-nicht-von-sich-Ausgehens« in Gang, natürlich bei weitem noch nicht in ihrer ganzen widersprüchlichen Komplexität, aber doch im Ansatz: Im Umgang mit dem Requisit entsteht der Gedanke. Der Denkprozeß setzt ein, angekurbelt zugleich durch die Antwort auf »warum – was – wozu?«, und steuert das sinnlich-praktische Handeln mit dem Requisit.

Wenn bisher vom Denkprozeß noch kaum als von einer zentralen Kategorie gesprochen wurde, weil der Pädagoge die Aufmerksamkeit des Studenten zunächst auf andere Prozesse lenken mußte, so verweist er jetzt angelegentlich darauf, daß keine Aktion im Umgang mit dem Requisit wirklich sinnlich-lebendig wird, wenn sie nicht den wertenden Gedanken zum Impuls hat. Der Pädagoge wird freilich an dieser Stelle noch nicht unbedingt auf die technische Handhabung des Denkprozesses mit Hilfe des Untertextes zu sprechen kommen, weil nur besprochen werden sollte, was unmittelbar praktisch geübt werden soll. Für den Studenten ist in der gegebenen Ausbildungsphase dies wesentlich: Das Requisit ist nicht nur der determinierende Nährboden für die schauspielerische Phantasie, es dient auch dazu, den Vorgang materiell sinnlich, also schaubar herzustellen. Mit anderen Worten: Das materielle Spiel mit dem Requisit dient zur Entäußerung innerer geistiger Prozesse und zur Verinnerlichung äußerer materieller Prozesse. Oder: Es geht *in* und *an* dem Spieler etwas vor, *weil zwischen ihm und dem Requisit* etwas vorgeht, und es geht zwischen ihm und dem Requisit etwas vor, weil in und an ihm etwas vorgeht.

Nicht selten allerdings führt die beim Anblick des Requisits entstehende Vorstellung beim Studenten zunächst zu einer regelrechten Blockierung der sinnlichen Beziehung zum Requisit. Der Student handelt seinen Einfall auf der Bühne herunter, ohne daß die Dialektik des »Von-sich-und-nicht-von-sich-Ausgehens« auch nur anläuft. Sichtbar wird das am oberflächlichen, gestisch verworrenen Hantieren mit dem Requisit. Der Spieler empfindet den Umgang mit dem Requisit nicht, gibt sich ihm nicht hin, macht sich nicht sinnlich offen für diese konkret gegebene objektive Wirklichkeit, stellt keine spielerisch pathische Beziehung her, sondern handelt einseitig vom Kopf her, macht die Idee zum Demiurgen des Wirklichen. Der Wert dieser Improvisation besteht aber gerade darin, das sich dem Gegenstand hingebende Empfinden zum Erlebnis des Studenten zu machen. Es muß ihm Vergnügen bereiten, im *sinnlich-praktischen Handeln mit dem Requisit den Gedanken kreativ entstehen zu lassen, der zum Impuls für das weitere konkrete Handeln mit dem Requisit wird.* Der Spieler muß das Entstehen des Gedankens gleichsam auskosten.

Dieses Auskosten darf aber nicht mit einer gefühlsmäßigen Hingabe an das Requisit verwechselt werden. Das hingebende Empfinden entwickelt sich aus dem Primat des Objektes und soll zum wertenden Denkprozeß führen, was die gemäße Gefühlskomponente stimuliert. Wird das hingebende Empfinden jedoch zum Selbstzweck, bedeutet das seine Isolierung, sein Herauslösen aus dem dialektischen Wechselspiel; es wird zum Zustand, bläht sich zu unkonkretem, allgemeinem Gefühl, da das Objekt sekundär geworden ist. Um dies zu verhindern, ist in die Relation Spieler – Requisit eine weitere Relation einzubringen: die zu einem Menschen.

Im Alltag ist der ohne menschlichen Bezug erfolgende Umgang mit einem Gegenstand möglich, nicht aber auf der Bühne. Das Spiel mit dem Requisit wird durchgeistigt, erhebt sich aus der Alltags- zur fiktiven Bühnenrealität und zum Realismus, wenn es in Beziehung zu einem Menschen gesetzt wird. Die über das Requisit realisierte soziale Beziehung zu einem Menschen macht den Vorgang beredt. Wem gehört der Gegenstand? Wer mag ihn dorthin gelegt haben? Diese Fragen provozieren Auseinandersetzung mit dem Requisit, nähren die Phantasie, die sich nicht am Gegenstand erschöpft, sondern den Menschen dahinter sucht. Über das Requisit wird ein geistiges Verhältnis zu einem Menschen hergestellt, welches mittels des Requisits in einer Improvisation vermittelt, schaubar wird.

Ein Beispiel aus dem Improvisations-Seminar: Der Pädagoge hängt über die Rückenlehne einer Bank, die durch drei nebeneinandergestellte Stühle markiert wird, einen Spazierstock. Sekunden später geht ein Student auf die Bühne. Er hat einen Einfall. Mit »Vorhang – Licht« gibt der

Pädagoge zu verstehen, daß das Spiel zu beginnen hat: Der Student geht mit dem Ziel zur Bank, dort zu frühstücken, bemerkt den Stock noch nicht. Als er sich beim Kauen gemütlich zurücklehnt, gewahrt er den Stock. Aber noch ist ihm das Frühstück wichtiger, er läßt sich nicht ablenken. Doch nun nimmt er den Stock zur Hand und betrachtet ihn. Dieses Betrachten gelingt ihm gestisch sehr sinnfällig. Er beugt sich leicht nach vorn, stützt die Arme auf seine Schenkel und sucht zu ergründen, wem der Stock gehören mag. Irgendwie kommt er ihm bekannt vor. Dann erinnert er sich, ein Lächeln huscht über sein Gesicht. Nun legt er den Stock zufrieden beiseite, frühstückt ohne Hast – doch bühnengerecht zeitlich verknappt – zu Ende, steht auf und nimmt den Stock ganz selbstverständlich mit.

Der Vorgang war durch den auf der Bühne deponierten Spazierstock ausgelöst worden. Natürlich hatten die Zuschauer nicht sehen können, wem der Stock gehört. Aber es war ablesbar geworden, daß es ein Mensch sein mußte, den der Frühstückende kannte. Befragt, wie es sich tatsächlich verhalten hatte, erklärte der Student, er sei aus seinem Betrieb zum Frühstück in den nahegelegenen Park gegangen und habe dort auf der Bank zu seiner Überraschung den offenbar dem Pförtner seines Betriebes gehörenden Spazierstock gefunden.

Das Einführen weiterer Umstände durch den Spieler (Betrieb, Park) signalisiert, daß diese Improvisation mit Requisit zu reicheren, komplizierteren Übungen tendiert, zum Handeln in bestimmter Situation; zum Aufbau einer Figur mit Hilfe des Requisits, weshalb sie ihre Funktion erfüllt hat, wenn jeder Student das hingebende Empfinden und das Entstehen der impulsgebenden Gedanken erlebt hat. Dieses Erlebnis ist wichtig; denn es fördert das kreative Verhalten des Spielers auf der Bühne, hilft ihm, zwischen empfindsamer Hingabe und emotionaler Zuständlichkeit zu unterscheiden sowie sich selbst kennenzulernen, nur ihm eigene Möglichkeiten und Fähigkeiten.

## Die Aufmerksamkeitskreise

Das Orientieren auf das Requisit und noch nicht auf einen Raum als vorgegebene konkrete Bühnenwirklichkeit erfolgt auch deswegen, weil die Aufmerksamkeit des Spielers dadurch zunächst auf einen kleinen Ausschnitt bzw. Kreis gelenkt und sozusagen erst einmal elementar geschult wird. Die Übung mit dem Requisit hilft, einen Vorgang im kleinen Aufmerksamkeitskreis zu erfinden. Die »Konzentration auf ein Objekt«, schreibt Stanislawski, »löst das natürliche Bedürfnis aus, sich damit zu beschäftigen. Und die Handlung konzentriert die Aufmerksamkeit dann noch stärker auf das Objekt. Indem also die Aufmerksamkeit, mit der Handlung zusammenfließt und verknüpft wird, entsteht eine feste Beziehung zum Objekt.«[20]

Stanislawski empfiehlt für das Training der Aufmerksamkeit im nahen, mittleren und fernen Bereich besondere Übungen. Er hat allerlei Lampen installiert, mit denen er das Problem seinen Schülern demonstriert.[21] Das Aufleuchten der Lampen in den verschiedenen Bereichen zwingt den Schüler, die Aufmerksamkeit auf die Lampen zu konzentrieren und zum Beispiel das »schwarze Loch«, den Zuschauerraum, zu vergessen. Damit aber löst Stanislawski das Phänomen Aufmerksamkeit aus dem Schaffensprozeß des Schauspielers und trainiert Prozesse isoliert, die so pur praktisch nicht vorkommen. Es bleibt dann dem Schüler überlassen, sie in seinen eigentlichen Produktionsprozeß zu integrieren. Das Training der Aufmerksamkeit von vornherein an die wesentlichen schauspielerischen Prozesse zu binden scheint sinnvoller. Das Erfinden eines Vorganges erfolgt, bedingt durch das Requisit, im kleinen Aufmerksamkeitskreis, also noch kaum unter Einbeziehung des gesamten Bühnenraums, wenngleich zuweilen selbst der fernere Aufmerksamkeitskreis – zum Beispiel angesichts einer Bank im Park – ins Spiel kommt. Da zeigt sich, wie weit der Spieler durch »eine feste Beziehung zum Objekt« seine Aufmerksamkeit zu konzentrieren vermag. Beim Aufbau einer Situation wird es notwendig, die Aufmerksamkeit ständig auch auf den großen bzw. ferneren Kreis richten zu können, ohne daß der Spieler durch die Fülle von Daten, die gegeben oder von der Phantasie entworfen werden, abgelenkt wird. Das organische Einfügen des Trainings der Aufmerksamkeit in den Lernprozeß erfordert, das Erfinden eines Vorganges auf einer kleinen Studiobühne und nicht auf der Bühne eines großen Theaters zu üben.

# VII. Aufbauen einer Situation

## Bemerkungen zum Begriff Situation

Der Begriff Situation wird in seiner praktikablen Verwendbarkeit untersucht, was nicht ausschließt, zur Orientierung bereits stattgehabte theoretische Verallgemeinerungen zu befragen. Robert Petsch erklärt: »Sachliche Voraussetzung und ideale Grundlage des Vorgangs ist ... die *Situation*, kennzeichnend für sie ist der dramatische *Konflikt.*«[1] Zwar auf das Drama bezogen, wird hier auf den Zusammenhang zwischen Situation, Vorgang und Konflikt verwiesen.

Stanislawski zählt die »vorgeschlagenen Situationen« zu den wichtigen Faktoren der Arbeit, sich stützend auf eine Notiz Puschkins, welche lautet: »Die Echtheit der Leidenschaften, die Wahrscheinlichkeit der Empfindungen unter den vorausgesetzten Situationen – das ist es, was unser Verstand vom Dramatiker verlangt.«[2] Puschkin bezieht sich also auch auf die Dramatik. Stanislawski fährt fort: »Ich kann nun von mir aus hinzufügen, daß unser Verstand genau das gleiche auch vom Schauspieler fordert, nur daß die Situationen, die der Dichter angenommen hat, für uns Schauspieler bereits festliegen, also die uns vom Dichter vorgeschlagenen sind. Und so hat sich bei unserer praktischen Arbeit der Terminus ›vorgeschlagene Situation‹ eingebürgert, den wir nun auch benutzen wollen.«[3]

Aufschlußreich ist, was Stanislawski unter vorgeschlagenen Situationen versteht: »Das sind die Fabel des Stücks, die Tatsachen, Ereignisse, das Zeitalter, in dem es spielt, Ort und Zeit der Handlung, die Lebensumstände, die Auffassung des Schauspielers und des Regisseurs vom Stück, die Ergänzungen, die sie hinzugefügt haben, das Arrangement, die Form der Inszenierung, die Dekorationen und Kostüme, die Requisiten, Beleuchtung, Geräuscheffekte und alle übrigen Umstände, die den Schauspielern gegeben sind. Die ›vorgeschlagenen Situationen‹ sind wie das ›Wenn‹ eine Annahme, ein ›Phantasiegebilde‹.«[4]

Wobei das »Wenn« Stanislawskis Hilfsmittel ist, das Spiel in Gang zu setzen. »Es ruft im Schauspieler eine äußere und eine innere Aktivität

hervor, sie wird ohne Zwang erreicht, auf natürlichem Wege. Das Wort ›Wenn‹ hat Stoßkraft, es ist der Auslöser der schöpferischen Aktivität in unserem Innern.«[5] Das »Wenn« und die »vorgeschlagenen Situationen« sind nach Stanislawski gleichen Ursprungs. »Das ›Wenn‹ leitet immer das Schaffen ein, die ›vorgeschlagenen Situationen‹ entwickeln es ... das ›Wenn‹ versetzt der schlummernden Phantasie einen Stoß, die ›vorgeschlagenen Situationen‹ aber geben dem ›Wenn‹ die eigentliche Begründung.«[6] Und Stanislawski empfiehlt: »Schaffen Sie erst die ›vorgeschlagenen Situationen‹, versuchen Sie ehrlich daran zu glauben, dann entsteht die ›Echtheit der Leidenschaften‹ von selbst ... In der Praxis sieht es für Sie folgendermaßen aus: Erst einmal werden Sie sich auf Ihre Weise alle vorgeschlagenen Situationen vorstellen müssen, die aus dem Stück selbst, aus den Anweisungen des Regisseurs und aus Ihrer eigenen schauspielerischen Phantasie stammen. Das gesamte Material wird eine allgemeine Vorstellung vom Leben der darzustellenden Gestalt in ihrer Umwelt geben ...«[7]
Auf die verständliche Frage eines Schülers nach einem konkreten praktischen Verfahren entgegnet Stanislawski, man solle ein »Wenn« vor jede vorgeschlagene Situation stellen und sich fragen, »was würde ich dann tun und wie würde ich dann handeln,«[8] wenn ich mich in der und der vorgeschlagenen Situation befände. »Diese Frage löst sofort Ihre Aktivität aus. Beantworten Sie die Frage, indem Sie handeln, sagen Sie: ›Das würde ich tun!‹ – Und dann tun Sie das, was Sie tun möchten,wozu es Sie drängt, überlegen Sie nicht im Augenblick des Handelns ...«[9] An dieses von Stanislawski empfohlene Verfahren wird angeknüpft, allerdings modifiziert. Beachtet wird dabei auch Brechts Hinweis, daß »die Situationen nur erfunden sind, um der Figur Gelegenheit zu geben, sich zu zeigen ...«[10]
Stanislawskis Definition, die sich auf die zahllosen vorgeschlagenen Situationen eines ganzen Stückes bezieht, erschwert, einen handhabbaren Begriff von dem zu finden, was *eine* Situation darstellt. Nach Stanislawski machen die vorgeschlagenen Situationen eine Fülle von Daten aus – Tatsachen, Ereignisse, Lebensumstände usw. – »und alle übrigen Umstände, die den Schauspielern gegeben sind«. Alle diese Daten sind also Umstände. Sie sind dem Schauspieler vorgeschlagen und ergeben die Situation. *Eine einzelne Situation* wird folglich ebenfalls durch die Umstände bestimmt, und zwar durch die Summe der Umstände, innerhalb derer sich ein bestimmter Vorgang entfaltet. *Eine Situation ist ohne ihren Vorgang nicht existent und umgekehrt.* Der Vorgang als Einheit der Prozesse, die zwischen den Figuren sowie an und in ihnen verlau-

fen, kann sich nur in einer konkreten, ganz bestimmten Situation begeben bzw. entfalten. Die Situation ist das Gegebene, der Vorgang das daraus Resultierende, auf die Situation zurückwirkende und sie verändernde. Die Veränderung nur eines Umstandes bedeutet de facto das Entstehen einer neuen Situation. Dabei obliegt es subjektiver Entscheidung, das Eintreten eines neuen Umstandes als Situationswechsel zu markieren oder als unerhebliche quantitative Veränderung zu überspielen.

Die Anzahl der Umstände ist nahezu unbegrenzt. Der Phantasie sind keine Grenzen gesetzt. Um jedoch die Qualität Situation zu erreichen, ist eine bestimmte Quantität von Umständen unabdingbar, nämlich jene wesentlichen, die mit »wer, warum, was, wozu, wie, wann und wo?« erfragt werden und das Gerüst einer Situation ergeben. Das Fragenbündel »wer, warum, was wozu, wie, wann und wo?« orientiert auf die notwendigen, wesentlichen Umstände. Und es gibt keine andere Möglichkeit, diese Gegebenheiten faßbar zu machen, als eben diese Fragen zu stellen und damit die Phantasie anzukurbeln. Jede einzelne der Fragestellungen ist anreicherbar, abhängig von der Potenz der Phantasie des Spielers. Aber das Anreichern nur eines Umstandes führt noch nicht zu einer Situation, sondern das phantasievolle Einbringen aller wesentlichen Umstände.

## Der pädagogische Weg

Die Fragestellung »warum – was – wozu?«, die den Vorgang stimuliert, ist – wie sich nun zeigt – zugleich Fragestellung zur Situation. Zunächst war die Aufmerksamkeit auf das sinnlich-praktische Handeln gerichtet, auf das Erfinden des Vorganges, weniger auf dessen objektive Gegebenheiten. Jetzt ist der Zusammenhang von Vorgang und Situation zu erarbeiten. Dieser Schritt wird nicht so gegangen, daß die theoretische Erörterung vorangestellt wird, sondern prinzipiell so, daß das Aufbauen einer Situation als Spiel zum Erlebnis des Studenten wird, damit er spielend erkennt, wie er eine Situation aufbauen kann.

Es wird einfach begonnen. Einfach insofern, als nur von einem Umstand ausgegangen wird, zum Beispiel vom »was?« Der Pädagoge legt ein Blatt Papier auf einen Tisch auf der Bühne, erklärt dieses Blatt zu einem Brief und fordert einen Studenten auf, diesen Brief vorzufinden und zu lesen, also einen Vorgang »Brief lesen« zu improvisieren. Selbstverständlich muß der Pädagoge nicht einen Spieler bestimmen. Er kann auch abwarten, ob einer der Studenten der Studiengruppe einen Einfall hat.

Ein Beispiel: Ein Student kam ins Zimmer, sah den Brief, nahm ihn, setzte sich an den Tisch und las. Er lächelte, bewertete das Gelesene. Dann schaute er auf die Uhr. Also stand etwas im Brief, was mit der Zeit zu tun hatte. Aber er las interessiert weiter. Dann nickte er leicht und ging ab. Der Pädagoge benutzte diese Improvisation, um die Studenten zum Erkennen dessen zu führen, was Aufbauen der Situation praktisch erfordert. Er fragte nach dem Inhalt des Briefes; denn den muß der Spieler wissen, das heißt, er muß ihn im Moment des Lesens mit der Phantasie produzieren und zugleich als gegeben behandeln, als tatsächlich auf dem Blatt Papier stehend. Der Student antwortete: »In dem Brief steht: ›Lieber Heinz, es ist mir trotzdem noch gelungen, mich am Wochenende frei zu machen. Ich komme 16.15 Uhr am Ostbahnhof an. Deinen Anzug habe ich noch nicht von der Reinigung holen können. Ich freue mich sehr auf unser Zusammensein. Liebe Küsse, Deine Gitta‹ « Dieser Briefinhalt konkretisiert den Umstand »was?«, macht das Lesen von einem allgemeinen So-tun-als-Lesen zu einem bestimmten Lesen, eben zum Lesen dieses bestimmten Brieftextes.

Damit ist aber noch keine Situation aufgebaut, bestenfalls ein relativ situationsloser Vorgang erfunden. Der Pädagoge fragt den Studenten, was den Schauspieler, der einen Brief liest, neben dem Inhalt des Briefes noch zu interessieren hat. Die Antworten des Studenten: Wo befindet sich der Brief? Wo spielt das denn? Wer bin ich überhaupt? Wann spielt das? Von solchen Antworten ausgehend führt der Pädagoge zu den wesentlichen Hilfsmitteln, zu den die Situation erhellenden Fragen »wer, warum, was, wozu, wie, wann, wo?« Er erläutert, daß das »wer?« in der gegebenen Ausbildungsphase noch mit dem »ich« identisch ist, daß also der Spieler vorläufig noch keine von ihm wegführende Figur entwirft, sondern als Schulze, Meier, Lehmann in der bestimmten Situation spielt.

Aber er fordert den Studenten auf, die übrigen Umstände genauer zu bestimmen, beim »wo?« nicht einfach und allgemein ein möbliertes Zimmer anzunehmen, sondern ein ganz bestimmtes Zimmer. Der Student wird aufgefordert, sich das Zimmer mit vorhandenem Mobiliar so einzurichten, wie er sich das Zimmer vorstellt, in dem er den Brief vorfindet. Dabei macht der Student eine wichtige Entdeckung: Einiges Mobiliar, etwa den Tisch und den Stuhl, kann er so nehmen, wie es objektiv vorhanden ist, auch eine Kaffeekanne etwa oder eine Tasse. Einige Gegenstände muß er mit Hilfe der Vorstellungskraft verwandeln. Aus drei Stühlen zum Beispiel macht er ein Bett. Andere Gegenstände muß er mit der Vorstellungskraft herstellen, den Briefumschlag etwa und den Brieföffner. Der Umstand »wo?« wird also mit einer Anzahl von Daten angereichert, die zum Teil von Vorstellungskraft und Phantasie erzeugt werden müssen. Doch auch alle Anreicherung des Umstandes »wo?« schafft noch keine Situation.

Es muß weiter gefragt werden. Der Umstand »warum?« läßt sich anreichern. Warum liest er den Brief? Weil er von meiner Frau kommt, erklärte der Student, weil ich das sofort sehe und weil sie mir beim letzten Besuch gesagt hatte, wenn ich doch kommen kann, dann schreibe ich einen Eilbrief. Der Umstand »wozu?« erschöpft sich hier zunächst in der Feststellung, daß er einfach wissen will, was konkret im Brief steht, den er schon nicht mehr erwartet hat. Den Umstand »wann?« legte der Student auf 15 Uhr, damit die Eile motivierend, mit der er aufbricht. Seine Frau schreibt, daß sie 16.30 Uhr ankommt.

Der Student steht also vor *zwei Aufgaben: Erstens* muß er anhand eines vom Pädagogen vorgegebenen Umstandes – in diesem Falle das »was?«: Brief lesen – sowohl diesen Umstand anreichern als auch die übrigen Umstände sich selbst vorgeben. Er muß die Situation entwerfen. *Zweitens* muß er in der von der eigenen Phantasie entworfenen Situation handeln, das heißt den Vorgang erfinden. In den seltensten Fällen gelingt auf Anhieb das Lösen beider Aufgaben. Die zweite wird überhaupt unlösbar, wenn bereits die erste ungenau angegangen wird.

## Entwerfen der Situation

Das Entwerfen der Situation ist Aufgabe der Phantasie, unterstützt von der Vorstellungskraft. Der Pädagoge gibt ein Element einer Situation vor, einen Umstand, zum Beispiel »einen Brief lesen«. Sobald dieser Umstand gegeben ist, arbeitet die Phantasie des Studenten und bezieht auch real Vorhandenes in diesen Prozeß ein, also den realen Tisch, den realen Stuhl, das reale Stück Papier. Reales verschmilzt mit Imaginärem.

Ein Requisit sollte als materieller Hebel benutzt werden, ein real vorhandener, zum vorgegebenen Thema gehörender Gegenstand, meist in den Umstand »was?« integriert. Zum Beispiel das Blatt Papier, integriert in den Umstand »was ?« – Brief lesen. Vom konkreten Requisit ausgehend, reichert die Phantasie den Umstand »was?« an, bezieht Daten ein, die nicht real vorhanden sind, die vorgeschlagen werden oder die der Student sich selbst vorschlägt. Er schafft mit seiner Phantasie aus real Vorhandenem und imaginär Vorgestelltem die konkrete Situation, die er in ihrem bildhaften Reichtum als objektiv existent wahrnimmt. Es ist dies die sogenannte *Ausgangssituation*.

Die Ausgangssituation ist materiell nur in ihren wirklichen Gegenständen (Tisch usw.) vorhanden. Jedenfalls nimmt der Zuschauer nur diese Gegenstände wahr. Aber der Spieler muß mit seiner Phantasie und seiner Vorstellungskraft die gesamte Situation schaffen. Er muß sie »wahrnehmen« und von ihr ausgehen, als sei sie tatsächlich sein soziales Sein. Der Spieler handelt fiktiv in dieser fiktiven, aus Realem und Imaginärem bestehenden Situation, und das ist sein reales Spiel.

Die komplexe Verschmolzenheit von Materiellem und Ideellem in ihrer absolut einmaligen subjektiven Gegebenheit im jeweils schöpferisch improvisierenden Spieler ist wissenschaftlicher Sondierung nur in ihrer materiellen Entäußerung zugänglich. Es gibt kein objektives Kriterium dafür, wann der Improvisierende die Situation als Gebilde von Realem und Imaginärem so weit entworfen hat, daß sie als Ausgangssituation für den Beginn seiner Improvisation geeignet ist. Jeder Student muß die spezifische Dialektik dieser Prozesse an sich selbst ausprobieren, denn bei jedem Menschen verlaufen sie unterschiedlich klar und präzise. Der eine braucht weniger Daten, der andere mehr. Meist ist das kurze Einrichten des Spielraums mit Mobiliar und Requisiten der Zeitraum, in dem Phantasie und Vorstellungskraft am Entwerfen der Situation arbeiten. Wenn der Student glaubt, alle wesentlichen Umstände genügend berücksichtigt zu haben, beginnt er seine Improvisation. Studenten, die immer und immer wieder nachdenken, dies und jenes und dann noch dies ändern, sich nicht entschließen können, sollten zur Konzentration ihrer Phantasie angehalten werden, indem man ihnen – ohne ungeduldig zu sein – allzu langes Meditieren nicht erlaubt und sie zum Spiel bittet. Über das Spiel lösen sich Verkrampfungen.

*Sobald der Student zu spielen anhebt, baut er die Situation praktisch auf.* Das Aufbauen der Situation ist also grundsätzlich nicht identisch mit dem Entwerfen. Es ist der simultane Akt von Phantasie, Denken und sinnlich-praktischem Handeln.

## Die Situation als Einheit von Realem und Imaginärem

Nach Stanislawski sind die vorgeschlagenen Situationen ein Phantasiegebilde, in die die realen Dinge, also der Tisch, der Stuhl, einbezogen werden sollen, von der Phantasie verwandelt. »Man darf die Welt der

Dinge nicht beiseite schieben, im Gegenteil, sie muß mit einbezogen werden ins Leben, das von der Phantasie geschaffen wird.«[11] Und in den Fällen, wo reale Dinge verwandelt werden, Stühle zu einem Baum usw., »glauben wir nicht, daß die Stühle wirklich ein Baum oder ein Felsen sind, aber wir glauben an die Wahrhaftigkeit unseres Verhaltens zu den unterstellten Dingen, so, als wären sie Baum oder Felsen.«[12]

Nun geht es nicht ums »Leben, das von der Phantasie geschaffen wird«, sondern um das Spiel, das sich in der von der Phantasie und der Vorstellungskraft geschaffenen Situation entfalten soll. Hier werden also unterschiedliche Standpunkte deutlich, doch ist hier nicht der Ort, ihnen im einzelnen nachzugehen. Nach Stanislawski verlangt das Bühnenschaffen vom Schauspieler als Künstler und Mensch, »daß sein ganzes Wesen, sein lebendiger Organismus – nicht nur der psychische, sondern auch der physische – zu kochen beginnt ...«[13] Auch hierin können wir Stanislawski nicht folgen. Echtheit der Leidenschaften, Wahrscheinlichkeit der Empfindungen sollen sich durchaus einstellen, aber sie sind nicht als .vorherrschendes Moment anzustreben. *Anzustreben ist die Echtheit des sinnlich-praktischen Handelns als Bühnenvorgang, als Spiel – angemessenes, folgerichtiges und logisches Handeln in konkreter Situation.* Dabei wird hier Stanislawskis Auffassung geteilt, »daß das eigene Gefühl keineswegs vergewaltigt, sondern ganz und gar sich selbst überlassen werden soll ...«[14]

Eine Situation ist ein Gebilde aus Realem und Imaginärem. In welcher Gegebenheit die Situation letztlich bestehen mag, wie hoch der Anteil des real Vorhandenen und des imaginär Vorgestellten bzw. Phantasierten sein mag – sobald der Improvisierende spielt, genügt es nicht mehr, die Situation mit Hilfe der Phantasie zu schaffen, jetzt baut er sie auf. Das bedeutet, jetzt muß er *in der selbst geschaffenen Situation denken und handeln, also sein Denken in der Situation wird zum ständigen Impulsgeber für das sinnlich-praktische Handeln in der Situation.* Zwar muß er fortwährend auch über die Situation phantasieren, vor allem dann, wenn sie wechselt, aber das Phantasieren über die Situation darf sein Denken in der Situation nicht stören. Das Phantasieren über die Situation ist zwar Voraussetzung für das Denken in der Situation, aber keineswegs ein geistiger Strom, der in das Denken in der Situation eingebracht werden kann. Geschieht es, steigt der Spieler aus der Situation aus, zerbricht er den Vorgang. Der objektive Widerspruch wird nur dann produktiv, wenn diese beiden sich ausschließenden, aber bedingenden geistigen Prozesse vom Spieler über das simultane sinnlich-praktische Handeln mobilisiert werden.

Zwei geistige Prozesse laufen ab: Das ständige, von der Phantasie des Spielers zu bewältigende ideelle Schaffen der Situation und das Denken in der Situation. Beide Prozesse sind simultan gekoppelt mit dem sinnlich-praktischen Handeln in der Situation.

## Der Untertext

Das technische Mittel für die Phantasie beim Schaffen der Situation – also über das Entwerfen hinaus ein stetes Weiterentwickeln – sind die W-Fragestellungen und das dadurch entstehende absichtliche Assoziationsbild der Situation, entwickelt zu einer *Assoziationskette der Situationen*. Das technische Mittel für das Denken als Impulsgeber des sinnlich-praktischen Handelns in der Situation bzw. in den Situationen ist der *Untertext*. Die Assoziationskette der Bilder der Situationen, der Untertext und das sinnlich-praktische Handeln ergeben die Linie, die Abfolge der Vorgänge in den Situationen.
Noch aber steht nicht die Abfolge der Vorgänge in veränderten Situationen in Rede, sondern der Vorgang in einer Situation. Der Spieler muß sich gedanklich mit der selbstgeschaffenen Situation auseinandersetzen, er muß das Für und Wider seines Handelns in der Situation fortwährend ventilieren. Er sollte nichts machen, was nicht durch einen Gedanken begründet bzw. verursacht ist, sonst gerät er in äußerliche Spielastik. Um Spielastik zu vermeiden, muß er in der Situation denken, stimuliert durch die Frage: Was will ich? Aber diese Frage ist nur ein Mittel, sie darf nicht als Gedanke formuliert werden. Geschieht dies, entstehen Löcher im Handeln, der Spieler gerät ins Meditieren und Sinnieren. Er zerstört den Vorgang. Die mögliche Abfolge eines Untertextes ist nicht: »Was will ich? Fleisch kaufen! Was will ich? In das Wurstgeschäft gehen! Was will ich? In die Geldbörse sehen!« Sondern: »Hab ich einen Hunger! Kauf ich mir Wurst? Ein Stück Brot tut es auch! Hab ich überhaupt genug Geld? Lieber mal nachsehen!«
Der Untertext wird aus dem Empfinden der Situation entwickelt, knapp, bildhaft, als Auseinandersetzung mit der Situation, als eine Kette von Fragen und Antworten, die zu Entscheidungen führt. »Lieber mal nachsehen!« wird zum entscheidenden Gedankenimpuls für sinnlich-praktisches Handeln: Nachsehen in der Geldbörse. Und das spärlich in der Geldbörse vorgefundene Geld, das von der Phantasie als Element der Situation geliefert wird, führt zum nächsten Gedanken in der Kette des Untertextes, etwa: »Für Wurst reicht es nicht!«

Der Untertext ist grundsätzlich keine theoretisch-abstrakte Auseinandersetzung über die Situation, auch kein intellektueller Kommentar der Situation, sondern *das aus dem Empfinden der Situation kommende gedankliche Werten der Einstellung und der Haltung in der Situation.* Vom Empfinden der Situation losgelöste Gedanken, zum Beispiel fixierte Überlegungen vor Beginn der Improvisation, also außerhalb der Situation festgelegte, nicht aus der Wahrnehmung der Situation kommende, steuern zwar auch das sinnlich-praktische Handeln, führen jedoch in der Regel zu unangemessenem Verhalten in der Situation.

## Einstellung und Haltung

Der Spieler, noch immer als »ich« spielend, wertet seine Einstellung und seine Haltung in der Situation. Ihm muß es sowohl auf eine logische und angemessene Einstellung zur Situation als auch auf eine logische und angemessene Haltung in der Situation ankommen. Die *Einstellung* ist das geistige Verhältnis, die *Haltung* das materielle Verhältnis zur Situation. Logische, angemessene Einstellung und Haltung zur Situation führen zu folgerichtigem *Verhalten* in wechselnden Situationen. Die Einstellung wird schaubar durch die Haltung in der Situation bzw. durch das Verhalten in wechselnder Situation.

Jede Situation stellt ein Problem dar für den Menschen, der sich in ihr befindet, und es gilt, für das »ich« das dem Problem angemessene Verhalten zu finden. Hierzu ein Beispiel: Ein Student bekommt von einem Freund einen Brief, in dem dieser ihm unter anderem schreibt, er habe dessen Motorrad unberechtigterweise benutzt, jetzt habe es Totalschaden. Der Student las diesen Brief. Es war zu sehen, daß da zunächst unverbindlich angenehme Dinge zu lesen waren. Plötzlich erstarrte der Lesende, griff hastig zu Feder und Papier und schrieb einen Brief. Der Student hatte deutlich gemacht, daß er etwas Ungewöhnliches, ihn sehr Betreffendes erfahren haben mußte. Er hatte deutlich die Haltung gewechselt, von einem, der zufrieden und ruhig einen Brief las, zu einem, der hastig und ärgerlich einen Brief schrieb. Aber war dieses Verhalten dem Problem angemessen? Der Pädagoge äußerte Zweifel, und der Student wiederholte die Improvisation. Jetzt gelang dem Studenten das Aufnehmen des Problems gut: Fassungslos lehnte er sich zurück, klopfte empört kurz mit der Faust auf den Tisch, dem Groll erst einmal Luft machend, dann stand er auf, ging einige Schritte ziellos im Raum, setzte sich, griff zum Stift, zögerte noch einmal, überlegte, dann schrieb er.

Der Vorgang war der Situation angemessener, auch der Haltungswechsel als ein Punkt, an dem eine Entscheidung gefallen war.
Einstellung und Haltung sind in ihrer Dualität die »Bausteine« des schauspielerischen Handelns; sie fügen sich in organischer, also nicht äußerlich montierter Abfolge zum Vorgang, der kleinsten Phase des materiellen Ablaufes des sinnlich-praktischen Handelns.

## Der Drehpunkt

Der Drehpunkt ist die Nahtstelle zwischen zwei Vorgängen, die Stelle, an der ein Situationswechsel stattfindet, an der andere, neue Umstände eintreten. Der Drehpunkt markiert meist eine Entscheidung des Spielers.
Ein Beispiel: Eine Spielerin kommt mit einem Brief ins Zimmer, legt ihn ab, zieht den Mantel aus, rückt sich den Stuhl zurecht, legt Bonbons auf den Tisch, macht es sich bequem. Dann erst öffnet sie den Brief und beginnt zu lesen. Sie liest langsam und zufrieden, nimmt bedacht und fast genüßlich ein Bonbon, wendet sich selbstzufrieden wieder dem Brief zu, freut sich über den Inhalt, kuschelt sich in den Stuhl. Plötzlich merkt sie auf, liest mit gespannter Aufmerksamkeit, vergißt die Bonbons. Sie war bei dem Brief ihrer Schwester an der Stelle angelangt, wo diese über die erkrankte Mutter schrieb, wovon die Lesende noch nichts wußte. Die Spielerin hatte diesen Drehpunkt deutlich gespielt. Der Drehpunkt wurde hier ausgelöst durch eine Information und führte zu einem Haltungswechsel.
Die emotionale Seite dieser Vorgänge, den Wechsel von der ruhigen Freude über den Brief der Schwester zur Sorge über die erkrankte Mutter, hatte die Spielerin allerdings wenig glaubhaft machen können. Doch diese Prozesse sind auf Anhieb in einer Improvisation, insbesondere in dieser Ausbildungsphase, nur schwer herzustellen. Es erfordert viel Übung, alle dafür notwendigen Daten spontan einzubeziehen. Auch kann kein Student auf Anhieb leisten, wozu selbst am Theater mehrere Proben nötig sein werden. Jetzt, in dieser Ausbildungsphase, sollte er das Herausarbeiten des Drehpunktes lernen. Das »Drehpunkt-Spielen« ist eine wichtige Etappe in der Arbeit an den elementaren Improvisationen. Diese Aufgabe läßt sich für den Studenten verdeutlichen durch das Verschärfen der Situation.

## Verschärfen der Situation

Verschärfen der Situation heißt im Grunde nichts anderes, als das der Situation immanente Problem zuzuspitzen. Angenommen, die Bonbon essende und Brief lesende Studentin, von der bereits die Rede war, hat nicht recht überzeugen können. Sie behauptet nach dem Spiel zwar, in dem Brief ihrer Schwester habe gestanden, daß die Mutter erkrankt sei, aber die Zuschauer haben kaum eine Reaktion bei der Spielerin gesehen, die darauf hindeuten könnte, daß die Lesende soeben eine unangenehme Nachricht bekommen hat. In solchen Fällen kann die Situation verschärft werden, um der Spielerin zu helfen, den Drehpunkt deutlicher herauszubekommen. Wenn die Phantasie der Studentin nicht schnell genug arbeitet, ihr nichts einfällt, gibt der Pädagoge ihrer Phantasie Nahrung. Er empfiehlt zum Beispiel anzunehmen, im Brief stehe ›Mutter schwer verunglückt, komme schnell nach Hause.‹ Unter solchen Umständen muß der Drehpunkt deutlicher werden; denn der Haltungswechsel muß größer sein.
Verschärfen der Situation heißt nicht, daß es nur auf einen deutlicheren Drehpunkt ankommt, vielmehr auch auf den darauffolgenden Vorgang in veränderter Situation, also auf verändertes sinnlich-praktisches Handeln nach einer Entscheidung. In diesem Falle: Dem Lesen der Nachricht folgt möglicherweise ein hastiges Kofferpacken. Verschärfen der Situation bedeutet, den Drehpunkt nachhaltiger herauszuarbeiten durch deutlichen Haltungswechsel.

## Bereichern der Situation

Eine Situation wird dadurch bereichert, daß die Umstände genauer erfragt werden. Selbstverständlich führt dies in gewissem Sinne auch zum Verschärfen der Situation. Aber beim Bereichern bzw. Anreichern der Situation wird nicht so sehr der Drehpunkt bedient, als vielmehr der der Situation gemäße Vorgang, seine gestische und mimische Genauigkeit.
Das Bereichern der Situation wird vor allem dann geübt, wenn die Studenten zunächst nur eine schwache und verschwommene Vorstellung von einer Situation zu produzieren vermögen und demzufolge ihr Handeln in der Situation ebenso verschwommen ausfällt. Hier hilft der Pädagoge, die Situation anzureichern, die Phantasie des Studenten anzukurbeln, indem er Bilder vorgibt. Stanislawski meint, »in der ersten Zeit soll der Lehrer die Rolle des Bewußtseins bei dem Schüler überneh-

men, ihn auf die versehentlich ausgelassenen kleinen Teil- und Hilfsabschnitte der Handlung aufmerksam machen!«[15] Er soll auch die Phantasie des Studenten mobilisieren. Er entwirft eine Situation, der Student übernimmt den Entwurf, macht ihn zu seinem eigenen Bild.

Bereichern der Situation wird auch später in der Theaterpraxis ständig gefordert werden, wohingegen das Verschärfen der Situation nur im Improvisations-Seminar von Bedeutung ist. Die Schärfe einer Situation – das Problem, der Konflikt – ist später vom Autor vorgegeben und kann vom Schauspieler nicht willkürlich verschärft werden. Wenn in einem Stück ein Brief zu lesen ist, in dem etwas von einer erkrankten Mutter steht, kann der Schauspieler die Mutter nicht sterben lassen. Aber er muß in der Lage sein, die Situation so anzureichern, daß der Zuschauer ihm die erkrankte Mutter glaubt; der Schauspieler handelt der Situation angemessen. Daher ist das Training des Bereicherns der Situation eine wichtige Etappe in der Ausbildung. Als Grundsatz gilt: Je allgemeiner und ungenauer nach den Umständen gefragt wird, desto verschwommener bleibt die Situation und desto allgemeiner gerät das Handeln.

Die Situation ist nicht nur eine Arbeitsgröße für den Schauspieler, sondern zugleich ein wesentlicher *Schauwert* für den Zuschauer. Es ist daher durchaus angebracht, einmal auf völlig leerer Bühne improvisieren, also den Studenten die Situation nur mit der Phantasie schaffen zu lassen, ohne das Einbeziehen von real Vorhandenem. Der aus dieser völlig imaginären Situation entstehende Vorgang muß zugleich Auskunft geben über die konkrete Situation, in der sich der Spieler befindet. Die Situation muß schaubar, also materialisiert werden durch das sinnlich-praktische Handeln in der Situation.

Die Studenten müssen dazu erzogen werden, gründlich und genau nach den Umständen zu fragen. Beim »wo?« zum Beispiel sollte nicht allgemein »in meinem Zimmer« geantwortet werden, sondern »in meinem so und so eingerichteten Zimmer«. Allerdings kann die Vorstellungskraft ein Zimmer nicht in jedem Detail einrichten. Es kommt stets auf die Details an, die Beziehung zum Vorgang haben, der in der Situation entstehen soll.

## Verknüpfen der Situationen

Das Verknüpfen der Situationen ist objektiv gesetzmäßig zugleich ein Verknüpfen von Vorgängen, eine Abfolge von Drehpunkten und Haltungswechseln, eine Kette von Assoziationen und ein Ablauf von Unter-

text. Das komplexe Bewältigen dieser komplizierten Prozesse muß angelegentlich geübt werden. Bei jedem Studenten ergeben sich andere Schwierigkeiten, und der Pädagoge muß darauf einzugehen verstehen. Allgemein gilt, daß es kein Selbstzweck ist, das Bewältigen dieser Prozesse zu üben, sondern unmittelbar auf die nächsten Aufgaben und mittelbar auf die spätere Theaterpraxis zielt.
Das Verknüpfen der Situationen bzw. der Vorgänge als schauspielerische Technik wird nicht an sich gelernt, sondern an Inhalte gebunden, die allein das folgerichtige, angemessene und logische Verknüpfen der Situationen ermöglichen. Zunächst wird nur ein Umstand gegeben, zum Beispiel »Brief lesen«, also das »was?« Es kann auch das »wo?« gegeben werden, etwa »Mitropa-Warteraum«. Grundsätzlich muß Klarheit über das »warum – was – wozu?« herrschen. Bleibt dies unerschlossen, ist die Improvisation im Grunde unspielbar. Ist also vom Pädagogen nur das »wo?« vorgegeben, etwa »Mitropa-Warteraum«, muß der Spieler, bevor er die Bühne betritt, die Situation vor allem mit der Antwort auf das »warum – was – wozu ?« anreichern. In der Regel wird der Pädagoge das »warum – was – wozu?« vorgeben und darauf bedacht sein, daß er dem Studenten eine Improvisation ermöglicht, die einen Drehpunkt einschließt, also das Verknüpfen zweier Situationen, der Ausgangssituation und der daraus hervorgehenden Situation.

## Die dramatische Situation

Das Verknüpfen der Situationen kann an belanglose Inhalte gebunden werden, die die Phantasie wenig mobilisieren und auch das sinnlich-praktische Handeln wenig stimulieren. Anzustreben ist die Vorgabe solcher Inhalte, die stark mobilisierend wirken, weil sie »Futter« für die Phantasie sind. Stanislawski liebte das Vorschlagen zugespitzter Situationen. Oft gab er eine Fülle von angereicherten Umständen an und orientierte die Phantasie seiner Schüler darauf, das Vorgeschlagene mit ihrer Phantasie und Vorstellungskraft zu erzeugen.
Da läßt ein Schwachsinniger zehntausend Rubel im Kamin verbrennen, und der Besitzer kommt dazu, als gerade der letzte Rubel verbrennt. Nicht genug damit. Nun tritt auch noch die Frau des Besitzers ein, die angesichts des Debakels ihr Baby in der Wanne vergißt, das dort ertrinkt.[16] Oder Stanislawski schlägt vor, sich vorzustellen, in einer Wohnung zu wohnen, in der vorher ein Tobsüchtiger gewohnt hat, der in eine Heilanstalt gebracht wurde, aber plötzlich vor der Tür steht.[17] Mit

solchen erregenden Inhalten werden Phantasie, Denken und sinnlich-praktisches Handeln wesentlich angeregt.
Das legitime Vorschlagen einer besonderen, nicht alltäglichen dramatischen Situation sollte allerdings nicht mit dem Vorschlagen einer absonderlichen Situation verwechselt werden. Dies führt im allgemeinen und speziell im gegebenen Ausbildungsstadium zu äußerlichem Theaterspiel ohne pädagogischen Effekt.
Mit dramaturgischen Problemen, für die der Autor zuständig ist, sollten die Studenten nicht belastet werden. Auch sollte sich der Pädagoge nicht unnötig in Diskussionen um Epik oder Dramatik verwickeln lassen. Wichtig ist, Vorgaben zu vermeiden, die lediglich ein episodisch-alltägliches Verknüpfen der Situationen ermöglichen, also keine gravierenden Haltungswechsel erfordern und damit auch die Spielfreude wenig anregen. Der Pädagoge sollte dramatische Situationen vorgeben, die die Phantasie ankurbeln und eine bestimmte Entscheidung abverlangen, also einen deutlich zu spielenden Drehpunkt, eine Situation mithin, durch die ein Konflikt, eine Entscheidung angesichts eines echten Problems provoziert wird.

## Naivität in der Situation

Das Spielen von Drehpunkten führt den Studenten zu einem seinem Schaffen eigenen objektiven Widerspruch: des Wissens und Nichtwissens dessen, was geschehen wird. Daß der Improvisierende nicht außerhalb der Situation Handlungsgedanken vorwegnehmen soll, weil sonst keine Improvisation zustandekommt, wurde bereits konstatiert. Hier ist das Problem gemeint, daß ein Drehpunkt anzusteuern ist, von dem der Spielende weiß, obwohl er so spielen soll, als wüßte er es nicht.
Der Pädagoge gibt einer Studentin zum Beispiel folgende Aufgabe: »Sie wollen sich mit einem Kommilitonen in dessen Zimmer auf eine gemeinsame Arbeit vorbereiten. Sie mögen ihn, er Sie offenbar auch; denn er hat Ihnen den Schlüssel für sein Zimmer gegeben, so daß Sie vor ihm sein Zimmer betreten. Aber im Zimmer bemerken Sie, wann, ist Ihre Sache, eine Damenhandtasche. Wozu Sie sich daraufhin entscheiden, ist ebenfalls Ihre Sache.«
Selbstverständlich ist bei dieser Aufgabe alles bisher Erlernte einschlägig: Entwerfen der Ausgangssituation, Aufbauen der Situation, Assoziationskette, Untertext, Einstellung, Haltung, Verhalten und Erfinden des

Vorganges. Obwohl die Vorgabe des Pädagogen das »was« des Vorganges nicht klar benannte, kann hier nur »warten« gespielt werden.
Jetzt wird wichtig – aufgetaucht ist diese Problematik schon früher, aber bewußt gemacht wird sie nunmehr –, daß beim Improvisieren des aus der vorgeschlagenen Situation hervorgehenden Vorganges ein bestimmter Punkt anzusteuern ist: das Auffinden der Damenhandtasche. Dieses Auffinden der Damenhandtasche ist in bezug auf den improvisierten Ablauf des sinnlich-praktischen Handelns, in bezug auf den Vorgang also, ein Drehpunkt; denn dort erfolgt ein Haltungswechsel, je nach dem Grade der Bewertung des Gegenstandes durch die Spielerin. Dort beginnt ein neuer Vorgang.
Im konkreten Fall betrat die Spielerin den Raum und nahm ihn zunächst allgemein mit Wohlwollen auf, ein selbstgefälliges, Neugier und Erwartung mitteilendes leichtes Wippen im Körper. Dann ging sie zum Tisch. Dort lag ein Buch, und sie interessierte sich: Was liest der Mensch? Auf dem Tisch stand auch eine Schnapsflasche, und sie roch daran. Dann prüfte sie, ob Staub lag. Das machte sie auf nette Art, freundlich-kritisch. Dann ging sie zum Bett, strich das Kopfkissen glatt. Nun setzte sie sich, versuchte, in dem Buch zu lesen. Es fehlte ihr aber das rechte Interesse. Daraufhin ging sie, sich die Zeit vertreibend, zum Fenster.
Bis dahin war von ihr klar mitgeteilt worden, daß sie wartet, und zwar auf einen ihr vertrauten und sympathischen Menschen. Nun, am Fenster, drehte sie sich um, und entdeckte in diesem Moment, da sie vom Fenster zurück in den Raum schaute, die Handtasche am Kleiderhaken neben der Tür. Sie trat hinzu, schaute die Tasche kurz an, packte ihr Netz und ging. Der Kommentar der Spielerin nach ihrer Improvisation: Ich hatte mir vorgestellt, daß ich die Tasche kannte. Und da ich sie nun hier wiedersehe, wird mir klar, daß der Kommilitone eine andere Freundin hat. Ich entscheide mich wegzugehen.
Mithin hatte die Studentin während ihrer Improvisation nicht nur gewußt, daß sie die Tasche finden würde, sie hatte auch gewußt, daß es eine Tasche sein wird, die sie kennt. Und trotzdem mußte sie spielen, als entdecke sie die Tasche im Verlaufe ihres Aufenthalts im Zimmer. Eben dies heißt *Bewahren der Naivität* in der Situation; eine Fertigkeit, die ausgiebig geübt werden muß.
Eine Spielerin zum Beispiel, die die Tasche im Moment ihres Auftretens entdecken würde, hätte nichts mitgeteilt über ihr Verhältnis zum Raum und zu dem Menschen, der in diesem Raum wohnt. Erst das Bewerten des Raumes im Hinblick auf dessen Bewohner führt zum beredten Vorgang. Das »Warten« der Spielerin auf diesen Menschen macht es erst

möglich, den Drehpunkt zu spielen, sobald sie die Tasche bemerkt. Während der konkreten, im improvisierten Spiel sich vollziehenden Auseinandersetzung mit der Situation (Untertext etwa: Ah, ganz nett hier! Ob er mich lange warten läßt? Ein Buch! Was liest er denn? Krimi! Schnaps? Billiges Zeug! Nicht bei Kasse, wie? Staub könnt' er auch mal wischen! Wüst, das Bett? Mal ein bißchen nachhelfen! Wo bleibt er denn? Les' ich inzwischen! Ob ich ihn kommen sehe? – Die Tasche kenn' ich doch!) muß die Phantasie sich einfallen lassen, den ganz bestimmten Punkt anzusteuern, der bereits vorher bekannt ist: den Fixpunkt.

## Der Fixpunkt

Bisher haben Phantasie und Vorstellungskraft die vorgegebene Situation entworfen, und für den Ablauf der Improvisation muß der Entwurf in der Vorstellung wach, das heißt präsent bleiben, um den Vorgang (das »was?«) in der Situation erfinden zu können. Indem die Studentin in der vorgestellten Situation handelte, erfand sie spontan das »Warten«. Welche Elemente des Handelns ihr dabei einfielen, war nicht festgelegt, sondern Ausdruck und Ergebnis ihrer schöpferischen sinnlich-praktischen künstlerischen Tätigkeit.
Nun wird der Vorgang durch den Fixpunkt an einem bestimmten Punkt in der Situation verankert. Der Fixpunkt ist eine verbindliche *Markierung* für das ablaufende materielle, schaubare »Zwischen« zwischen Spieler und sozialer Umgebung. Der gestische Bezug zum Fixpunkt »Bemerken der Handtasche« macht das Spiel gestisch und beredt. *Der Fixpunkt* ist geistig fixiert, bevor der Improvisierende zu handeln beginnt, und *wird aus dem Gedächtnis gespielt*.
Um am Beispiel zu bleiben: Wie die Spielerin im einzelnen handelt, welche spontanen Einfälle den Ablauf ihres Handelns auszeichnen, ist nicht vorher im Gedächtnis fixiert. Die auf den Kommilitonen wartende Studentin hatte also viele Möglichkeiten des Handelns. Sie hätte sich ihren Studien widmen, hätte die Flasche wegräumen, hätte Staub wischen können. Sie mußte nicht das Bett glattstreichen, sie mußte auch nicht zum Fenster gehen. Nur in diesem einen Punkt, dem Fixpunkt, war der Vorgang »Warten« nicht frei. In diesem einen Punkt prädeterminierte die vorgegebene Situation das Spiel. Der Spielerin blieb überlassen, wann sie die Tasche bemerkt, aber es blieb ihr nicht überlassen, daß sie sie bemerkt. Diesen Fixpunkt mußte sie aus dem Gedächtnis

spielen. Wobei das »wie?« des Bemerkens wiederum ihrem spontanen Einfall überlassen blieb.

Der Fixpunkt ist meist identisch mit einem Drehpunkt, das heißt, es muß eine Entscheidung gefällt werden, und es beginnt ein neuer Vorgang. Damit gibt der Fixpunkt zugleich einen Widerspruch des Handelns vor. Das Handlungsziel war: Erwarten des Freundes, um mit ihm zu arbeiten. Durch den Fixpunkt »Bemerken der Handtasche« gerät das Handeln in Widerspruch zu diesem Handlungsziel. Es wird aufgegeben und ein neues Handlungsziel verfolgt: Verlassen des Zimmers. Spielbar wäre natürlich auch, daß die Studentin trotz des Auffindens der Tasche auf ihren Kommilitonen wartet. Aber dann kann sie nicht in der gleichen Einstellung und Haltung wie vorher warten.

Der Fixpunkt bringt das *Element des Fixierens des Handelns* in die Improvisation ein. Von ihm aus kristallisiert gleichsam das Improvisierte zu Fixiertem. Zunächst ist es nur ein bestimmter Punkt im Ablauf. Doch von ihm aus, sowohl den Vorgang vor als auch den Vorgang nach dem Fixpunkt betreffend, gewinnt die Improvisation mit jeder Wiederholung an Festgelegtheit.

Dabei erhält das Gedächtnis zusätzlich eine spezifische Funktion als Aufbewahrungsort für während des Improvisierens kinästhetisch Empfundenes. Alles während der Improvisation an mimischen und gestischen Bewegungen Empfundene geht ein ins kinästhetische Gedächtnis und gehört fortan zur Schaffensgrundlage des Spielers hinsichtlich des bestimmten Vorganges. Und wenn die Aufnahmefähigkeit des kinästhetischen Gedächtnisses nicht ausgebildet oder blockiert ist, so ist dies ein Mangel. Aber das kinästhetische Gedächtnis hat nur eine Kontrollfunktion. Es kann die schöpferischen Prozesse nicht ersetzen. Sollte ein Spieler erzielte Ergebnisse lediglich damit wiederherzustellen versuchen, daß er sich fragt: ›Wie habe ich das eben gemacht?‹ und dann aus der Erinnerung spielen, kommt der eigentliche Produktionsprozeß nicht in Gang. Der Improvisierende muß prinzipiell wieder schöpferisch herangehen. Er muß auch in der Wiederholung immer wieder produktiv-naiv improvisieren.

Um auf das Beispiel zurückzukommen: Bei der Wiederholung muß die Studentin erneut die Situation entwerfen und den Vorgang »Warten« spontan erfinden. Allerdings wird, so das Wiederholen produktiv sein soll, möglicherweise ein weiterer Fixpunkt vorgegeben. Wenn für die Beredsamkeit des gefundenen Vorganges zum Beispiel der Umgang mit der Schnapsflasche, das »Riechen an der Schnapsflasche«, beibehaltenswert erscheint, dann kann dieser Umgang mit der Flasche zum Fixpunkt

gemacht werden. Er wird geistig fixiert und nun aus dem Gedächtnis gespielt, nach Möglichkeit mit dem gefundenen Untertext. Es zeigt sich, daß dieser Fixpunkt kein Drehpunkt ist, sondern lediglich ein besonders markierter Punkt im Verlauf des Vorganges. Er sollte *Spielpunkt* genannt werden. Der Spielpunkt war nicht vorgegeben, sondern hatte sich in der Improvisation, im Verlaufe des Erfindens des Vorganges ergeben. Er ist ein beibehaltenswertes *Ergebnis des künstlerischen Produktionsaktes, ein Moment des mimetischen Entdeckens von Wirklichkeit*. Er ist zwar ins kinästhetische Gedächtnis aufgenommen, kommt also möglicherweise bei einer Wiederholung erneut vor; will man dieses Vorkommen aber nicht mehr dem Zufall überlassen, wird der Punkt zum Spielpunkt erhoben, das heißt, er wird in der Wiederholung nun bewußt aus dem Gedächtnis gespielt.
Der übrige Ablauf der Improvisation ist weiterhin spontan. Fixiert ist der Ablauf nun lediglich hinsichtlich des Spielpunktes (Umgang mit der Schnapsflasche) und des Fixpunktes (Bemerken der Handtasche).

## Präzisieren der thematischen Vorgabe

Wie sich erweist, werden im Improvisations-Seminar unterschiedliche Vorgaben gegeben, um Improvisationen in Gang zu setzen. Die Möglichkeiten sind so reich und unbegrenzt, wie es menschliche Phantasie ist. Aber sinnvollerweise sollten bei Vorgabe dramatischer Situationen nur Themen aufgegriffen werden, die im Beobachtungsfeld der Studenten liegen. Historische Themen beispielsweise sind für das Seminar nicht geeignet. Improvisationen über unbekannte oder ungenügend bekannte Wirklichkeitsbereiche geraten zwangsläufig allgemein und mimetisch unzulänglich, zumindest in dieser Ausbildungsphase.
Präzisierung ist notwendig auch hinsichtlich der *Struktur der thematischen Vorgabe*. Die elementaren Improvisationen sind kein Selbstzweck, sie sind Grundlage für weiterführende Improvisationen. Bald soll der Partner ins Spiel kommen, und damit das eigentliche Element der Spontaneität. Alle elementaren Improvisationen müssen den Spieler offen machen für den zu erwartenden Partner.
Wenn ein Vorgang alle Prozesse impliziert, die im gegebenen Fall zwischen den Figuren als auch in und an ihnen vorgehen, und das Schauspiel beredt wird durch Vorgänge zwischen Menschen, dann sind die Partner-Improvisationen grundlegende Übungen; denn mit ihnen *lernen*

*zwei Spieler, einen beredten Vorgang zwischen Menschen zu improvisieren.*
Aus der Fülle der Möglichkeiten thematischer Vorgabe kristallisiert sich daher eine als wesentlich heraus: Der Pädagoge gibt eine Ausgangssituation und einen Fixpunkt vor. Dem Studenten bleibt überlassen, das Handlungsziel zu bestimmen. Er entscheidet selbst, welchen Verlauf das Handeln nach dem Fixpunkt nimmt.
Damit wird zum Problem, ob der Student nun auch die Entscheidung bereits im Gedächtnis fixiert und aus dern Gedächtnis spielt, das heißt, die Dialektik von Improvisieren und Fixieren wird zum grundlegenden Arbeitsproblem des Studenten. *Es gilt, sich eine Arbeitsmethode anzueignen, die bei wachsender Zahl von Fixpunkten grundsätzlich vermeidet, auch die Handlungsgedanken zu fixieren, welche nach wie vor aus dem Empfinden der Situation entstehen sollen.* Zwar sind schließlich auch die Entscheidungen im Gedächtnis fixiert; aber nicht die Handlungsgedanken, welche die Willenshandlung auslösen, die zur Entscheidung führt. Deren Entstehen, das heißt das Entstehen des Untertextes, muß der Kreativität der Improvisation überlassen bleiben. Der Schauspielstudent darf arbeitsmethodisch keinen Weg einschlagen, an dessen Ende steht, wogegen Felsenstein leidenschaftlich polemisiert und was auch für das Schauspiel zutrifft: »... diese studierte, rezitierte, aus der Garderobe mitgebrachte fertige Äußerung, die ich dem Partner ins Gesicht schmeiße, ist eine Schweinerei!«[18]
Aus diesem Grunde ist deutlich zwischen Improvisation und Etüde zu unterscheiden.

## Improvisation oder Etüde

Sowohl bei der Improvisation als auch bei der Etüde handelt es sich um Übungen für die Ausbildung von Schauspielern. Auf ihren Unterschied macht die sowjetische Schauspielpädagogik aufmerksam. »Die Etüden«, schreibt I. E. Koch, »haben vollkommen abgeschlossene Szenarien.«[19] Und: »In den Improvisationen erkennt der Pädagoge das Vermögen des Schülers, über ein aufgegebenes Thema zu phantasieren und dies in eine entsprechende szenische Handlung zu übertragen.«[20]
Eine analoge Auffassung vertritt G. W. Kristi, der allerdings nur die Improvisation als eine Übung bezeichnet, und zwar als eine im wesentlichen unkünstlerische »Trainings-Übung zur Aneignung der Elemente der schauspielerischen Technik«.[21] Die Schauspiel-Etüde ist für ihn

keine Übung, da sie künstlerisch sei. Er schreibt: »... die Schauspiel-Übung kann in der Regel ordentlich als Improvisation ausgeführt werden wie ein Echo auf die gestellte Aufgabe. Die Vortragenden der Übung sind frei in der Auswahl der Logik der Handlung. Sie entsteht jedesmal von neuem je nach den technischen Umständen, in welchen die Handlung verläuft. Die Schauspiel-Etüde hingegen setzt voraus die ausgewählte und fixierte Logik der Entwicklung der Ereignisse und des Auftretens der handelnden Personen. . . Um so entschiedener ist aus der Etüde, im Unterschied zur Übung, das Element der Zufälligkeit der Entwicklung, der Ereignisse ausgeschlossen.«[22]

Kristi verkennt offenkundig das künstlerische Wesen der Improvisation. Und das Ausklammern der Zufälligkeit, der Spontaneität, aus der Etüde ist eben der Punkt, der sie für die Ausbildung von Schauspielern fragwürdig erscheinen läßt. Ist die objektive Dialektik von Improvisieren und Fixieren begriffen, erübrigt sich, in der Ausbildung eine spezielle Etüde zu etablieren, in der »die ausgewählte und fixierte Logik der Entwicklung der Ereignisse« vorgegeben wird. Zum Stegreifspiel wird nicht ausgebildet! Daher ist so verstandenes Etüden-Spiel ein den Studenten irritierender Abweg. Bei Beherrschen der pädagogischen Improvisation kann unmittelbar zur modellierenden Improvisation übergegangen werden, mit deren Hilfe nun die vom Autor vorgegebene Logik der Entwicklung der Ereignisse improvisiert wird.[23]

In der gegebenen Ausbildungsphase stellt sich der Unterschied zwischen Improvisation und Etüde in nachstehender Weise dar: In der Improvisation werden die Ausgangssituation und (zunächst) ein Fixpunkt vorgegeben, und der Student improvisiert den Vorgang. Seine Phantasie ist auf das Entwerfen der Ausgangssituation gerichtet und auf das Erfinden des Vorganges. Sie visiert auch den Fixpunkt an, aber sie muß die Entscheidung des Spiels nicht vorwegnehmen. Dies kommt dem im Spiel über das Empfinden der Situation aufkommenden Handlungsgedanken zu. Der Student ist also unvorbereitet hinsichtlich des Ablaufes, der Entscheidung am Fixpunkt (Drehpunkt) und des Ablaufes nach dem Fixpunkt. Der Kampf der Motive, die Entscheidung an Fixpunkt und der Ablauf nach dem Fixpunkt bleiben dem spontanen Spiel in der Improvisation überlassen. Sobald der Student seine Vorbereitung weiter betreibt, gedanklich vorwegnimmt, was er im einzelnen spielen möchte, nämlich die Spielpunkte, verläßt er die Improvisation und spielt eine Etüde.

In der Etüde kann die thematische Vorgabe die gleiche sein wie oben genannt: Ausgangssituation und Fixpunkt sind vorgegeben. Wenn der

Student seine Phantasie nun aber auf die Ausgangssituation und auf den möglichen Ablauf des Spiels konzentriert und überlegt, was er alles tun möchte, was er könnte und was er schließlich tun will, fixiert er sein Handeln im Gedächtnis. Selbst wenn dies nur mehr oder weniger geschieht, legt er sich mehr Fixpunkte auf, als er beim Erfinden des Vorganges im ersten Versuch zu erspielen vermag. Das hat zur Folge: Der Student sperrt sich für das Empfinden der Situation und vor allem für den zu erwartenden Partner.

Das vorherige geistige Fixieren des gesamten Verlaufes, bevor er materielle Gestalt annimmt, führt zum Blockieren der spielerischen Intuition, zur Zerstörung des simultanen Schöpfungsaktes von Phantasie, Denken und sinnlich-praktischem Handeln. *Der Spieler denkt nicht in der konkreten Situation, sondern fortwährend daran, was er nach seinem vorher festgelegten Plan des Handelns als Nächstes tun wollte. Er kann nicht mehr spontan improvisieren.*

Eine derart heruntergespielte Etüde mag ohne Partner noch passabel erscheinen, verunglückt aber in der Regel, sobald der Partner hinzukommt. Der Etüde spielende Spieler »gedenkt« seiner geistig fixierten Handlungsfolge und ist für den Partner nicht offen. Er ist gar nicht in der Lage, den Partner zu empfinden und von ihm Impulse zu empfangen. Der Partner stört ihn.

# VIII. Partner-Improvisation

## Zug um Zug

Die Partner-Improvisationen führen ein in das Spiel mit Partner und trainieren das Offenhalten gegenüber dem Partner sowie das konkrete Reagieren auf ihn. Mit Hilfe der Partner-Improvisation lernen die Studenten eine grundlegende Gesetzmäßigkeit ihres Schaffens kennen und praktizieren: die objektive Dialektik zwischen den entstehenden geistigen und materiellen Beziehungen der Spieler einerseits und den zugleich entstehenden Figuren andererseits. Dabei konzentriert sich das Interesse zunächst noch nicht auf entstehende Figuren, sondern auf entstehende Beziehungen als Ereignis, auf das Erfahren, daß es sich dabei stets um geistige und materielle Beziehungen handelt und letztlich die materiell hergestellten Beziehungen die geistigen stimulieren.
Angeknüpft wird an die Zwischenübung »Zug um Zug«,[1] sie wird zur Improvisation weiterentwickelt. Voraussetzung dafür ist, daß das Handlungsverfahren »Hinschauen – aufnehmen – bewerten – reagieren« in Fleisch und Blut übergegangen ist. Können wird sich zwar noch nicht eingestellt haben, aber das Handlungsverfahren muß zur Fertigkeit werden. »Wenn sich bei bestimmten Seiten einer Handlung, die anfangs eine detaillierte bewußte Steuerung erforderlich machten, der Anteil des Bewußtseins nach und nach immer mehr verringert, so ist das ein Zeichen für ihre allmähliche Automatisierung. Diese teilweise Automatisierung der Ausführung und Steuerung zielgerichteter Bewegungen des Menschen wird als Fertigkeit bezeichnet.«[2] Die Fertigkeit, »automatisch« zum Partner hinzuschauen, ihn aufzunehmen, zu bewerten und dann zu reagieren, ist Grundlage für die weitere Arbeit und verbietet es dem künftigen Schauspieler, am Partner vorbeizuspielen bzw. ohne ihn zu handeln. Diese Fertigkeit ist Voraussetzung dafür, daß Vorgaben erteilt werden können, auf die sich der Spieler nunmehr konzentrieren muß.
Der Pädagoge bittet zwei Studenten auf die Bühne. Er gibt ihnen vor, daß der eine, A genannt, vom anderen, B genannt, 50 DM geliehen hat,

das Geld längst zurückgeben wollte, es aber nicht getan hat. A und B nehmen Ausgangsposition ein. Der Pädagoge bestimmt, wer den ersten Zug tut. Das Zug-um-Zug-»Schema« wird also noch beibehalten. Natürlich kann nun B mit einem direkten Zug auf A zugehen. Aber so plumpdirekt entwickelt sich keine Beziehung, weder geistig noch materiell, so daß auch nichts ablesbar bzw. mitgeteilt wird.

Oft mißlingt der erste Versuch. Das Handlungsverfahren, also »Hinschauen – aufnehmen – bewerten – reagieren«, wird zwar benutzt, aber Erkenntnisse aus den elementaren Improvisationen werden vergessen. Auch in diesem Spiel wird mit Untertext gearbeitet. Und es muß eine Situation aufgebaut werden. Tun dies die Spieler, machen sie eine wichtige Erfahrung: *Die Situation muß von beiden Spielern aufgebaut,* folglich muß sie auch von beiden entworfen werden.

Dabei wird grundsätzlich nicht der Ablauf des sinnlich-praktischen Handelns abgesprochen. Abgesprochen wird, was zur Situation gehört. In vorliegendem Falle muß konkretisiert werden, wann und in welchem Zusammenhang 50 DM geliehen wurden. Wenn B nur ungern Geld gegeben hat und nach acht Tagen sein Geld zurückhaben wollte, ergibt das eine andere Situation, als wenn B sehr gern gegeben hat und es ihm mit dem Zurückerhalten nicht eilig war. Auch muß geklärt werden, wie gut sich A und B kennen.

In der Improvisation handelt jeder Spieler entsprechend seiner Situation. Für A gehört zur Situation, daß da ein Mensch ist, dem er 50 DM schuldet, und für B gehört zur Situation, daß ihm der Mensch über den Weg läuft, dem er 50 DM geborgt hat. Aus den konkreten Beziehungen, die durch die gegensätzlichen Positionen in der Situation entstehen, ergibt sich Zug um Zug ein Vorgang, vielleicht mit einem Drehpunkt, nämlich dort, wo Spieler B mit einem bestimmten Zug dem A den Weg verlegt und sein Geld verlangt.

Beim Erreichen dieses möglichen Handlungszieles kann B sprechen, etwa: »50 DM!« oder »Geld her!« oder »Bitte mein Geld zurück!« Der Untertext wird zum Obertext, das heißt, er wird ausgesprochen, aber in dieser Übung zunächst nur mit diesen das Spiel beendenden Worten. Eine Debatte sollte nicht angestrebt werden.

Eine andere Vorgabe verlangt, daß B den (oder die) A beim zufälligen Treffen wiedererkennt. Beide Spieler wissen also, daß B im Verlaufe des Zug-um-Zug-Spiels A wiedererkennen wird, aber sie sprechen nicht ab, wann und wie es geschehen soll. Das bleibt der Improvisation überlassen. Sie wissen nur, daß sie beide dieses Wiedererkennen im Spiel naiv herstellen müssen. Daher werden sie sich zur Situation absprechen, wo und unter welchen Umständen sie sich kennengelernt haben, wie intim ihre Bekanntschaft war und wie weit sie zurückliegt. Sie entwerfen also gemeinsam die Situation und gehen, sobald sie ihren Entwurf in der Vorstellung plastisch gemacht haben, an die Realisierung bzw. an den Aufbau der Situation, indem sie improvisieren. Zug um Zug entstehen ihre Beziehungen, entstehen auch Figuren im Keim. Kannten sie sich nur flüchtig, wird der eine oder der andere sich kaum erinnern. Kannten sich er und sie nur eine Nacht, wiedererkennt er sie, oder sie ihn, vielleicht nur zögernd oder sehr stürmisch. Die Möglichkeiten des Spiels sind also reich. Wichtig ist, daß kein Spieler sich vom Partner isoliert. Wenn die Vorgabe »wiedererkennen« heißt, beide Spieler also einen Vorgang erfinden sollen, der den Zuschauern »wiedererkennen« mitteilt, kann nicht ein Spieler aus dieser Vorgabe ausscheren, so reizvoll das im Sinne einer »freien« Improvisation sein mag.

Nach diesen Übungen ist als Handlungsverfahren nicht nur das »Hinschauen – aufnehmen – bewerten – reagieren« angeeignet, automatisiert sollte nun auch das Handlungsverfahren »Zug um Zug« sein. In den Partner-Improvisationen muß die Abfolge des Geschehens Zug um Zug erfolgen. Dabei geht es um keine Schematisierung oder Mechanisierung der Vorgänge. Das Zug-Schema der Zwischenübung wird ohnehin nicht beibehalten. Es geht um das dialektische Wechselspiel zwischen den Spielern, mit dem sie gemeinsam Zug um Zug das gestische Spiel improvisieren, die Beredsamkeit der Vorgänge und damit ihre Figuren.

## Erste Begegnung

Der pädagogische Weg ist, den Ort vorzugeben, also das »wo?« Das ist die für beide Spieler gemeinsame Vorgabe. Sie müssen also die Situation gemeinsam entwerfen und konkrete Daten finden, die Bestandteil dieser gemeinsamen Situation sind. Insofern ist das »wo?« als »Ausgangs-Umstand« gut geeignet; denn es kann von den Spielern in Gestalt des Bühnenbildes materiell hergestellt werden. Was materiell nicht vorhanden ist, muß in gemeinsamer Entscheidung von der Vorstellungskraft dazugestellt werden. Und was verwandelt werden muß, ein Stück Papier zum Fahrplan zum Beispiel, muß abgesprochen werden. Auch kann der Pädagoge weitere Daten vorgeben.

Ein Beispiel: Vorgegeben ist der Warteraum eines kleinen Bahnhofes.[3] Links befindet sich eine geschlossene Kantine, daneben ein Fahrplan.

Rechts stehen ein paar Stühle und ein Tisch. Es ist Mitternacht. Der letzte Zug nach Berlin hat den Bahnhof verlassen. Zwei Fahrgäste, die sich nicht kennen, haben diesen Zug verpaßt und begegnen sich in diesem Warteraum. Was geschieht?

Nach dieser Vorgabe wird zunächst einmal das »wo?« eingerichtet. Da es sich um eine Übung handelt, die alle Studenten gespielt haben sollten, betreibt das Einrichten des »wo?« die gesamte Studiengruppe. Alle arbeiten also mit an diesem materiellen Teil des Entwurfes der Situation. Und in der Zeit des Herstellens des Bühnenbildes phantasiert jedes Gruppenmitglied weiter an seinem, am geistigen Teil des Entwurfes der Situation. Das »ich« wird in Beziehung gesetzt zur Situation. Und obwohl noch keine Figur angestrebt wird, ergibt sich doch schon ein wichtiger Schritt in dieser Richtung. Der Spieler wird jetzt als »ich« unter Umständen handeln müssen, die nicht alltäglich sind. Er muß in einer Situation handeln, in der er möglicherweise noch nie gehandelt hat. Er muß also mimetisch handeln, nämlich nachahmend und darstellend improvisieren, wie man in dieser konkreten Situation als »ich« handeln könnte. Damit entwickelt er sich bereits weg vom »ich« hin zu einer Figur.

Sobald die Improvisation beginnt, stellt sich heraus, daß das »was?« nicht einfach als »warten« gespielt werden kann. *Der Spieler muß sich a priori auf den Partner orientieren, um mit ihm gemeinsam die Situation konkret aufzubauen und einen Vorgang zu erfinden.* Die erste Begegnung ist mithin keine Übung, mit der »naturalistisch« ausprobiert werden soll, wie das ist, wenn zwei einander unbekannte Menschen den Zug verpassen und sich im Warteraum begegnen. Das ist im Alltag eine außerordentlich langweilige Angelegenheit, zumindest in der Regel. Hier soll ausprobiert werden, wie zwei Spieler zwischen sich einen konkreten Vorgang entstehen lassen, ihn gemeinsam erfinden. Sind die Spieler dabei nur »Teil« der Wirklichkeit und nicht zugleich »Abbild«, bleibt die Improvisation einer ersten Begegnung letztlich in »naturalistischer« Belanglosigkeit stecken.

Das gemeinsame Erfinden des Vorganges gerät nun allerdings anfangs tatsächlich oft zu »naturalistischem« gemeinsamem »Warten«, in dessen Verlauf sich ein belangloses Gerede entwickelt. Die Spieler bestätigen sich gegenseitig, daß sie nun wohl oder übel auf den Früh-Zug warten und daß es kalt ist. Nach einigem Üben, auch durch Wiederholungen der Improvisationen, und nachdem die Situation angereichert worden ist, entsteht ein Vorgang als soziales Geschehen zwischen Menschen.

Da wird gemeinsam aufgebrochen in der Hoffnung, vielleicht auf der nahen Landstraße einen PKW anhalten zu können. Da packt einer ein Schachspiel aus und möchte dem anderen das Schachspiel beibringen. Da kann ein Mädchen einen jungen Mann gerade noch davon abhalten, inzwischen mal in die Bahnhofskantine einzubrechen. Da arrangiert sich eine Jugendliche mit einem jungen Mann und sucht das Pfeifenrauchen zu lernen. Diese Vorgänge zwischen Menschen sind beredt, sie teilen etwas mit über Beziehungen zwischen Menschen, und sie teilen dies mit, indem gestisch gespielt wird. Dabei ergibt sich das Wort aus dem Spielgestus.

## Das gestische Sprechen

Zunächst muß festgestellt werden: Alle bisher behandelten Improvisationen sind, obwohl in ihnen nicht gesprochen wird, grundsätzlich keine Pantomimen. Unter Pantomime wird hier ein gestisch-mimisches Spiel verstanden, das prinzipiell ohne Sprache auskommt, weil es auch das mit pantomimischen Mitteln mitteilt, wozu das Schauspiel die Sprache braucht. »In der Pantomime wird alles ohne Sprache ausgedrückt, auch das Sprechen.«[4] Die Pantomime ist also keine leibhafte Mimesis, sondern einseitig betont körperliche Darstellung. Ihre Nachahmung von Wirklichkeit, der Beziehungen zwischen Menschen und zwischen Menschen und Tieren oder Gegenständen, wird nicht unmittelbar in leibhafte Darstellung umgesetzt, sondern mit Hilfe eines komplizierten Denkaktes in eine spezifisch artifizielle, eigenwillig verdichtete und verschlüsselte darstellende Körpersprache übersetzt. Der Pantomime sagt, was er sagen möchte, dem Partner und dem Publikum mit spezifischen pantomimischen Zeichen.

Der Schauspieler spielt nur so lange stumm, als das mimetische Spiel seine Gedanken nicht zur Verbalisierung drängt. Sobald ein Partner auftritt, kommt auch das Bedürfnis auf, mit ihm zu sprechen. Und bevor es zum Sprechen kommt bzw. zwischen den Dialogen kippt das stumme Spiel nicht in pantomimische Ausschließlichkeit und Besonderheit um, in eine andere Kunstgattung also, sondern folgt in seinem Ablauf organischem mimetischem Spiel.[5]

In den nun zu spielenden Improvisationen soll das Wort und damit das Sprechen grundsätzlich gestisches Spiel zum auslösenden Impuls haben, nicht rationale Überlegungen. »Die Laute, Silben und Wörter sind nicht erdacht«, schreibt Stanislawski, »sie kommen aus Impulsen, sie sind von der Natur, von Zeit und Ort, das heißt vom Leben selbst geschaffen worden ... Wenn aber ein Wort nicht mit dem Leben verbunden ist und nur formal, mechanisch träge, seelenlos und leer dahingesagt wird, so gleicht es einem Leichnam, dessen Herz nicht mehr schlägt.«[6] Die Gefahr, ins Schwätzen zu geraten, mit dem nur Allgemeinplätze verkündet werden, aber nichts mitgeteilt wird, besteht in der Improvisation immer dann, wenn die spielenden Partner das sinnlich-praktische Handeln in der Situation verlassen und ins Reden flüchten, »um zu reden und um nur ja nicht steckenzubleiben.«[7]

Die Grenze zwischen gestischem Sprechen und ungestischem Gerede ist fließend. Sofern das Sprechen die Geste zum Impuls hat, sofern es Reaktion ist auf die Aktion des Partners, entsteht es gesetzmäßig gestisch. Löst sich das Sprechen von der Geste, löst es sich also von der leibhaften Mimesis und macht es sich selbständig, ist es meist intellektuell-rationale Erfindung und trotz gelegentlicher Brillanz unschauspielerisch. In diesem Falle reduzieren sich die Beziehungen der Partner auf verbale Beziehungen. Die Spieler produzieren keinen Untertext mehr, sondern nur noch »Obertext«, nämlich das, was sie aussprechen. Auf der Bühne »muß das Wort im Schauspieler selbst, in seinen Partnern und durch sie auch im Zuschauer ganz konkrete Empfindungen, Absichten, Gedanken, Bestrebungen, Vorstellungen – visuelle, akustische und andere Sinneseindrücke auslösen.«[8] Dies gelingt, wenn die Spieler das Bewerten der Aktionen des Partners mit Hilfe des Untertextes vornehmen und zum Sprechen nur dann übergehen, wenn das Bewerten der Aktionen des Partners zum Sprechen drängt, wenn eine Situation gegeben ist, die das Sprechen rechtfertigt und fordert.

Das Training des Empfindens dieser Prozesse erfolgt in zahlreichen Improvisationen, auch in Wiederholungen, und bedarf der geduldigen Hinweise des Pädagogen. Jene Studenten, die den Mund nur schwer aufkriegen, müssen ermuntert, und jene, die sofort ins Gerede abgleiten, müssen gezügelt werden. Da der Schauspieler am Theater die Texte nicht produziert, sondern die Figur, deren Text er reproduziert, scheint das Trainieren des spontanen gestischen Sprechens und des damit verbundenen spontanen Erfindens von Texten unnötig und überflüssig. Aber gerade dadurch, daß der werdende Schauspieler in den Improvisationen die Fähigkeit entwickelt, das Wort aus gestischem Spiel zu produzieren, wappnet er sich frühzeitig gegen Gefahren, die später in der Bühnenpraxis lauern. »In den weitaus meisten Fällen«, schreibt Stanislawski, »wird der Text eines Stückes den Zuschauern nur mehr oder weniger passabel vorgetragen: Aber selbst das geschieht häufig plump und konventionell.«[9] Mag dieser von Stanislawski angezeigte Mangel heute nicht mehr so verbreitet sein, mag es heute eher üblich sein, den Text wie ein Zitat zu bringen, der Student lernt zunächst einmal, auf der Bühne organisch gestisch zu sprechen. Und vielleicht begreift er sogar, daß Theaterspiel dem Publikum nur in Einheit von gestischem Spiel und daraus resultierendem gestischem Sprechen Mitteilungen macht, und daß es verarmt, wenn es auf mehr oder weniger von der Geste losgelösten, vorgetragenen Text reduziert wird.

## Der psychodramatische Effekt

Das Gelingen erster Improvisationen zwischen Partnern ist ein neues und sehr erregendes Erlebnis für den Studenten. »Die Fähigkeit«, schreibt Viola Spolin, »eine Situation aus der Phantasie zu schöpfen und eine Rolle darin zu spielen, ist eine kolossale Erfahrung, eine Art Ferien vom alltäglichen Selbst und von der Routine des alltäglichen Lebens.«[10] Diese kolossale Erfahrung mobilisiert die Phantasie des Studenten, beflügelt seine Spiellust und setzt ihm bisher unbekannte psychische Kräfte frei. Die Improvisationen bewirken damit zugleich einen bestimmten psychodramatischen Effekt. Die Studenten spielen zwangsläufig Haltungen, Meinungen, Auffassungen, unterbewußte psychische Komplexe aus sich heraus, »befreien sich durch Aktion«, ein gesetzmäßig stattfindender Prozeß, den zum ersten Mal J. L. Moreno untersucht hat und auf welchen er sein Psychodrama begründete.

Das Psychodrama ist »eine Methode der Gruppenpsychotherapie …, die sich theatralischer Mittel bedient, um zu dem therapeutischen Ziel der Readaptation psychisch kranker oder labiler Menschen zu gelangen …«[11] »Der Begründer dieser Methode«, schreibt Veronika Burkart, »vollzog in der Abkehr von der Psychotherapie Freuds den ersten Schritt zur Gruppenpsychotherapie und zum Psychodrama: er verhalf der Psychologie durch die Erfahrung des Begriffs der Begegnung in der Gruppe zu einer neuen Bewertung und fügte der Freudschen Abreakion durch die Aussprache die Möglichkeit der Abreaktion durch das Handeln hinzu.«[12]

Tatsächlich findet in jeder Improvisation so etwas wie eine Abreaktion psychischer Befindlichkeiten statt. J. L. Moreno setzte auf diese psychische Katharsis in der Improvisation durch Wiedererleben einer Konfliktsituation. Ein solches Wiedererleben einer Konfliktsituation wird zwar in der Ausbildung prinzipiell nicht angestrebt, aber es stellt sich zufällig her, und im Grunde steckt in jeder Improvisation irgendwann stattgehabtes Erleben, das nun bewußt oder unbewußt noch einmal herausgehandelt wird. Der Pädagoge muß um dieses Phänomen wissen. Er muß in Kenntnis des psychodramatischen Effekts die Studenten geschickt zur Mimesis und weg von der Psychotherapie führen.

Entfaltet sich die Partner-Improvisation nur als »Teil« der Wirklichkeit, macht sie die Ausbildung zu einem therapeutischen Theater, in dem das Herausstülpen des psychischen Innenlebens des einzelnen zugleich zur Therapie für die Zuschauer wird. Nicht zufällig soll heutiges spätbürgerliches Theater zu einer solchen Stätte der Massen-Therapie gemacht werden, zu einem Ort illusorischer Selbstbefreiung und -verwirklichung des Individuums als Pseudoersatz für verhinderte Selbstverwirklichung in der Gesellschaft.[13]

Die Improvisation ist Mimesis menschlichen Handelns. Und die Partner-Improvisationen müssen sowohl als »Teil« als auch als »Abbild« der Wirklichkeit gespielt werden. Geschieht dies, ist der psychodramatische Effekt eine normale Begleiterscheinung und wird nicht für das Theater selbst gehalten.

# IX. Improvisation hin zur Figur

## Bemerkungen zum Begriff Figur

Die elementaren und die Partner-Improvisationen führen zu den Figuren-Improvisationen, das heißt zum improvisatorischen Schaffen einer Figur, zum mimetischen Herstellen wesentlicher gestischer und mimischer Züge eines dem Spieler fremden Menschen. Bislang war das »wer?« mit dem »ich« identisch, wenn auch im spontanen Spiel bereits Ansätze zu einer Figur sichtbar wurden. Jetzt wird bewußt an einer Figur gearbeitet, also auf die Frage »wer?« nicht mehr »ich« geantwortet, sondern zum Beispiel »ein Schaffner«, »ein Kellner« usw. Wobei nicht allgemein ein Schaffner gemeint ist, kein Schaffner als Typ, sondern stets eine ganz bestimmte, konkrete, einmalige Figur in bestimmter, konkreter Situation. Die im Seminar improvisierte Figur unterscheidet sich von der Figur als Rolle, der Figur eines Stückes, dadurch, daß kein fixierter Text vorgegeben wurde. Der Begriff »Figur« für das, was in der Improvisation erreicht werden kann, ist dennoch legitim, nähert sich doch das erspielte praktische Ergebnis, das lebendige mimetische Abbild auf der Bühne, durchaus dem, was auf dem Theater heute als Figur verstanden wird.

Bekanntlich forderte die klassische deutsche Dramatik den »Charakter« auf der Bühne. Charaktere und Taten waren für Goethe Kriterien des Dramas.[1] Robert Petsch machte auf die Relativität des Begriffes »Charakter« aufmerksam: »Mißverständlich ist die Bezeichnung ›Charakter‹ insofern, als durchaus nicht alle Figuren, die in einem Drama auftreten, einen ausgeprägten ›Charakter‹ haben, der zum Beispiel einer ganzen Reihe mehr umrißartiger, allenfalls flachbildnerisch wirkender Figuren in Schillers ›Wallenstein‹ und in Goethes ›Faust‹, aber auch in Shakespeares Dramen und selbst im ›Hamlet‹ fehlt.«[2]

Petschs Auffassung vom ausgeprägten Charakter als einer komplexen Gesamtheit trifft sich mit der der dialektisch-materialistischen Psychologie: »Unter Charakter versteht man in der Psychologie eine Gesamtheit individuell-spezifischer psychischer Eigenschaften, die sich in typischen

Verhaltensweisen einer gegebenen Persönlichkeit unter typischen Umständen äußern und von den Beziehungen der Persönlichkeit zu diesen Umständen bestimmt werden ... Der Charakter eines Menschen ist nicht eine zufällige Summe verschiedener Eigenschaften. Die einzelnen Eigenschaften des Charakters hängen voneinander ab, hängen miteinander zusammen und bilden ein Ganzes, die Struktur des Charakters.«[3]

Es leuchtet ein, daß in einem Theaterstück nicht jede Gestalt in solch totaler psychischer Struktur erfaßt werden kann – weder vom Autor noch vom Schauspieler. Das ist auch nicht notwendig. Theater ist Spiel, nicht Leben. Und auf der Bühne muß eine Gesamtheit individuell-spezifischer psychischer Eigenschaften nicht geliefert werden. »Ich halte es daher für angemessen«, schlußfolgert Petsch, »mit dem Worte ›Charakter‹ vorsichtig zu sein und dafür die schlichtere Bezeichnung ›Figur‹ anzuwenden ...«[4]

Diese von Petsch empfohlene Vorsicht wird hier geteilt und der Begriff »Figur« als dem Wesen der Sache angemessener Terminus etabliert, auch, weil ihm keine wertende Bedeutung zukommt und er die weitestgehende Verallgemeinerung darstellt, vor allem, weil er nicht dazu verführt, daß sich der Spieler auf psychische Eigenschaften statt auf materielle Handlungen orientiert. Der Begriff »Figur« impliziert das Absehen von den psychischen Eigenschaften, sowohl hinsichtlich des Spielers als auch der Gestalt. Gewiß kann ein Schauspieler eine vom Dichter entsprechend reich vorgegebene Figur so allseitig in ihrem Verhalten spielen, daß vom Zuschauer psychische Eigenschaften assoziiert werden können, also von ihm – im Sinne der Psychologie wie der Literaturwissenschaft – so etwas wie eine Struktur des Charakters perzipiert wird. Doch das ist nicht Bedingung für Theaterspiel. Auf dem Theater interessiert vorrangig das real Schaubare, das sinnlich zwischen den Figuren Vorgehende, also das sichtbare Verhalten als eine Summe von Handlungen der Figuren, in denen zwar psychische Eigenschaften relevant sind, aber untergeordnet bleiben.

Im übrigen sieht selbst die Psychologie das Phänomen »Charakter« untergeordnet. Die dialektisch-materialistische Psychologie hat die »Persönlichkeit« zur zentralen Kategorie erhoben. Den »Charakter« untersucht sie neben dem »Temperament« und den »Fähigkeiten« als eine psychische Besonderheit der Persönlichkeit, wohingegen sie die Tätigkeit, den Erkenntnisprozeß und das Emotional-Willentliche als elementare Erscheinungen der Persönlichkeit behandelt.[5] Selbstverständlich kann der in der Psychologie fixierte Stellenwert dieser Kategorien nicht isomorph übernommen werden. Das ist auch gar nicht das Problem.

Außer Zweifel steht, daß psychische Eigenschaften hinsichtlich der psychischen Komponenten des schauspielerischen Schaffens objektiv untergeordnet sind. Sie taugen keineswegs als eine zentrale Kategorie des schauspielerischen Schaffens. Psychische Eigenschaften sind auf Grund ihrer im wesentlichen zuständlichen Eigenart[6] nicht geeignet, den schauspielerischen Prozeß zu mobilisieren. Das Schaffen einer Figur erfolgt bewußt über eine spezifische Einheit materieller und geistiger wechselwirkender Prozesse.

Petsch verweist auf den Zusammenhang mit dem Vorgang. Für ihn sind Figuren »vor allem ›Träger der Handlung‹, womit sie natürlich auch Stützen des Vorganges werden, der sich auch um sie herum, durch sie hindurch und über sie hinwegbewegt, …«[7] Allerdings vermag Petsch die dialektischen Zusammenhänge nicht zu erfassen. »Das sind irrationale Größen, an die uns die wissenschaftliche Zergliederung wohl heranführt, vor denen sie aber haltmacht, um das Unerforschliche ruhig zu verehren.«[8]

Brecht macht nicht halt vor dem »Unerforschlichen«. Er erklärt: »Um Figuren darzustellen, muß der Schauspieler ihnen gegenüber Interessen haben, und zwar erhebliche Interessen, also solche, die an der Veränderung der Figuren in ihm bestehen. Er muß seine Figuren gleichsam erziehen. So enthalten die Figuren zweierlei Ichs, die einander widersprechen, das eine davon ist das des Schauspielers … Seine Figur entsteht durch das Eingehen von Beziehungen zu anderen Figuren … Wenn der Schauspieler als die betreffende Figur, die er zeigt, alle Beziehungen eingegangen ist, die das Stück ihn eingehen läßt, die Sätze in der bequemsten Art gesprochen und die Gesten in der genußvollsten Art durchgeführt hat, ist die Welt des Dichters entstanden.«[9]

Brecht spricht hier von der Arbeit an der Rolle. Das mindert nicht die Wichtigkeit seines Hinweises, daß die Figur zweierlei Ichs enthält und durch das Eingehen von Beziehungen zu anderen Figuren entsteht. Dem Eingehen von Beziehungen zu anderen Figuren geht in der Ausbildung von Schauspielern das Eingehen von Beziehungen zur unbelebten materiellen Bühnensituation voraus, speziell zum Requisit.

## Dialektisches Herangehen

»Von-sich-und-nicht-von-sich-Ausgehen« heißt nunmehr, zunächst einmal von dem auszugehen, mit dem die gewünschte oder geforderte Figur materielle Beziehungen haben muß, von den konkreten Umständen der Situation. Da die Situation nur in Gestalt des Bühnenbildes und des Requisits (bevor der Partner hinzukommt) materiell gegenwärtig, im übrigen aber eine Leistung der Phantasie und der Vorstellungskraft des Darstellers ist, wird der Phantasie ihr Los erleichtert, wenn der Darsteller erst einmal sinnlich-praktisch mit dem Requisit handelt, mit dem die Figur Beziehungen herzustellen hat.

Das dialektisch-materialistische Herangehen an das Schaffen der Figur vertraut auf die stimulierende Wirkung der materiellen Bühnenverhältnisse, auf die Wechselwirkung zwischen sinnlich-praktisch mit materiellem Requisit handelndem Subjekt und den Verhältnissen, in denen es handelt. Dabei wird grundsätzlich kein wahrnehmungspsychologischer Automatismus angestrebt. Psychischer Naturalismus im Sinne des Lebens auf der Bühne ist nicht das Ziel. Es geht darum, die spezifischen schauspielerischen Arbeitsprozesse in Gang zu bringen. Das erfolgt in dialektischer Wechselwirkung sowohl und *primär* über alles, was zu den materiellen Bühnenverhältnissen gehört (Situation einschließlich des lebendigen materiellen Partners), als auch und *sekundär* über den als Figur denkenden und mimetisch handelnden Spieler.

Erster Ansatzpunkt ist das materielle Requisit. Der Pädagoge gibt es auf die Bühne. Der Student wird aufgefordert, sich dazu nicht nur eine Tätigkeit einfallen zu lassen, sondern nun auch eine Figur, die mit diesem bestimmten Gegenstand tätig wird. Und der Einfall wird nicht ausgesprochen, sondern ausgeführt, das heißt, der Student improvisiert die Figur. Dabei kann er sein Spiel nicht auf eine bestimmte Tätigkeit mit dem Requisit beschränken, sondern er muß eine Situation aufbauen, indem er in dieser Situation als Figur handelt, also einen Vorgang erfindet.

Die erste Erfahrung, die der Student dabei macht, ist, daß er mit dem Requisit anders handeln muß, als er es bisher als »ich« gewohnt war. Er muß jetzt als diese bestimmte Figur zu denken und zu handeln versuchen.

## Denken als Figur

Das Aufbauen der Situation und das Erfinden des Vorganges erfolgt in der bereits behandelten Weise. Aber das »ich« des Spielers versucht nun, als »ich« der Figur in der vom »ich« des Spielers entworfenen Situation zu denken und zu handeln.

Während die Assoziationskette der wechselnden Bilder der Situationen

also weiterhin vom »ich« des Spielers phantasiert wird, denkt das »ich« des Spielers als »ich« der Figur in diesen Situationen. Das Handeln mit einem Requisit ist daher zunächst eine bedeutende Erleichterung für den Studenten, die komplizierten, widersprüchlichen psychischen Prozesse bewußt und handhabbar zu machen.
Das Requisit muß der Student nicht mit der Phantasie herstellen. Indem er damit umgeht, baut er mit der Phantasie die zum Requisit gehörende Situation auf und denkt er als Figur in dieser Situation. Das bedeutet, er muß versuchen, die *Situation als Figur wahrzunehmen und zu bewerten.* Und aus dem Bewerten der Situation produziert er die Handlungsgedanken der Figur, deren Untertext.
Während der Produktion des Untertextes, das muß noch einmal betont werden, geht es nicht darum, natürliches Alltagshandeln zu »leben« und zu denken, sondern verwesentlichtes Bühnenhandeln zu spielen. Der Untertext als das entscheidende technische Mittel für das Figuren-Denken wird vom Darsteller bewußt gehandhabt. Gewiß sind anfangs Naturalismen nicht zu vermeiden. Aber bei zunehmendem Beherrschen der Technik des Untertext-Produzierens stellt sich Verwesentlichung her. Indem der Spieler als Figur zu denken beginnt, beginnt er auch als Figur zu handeln. Damit ist aber nur eine Seite der Verwandlung in die Figur mobilisiert. Als Figur zu handeln erfordert zwar die auslösenden Handlungsgedanken, aber damit allein ist Verwandlung nicht zu bewerkstelligen.

## Handeln als Figur

Obwohl die konkrete Beziehung zwischen handelnder Figur und Requisit bereits zum Schaffen der Züge der Figur beiträgt, und die Beziehung zum Partner/Figur schließlich sogar entscheidend die Figur schaffen hilft, genügen diese materiellen Beziehungen und der Untertext nicht, das Handeln der Figur komplex herzustellen, also die Verwandlung des Spielers in die Figur zu bewirken.
*Die materielle Beziehung zum Requisit* (später zum Partner/Figur) ist das entscheidende materielle *Zwischen* des Vorganges, Komponente des spontanen Spiels. Der *Untertext* ist das wesentliche Element des *in* dem Spieler/Figur Vorgehenden, auch innerer Vorgang genannt. Der diesem inneren Vorgang entsprechende äußere Vorgang, das was *an* dem Spieler/Figur vorgeht und in das »Zwischen« ausstrahlt, muß, obwohl von den anderen Prozessen gefördert, zugleich leibhaft mimetisch

sichtbar hergestellt werden, und zwar bewußt. Die Figur entsteht organisch, indem ihr gemäßes mimetisches Material, gestisches wie mimisches, aus Beobachtungen gewonnen, zusammengetragen und in die Improvisation eingebracht wird. Der Spieler handelt als Figur in der Situation und bringt als Spieler sinnlich-praktisch tätig mimetisches Material für die Figur ein.

Über die Technik des Zusammentragens und Einbringens dieses Materials äußerte Helene Weigel: »Ich sehe und stehle, wo ich kann. Den stummen Schrei in ›Mutter Courage‹ fand ich durch ein Foto in Brechts Ausschnittsammlung: Darauf war eine Frau zu sehen, die bei einem Massengrab stand. Diese Frau stand schreiend, mit offenem Mund ... Man kann alles brauchen ... Zuerst ... sammle ich, was mir für eine Figur einfällt, dann treffe ich die Auswahl. Man muß eliminieren, was zuviel ist, damit die großen Punkte kommen können. Durch eine Häufung von Einzelheiten kann man eine Figur kaputtmachen.«[11] Helene Weigel orientierte sich konsequent auf den äußeren Vorgang. »Aus dem Wort Schauspieler«, sagte sie, »geht hervor, daß man etwas zur Schau stellt. Da nützt mir das Seelenleben ganz wenig, wenn ich es nicht ausstellen kann ... Ich suche nach äußeren Kennzeichen. Nach einem sichtbaren Ausdruck.«[11]

Bekanntlich hat auch Stanislawski noch in seinen letzten Lebensjahren auf die Bedeutung des äußeren Materials verwiesen, obschon er erheblichen Wert auf die inneren geistigen Entsprechungen legte. Zwar hoffte er, daß das »innerlich Charakteristische«, so es gefunden ist, zwangsläufig das »äußerlich Charakteristische« zur Folge hat, aber, erklärte er, wenn es »nicht von selbst entsteht, dann führt es äußerlich herbei.«[12]

Lessing verwendete andere Begriffe, aber auch bei ihm findet sich bereits ein Hinweis auf den Zusammenhang von äußeren und inneren Prozessen. »Ich glaube«, schreibt er, »wenn der Schauspieler alle äußerlichen Kennzeichen und Merkmale, alle Abänderungen des Körpers, von welchen man aus der Erfahrung gelernt hat, daß sie etwas Gewisses ausdrücken, nachzumachen weiß, so wird sich seine Seele durch den Eindruck, der durch die Sinne auf sie geschieht, von selbst in den Stand setzen, der seine Bewegungen, Stellungen und Tönen gemäß ist. Diese nun auf eine gewisse mechanische Art zu erlernen, auf eine Art aber, die sich auf unwandelbare Regeln gründet, an deren Dasein man durchgängig zweifelt, ist die einzige und wahre Art, die Schauspielkunst zu studieren.«[13]

Heute zweifelt die Theaterwissenschaft nicht mehr an unwandelbaren Gesetzmäßigkeiten schauspielerischen Schaffens, warnt aber, sie mechanisch zu erlernen und zu praktizieren. Alle Versuche des Darstellers, nur am äußeren Vorgang bzw. am »äußerlich Charakteristischen« bzw. an den »äußerlichen Kennzeichen und Merkmalen« zu arbeiten, hoffend, daß sich die inneren geistigen Entsprechungen, das »innerlich Charakteristische«, der gemäße »Stand der Seele« automatisch einstellen, vernachlässigen beim In-Gang-Bringen des Handelns der Figur die gleichzeitig zu produzierenden Handlungsgedanken der Figur (den Untertext). In diesem Falle besteht ein verhängnisvoller Mechanismus, nämlich die zwangsläufig aufkommende Gefahr, einseitig äußerlich darzustellen, äußerlich formal zu werden, zu demonstrieren, zu zeigen, anstatt leibhaft mimetisch zu spielen. Das äußere gestisch-mimische Material ist *mimetisch* einzubringen, und die Improvisation ist das gegebene und objektiv einzige Mittel, die komplizierten materiellen und geistigen Prozesse im Komplex dialektisch in Gang zu setzen. Die Improvisation ist die ureigene Angelegenheit des Schauspielers. »Ich habe«, sagte Helene Weigel, »am liebsten mit den Regisseuren gearbeitet, die einem Zeit ließen, etwas zu erfinden, die sich nicht hereingemischt haben«.[14]

## Die eigenen Mittel finden

Vorerst geht es für die Studenten nicht um die Gefahr, daß sich ein Regisseur einmischt, auch sind »die großen Punkte« einer Figur noch nicht anzusteuern. Jetzt, in dieser Ausbildungsphase, lernt der Student in den Improvisationen, seine eigenen Mittel erkunden, kennen und einsetzen. Und zwar dadurch, daß er gestisch-mimische Ausdrucksmöglichkeiten, die er privat hat, in Situationen versetzt, die nicht privat sind. So entwickelt er seine nur ihm eigenen Möglichkeiten zu bewußt einsetzbaren Ausdrucksmitteln, von denen er schließlich – nach Monaten und Jahren – weiß, was sie aussagen und welches mimetische Material aus der Wirklichkeit sie organisch umzusetzen vermögen.

Das mimetische Spiel verbietet, gestisches und mimisches Material für die zu schaffende Figur zu verwenden, das nicht wirklich organisch mit den dem einzelnen konkreten Spieler zur Verfügung stehenden Mitteln eingebracht werden kann. Der Student erschließt sich seine Möglichkeiten, indem er auch ihm nicht gemäßes mimetisches Material ausprobiert. Er wird dadurch immer sicherer im Empfinden dafür, ob sich in der Improvisation die Aneignung mimetischen Materials organisch herstellt oder mechanisch äußerlich bleibt. Es handelt sich um einen vom Pädagogen sehr verantwortungsvoll zu fördernden Prozeß, bei dem prinzipiell individuell vorgegangen werden muß. Devrient nannte dies, die Eigentümlichkeit der Talente zu völlig freier Entwicklung bringen. Wird zum Beispiel ein Bettler gespielt, und jeder Student erhält diese Aufgabe, dann hat jeder Student mit seinen, nur ihm zur Verfügung stehenden Mitteln einen bestimmten Bettler zu spielen. Es wird auf keinen Fall angestrebt, daß etwa alle Studenten einer Studiengruppe typische »Kennzeichen« eines Bettlers am Tisch zusammentragen, ein Student die Kennzeichen auf der Bühne zu verarbeiten sucht und daraufhin der so entstandene »typische Bettler« von allen Studenten kopiert wird. Derlei Klischees stehen außerhalb jeder Diskussion. Jede Improvisation liefert das schöpferische, einmalige Produkt des Schöpfers, das mimetische Abbild eines handelnden Menschen. Es kann daher auch nicht mit konventionellen Theatergebärden gearbeitet werden. Jeder konkrete Bettler, der improvisiert wird, handelt in der vom Schöpfer entworfenen und aufgebauten konkreten Situation. Und der Hinweis eines Studenten, daß er Bettler hierzulande nicht zu Gesicht bekommt, ist nur Anlaß, auf das Studium von Bild- und Filmdokumenten zu verweisen, auf die notwendige ständige Erweiterung des Beobachtungsfonds.

## Schöpferisches Wohlbefinden

In Improvisationen, in denen dem Studenten das In-Gang-Bringen der komplexen organischen Schaffensprozesse gelingt, stellt sich für ihn überraschend eine besondere emotionale Hochstimmung ein, die er als sehr angenehm empfindet. Viola Spolin nennt diese Erscheinung »Ferien vom alltäglichen Selbst«. Im Sinne der Psychologie der Arbeitstätigkeit sind dies positive Emotionen als Ergebnis erfolgreichen Erfüllens einer Aufgabe. Der Student fühlt sich »gut drin«. Stanislawski nennt dies »inneres Befinden« auf der Bühne und widmet ihm große Aufmerksamkeit. Hier ist nicht Raum für Ausführlichkeit in dieser Frage. Eine Anmerkung muß gemacht werden:
Der Student, der unvermutet ein solches schöpferisches Wohlbefinden auf der Bühne erlebt, weil die spezifischen schauspielerischen Schaffensprozesse in Gang gekommen sind, läßt sich durch dieses Befinden leicht verführen und von den eigentlichen Schaffensvorgängen ablenken. Er verfällt in Nachlässigkeit, versäumt, Untertext zu produzieren, vernachlässigt, die Situation zu phantasieren, löst die empfindende und bewertende Beziehung zur Situation, handelt nicht mehr mimetisch, sondern gibt sich dem Zustand des Wohlbefindens hin, glaubt, das Zen-

trum schauspielerischen Schaffens gefunden zu haben – und wird allgemein und zuständlich im Spiel.
Das Sich-Einstellen schöpferischen Wohlbefindens ist für den Schauspieler ein Signal für organisch stattfindenden Schaffensprozeß, also eine Kontrollfunktion ausübendes Nebenergebnis, aber keine zentrale Kategorie, mit der das Schaffen in Gang gesetzt werden könnte.

## Der soziale Gestus

Durch Anreichern und Verschärfen der Situation kann der soziale Gestus der in der konkreten Situation handelnden Figur entwickelt werden. Doch allein über die Situation ist der soziale Gestus letztlich nicht zu realisieren.
»Mit sozialem Gestus«, schreibt Brecht, »ist der mimische und gestische Ausdruck der gesellschaftlichen Beziehungen gemeint, in denen die Menschen einer bestimmten Epoche zueinander stehen«.[15] Mithin gehört der soziale Gestus zu dem mimetischen Material, das der Spieler aus der Beobachtung gewinnt und in der Improvisation in konkreter Situation auf seine Tauglichkeit hinsichtlich der von ihm anzustrebenden Figur prüft. Solange der Student seine Figur allein schafft, also ohne das materielle Zwischen zum Partner, kann der soziale Gestus nur in ersten Ansätzen erspielt werden.
Eine dem Kennenlernen des sozialen Gestus dienliche Aufgabe für Improvisationen ist, daß der Student unmittelbar nacheinander drei verschiedene Figuren zu improvisieren hat.[16] Als materieller Hebel wird ihm eine Tür auf die Bühne gestellt, der er sich in unterschiedlichen Haltungen nähern soll. Und in der Regel vermag er nun schon, sozial unterschiedliche Figuren auf die Bühne zu bringen.
Der soziale Gestus ist innig verflochten mit dem gesamten mimetischen Material, das der Spieler einbringt. »Unter einem *Gestus*«, schreibt Brecht, »sei verstanden ein Komplex von Gesten, Mimik und für gewöhnlich Aussagen, welchen ein oder mehrere Menschen (an) einen oder mehrere Menschen richten. Ein Mensch, der einen Fisch kauft, zeigt unter anderem den Verkaufsgestus. Ein Mann, der sein Testament schreibt, eine Frau, die einen Mann anlockt, ein Polizist, der einen Mann prügelt, ein Mann, zehn Männer auszahlend – in all dem steckt sozialer Gestus.«[17] Das gestische Sprechen ist folglich Bestandteil des sozialen Gestus, und der soziale Gestus »kann allein in Worten niedergelegt werden«.[18]

Eine Übung, die gut geeignet ist, beim Schaffen einer Figur den sozialen Gestus einzubeziehen, ist folgende: Ein Spieler spielt einen Kellner,[19] der nach Mitternacht das Lokal abschließt, Kasse macht und beim Abräumen der Tische einen wertvollen Gegenstand findet. Was er mit diesem Gegenstand macht, ob er ihn abliefert oder einsteckt, entscheidet er in der Improvisation.

Das technische Mittel, einen sozialen Gestus zu entwickeln, ist das mimetische Einbringen berufsbedingter und sozial bedingter Eigenarten. Diese Eigenarten dürfen nicht als Klischee mechanisch äußerlich aufgesetzt werden, sondern müssen Ergebnis des organischen schöpferischen Prozesses sein. Eine berufsbedingte Eigenart ist zum Beispiel der abgearbeitete Stoizismus eines Kellners. Will man ihn in die Figur aufnehmen, versucht man, ihn zu improvisieren. Eine berufsbedingte Eigenart ist auch maskenhafte Freundlichkeit. Auch sie kann improvisiert werden. Wesentlich wird, mehrere, zwar widersprüchliche, aber kennzeichnende Eigenarten für eine Figur zu finden, was sie reich und konkret macht. Sie werden zunächst für sich improvisiert, um ihrer überhaupt erst einmal materiell habhaft zu werden. Dann wird versucht, sie in einer Improvisation zu vereinen. Zu diesem Zweck müssen sie grundsätzlich *nacheinander* angespielt werden, wodurch sie deutlich mitgeteilt werden und nicht verschwommen bleiben und verschleißen. Dieses bewußte Nacheinander-Spielen von Eigenarten wird wichtig im Spiel mit dem Partner bzw. mit mehreren Partnern, denen man unterschiedlich begegnet, denen gegenüber also unterschiedliche Eigenarten angespielt werden.

Grundsätzlich ist der soziale Gestus keine Erscheinung, die vordergründig und mechanisch besonders »gezeigt« werden müßte, sondern er entsteht organisch und als selbstverständlicher Teil mimetischen Spiels, sofern bewußt an ihm gearbeitet wird. Das Entstehen des sozialen Gestus wird gefördert, wenn der Spieler die Situation der zu schaffenden Figur von vornherein sozial konkret zu entwerfen und aufzubauen bemüht ist. Bekanntlich ist das menschliche Wesen »kein dem einzelnen Individuum innewohnendes Abstraktum«, sondern »in seiner Wirklichkeit ... das Ensemble der gesellschaftlichen Verhältnisse«.[20] Diese sechste Marxsche Feuerbach-These ist die philosophische Grundlegung für das Verständnis und die bewußte Handhabung des sozialen Gestus in der Schauspielkunst. Wird die Situation nicht von vornherein als eine soziale aufgebaut, ist es nicht sehr weit zu einer Schauspielkunst, die den Menschen nur als biologisches Wesen begreift und darstellt, sich also vor allem für seine Triebe, Leidenschaften und Gefühle interessiert.

Wird die Situation jedoch bewußt als eine soziale begriffen und realisiert, ist es naheliegend, den Menschen als sozial tätig zu fassen und dies mit dem sozialen Gestus schaubar zu machen, der im übrigen Triebe, Leidenschaften und Gefühle einschließt.

## Kritisieren der Figur

Das Kritisieren einer Figur ist eine Sache des gesellschaftlichen Standpunktes des Spielers und seiner Bewertung der Handlungen der Figur, die er improvisiert. Dabei geht es nicht um eine »richtige distanzierte Haltung«,[21] von der Brecht spricht.

Da der Improvisierende beim Erfinden des Vorganges eine bewertende Beziehung zur Situation herstellt, aus der er den Untertext der Figur produziert, fließt Kritik in den Produktionsprozeß insofern ein, als er zuweilen *als Figur* Dinge denkt und Handlungen handelt, die er *als Spieler* als kritikwürdig empfindet. Dieser Widerspruch wird produktiv, wenn ihn der Spieler sich bewußtmacht, ihn nicht als überflüssig verdrängt, sondern als *objektiv organisch gegeben* nutzt, indem er als diese Figur bewußt logisch folgerichtig handelt, ihr als Spieler nichts schenkt, sie nicht mäßigend glättet, sondern deren Handeln in seiner kritikwürdigen Logik auffällig macht.

Dieses Auffälligmachen bricht aus dem organischen Schaffen heraus, ist *zu* auffällig, sobald nur noch das Kritikwürdige gezeigt wird. Dies geschieht dann, wenn der Spieler dem Zuschauer die Figur so zeigt, daß der Zuschauer gezwungen wird, sie so zu sehen, wie der Spieler wünscht, daß sie kritikwürdig gesehen wird. Der Zuschauer hat kein Vergnügen mehr, seinen eigenen Kopf zu gebrauchen im Beurteilen des Kritikwürdigen im Handeln der Figur. Die Kritik darf sich nicht selbständig machen als ein besonderer Effekt,[22] indem der Spieler seine Auffassung dessen, was zu kritisieren ist, dem Zuschauer, ihn bevormundend, aufdrängt. Die Kritik muß Element bleiben des organischen mimetischen Spiels, das dem Zuschauer nie die Freiheit des Urteils entzieht.

# X. Improvisation als Figur

## Der Partner als Figur

Die Untersuchung der Figuren-Improvisationen ergibt, daß vom Studenten als Voraussetzung für einen organischen Schaffensprozeß nun im wesentlichen vier grundlegende Prozesse zunehmend bewußt beherrscht werden sollten:

1. Der Spieler entwirft die Situation mit Phantasie und Vorstellungskraft und verschmilzt den materiellen Teil der Situation (Requisit, Bühnenbild) mit dem phantasierten Teil der Situation zur konkreten sozialen Situation.
2. Der Spieler nimmt die konkrete soziale Situation als Figur wahr, bewertet sie als Figur, beginnt als Figur zu denken und produziert deren Handlungsgedanken in Gestalt des Untertextes.
3. Der Spieler handelt als Figur, das heißt, die Handlungsgedanken der Figur (Untertext) führen zu sinnlich-praktischem Handeln der Figur in der konkreten sozialen Situation, und indem die Figur handelnd auf die Situation einwirkt, ändert sie die Situation, und die veränderte Situation wirkt auf die Figur zurück, indem der Spieler die veränderte Situation auf sich als Figur einwirken läßt.
4. Der Spieler bringt während des sinnlich-praktischen Handelns mimetisches Material für die Figur ein.

*Diese vier grundlegenden Prozesse sind eine spezifische synkretistische Einheit der sinnlich-praktischen Arbeitstätigkeit des Spielers und des sinnlich-praktischen Handelns der Figur, woraus das gestisch-mimisch-verbale Spiel des Spielers als Figur entsteht – und damit der beredte Vorgang.* Nur, wenn diese vier grundlegenden Prozesse als organisch-komplexer künstlerischer Produktionsprozeß in Gang kommen, läßt sich der Vorgang beredt erfinden, die Situation sozial konkret aufbauen und die Figur sozial konkret spielen. Bedient ein Student einen dieser Prozesse nicht oder ungenügend, kann er den Laien täuschen, der zum Beispiel mit äußerlich gezeigtem mimetischem Material zufriedenzustellen ist. Der Pädagoge darf sich nicht täuschen lassen.

Das praktische Bewältigen der vier grundlegenden Prozesse der Figuren-Improvisation entspricht der erreichten Ausbildungsphase. Nach wie vor ist das Erfinden des beredten Vorganges das entscheidende Ziel für das schöpferische schauspielerische Produzieren. Aber der nun zu erfindende Figuren-Vorgang ist nicht mehr allein mit einer technisch korrekt abgelieferten Tätigkeit zu bewältigen. Dafür ist jetzt die simultane, organische Einheit dieser vier Prozesse nötig, welche also keineswegs Selbstzweck sind, sondern den Figuren-Vorgang zum Ziel haben bzw. den Vorgang zwischen Figuren in konkreten sozialen Situationen.
Die nun folgende Ausbildungsphase bringt daher den *Partner als Figur* ins Spiel. Nicht mehr der Student als Kommilitone ist der Partner, sondern der Student als bestimmte Figur, als ein bestimmtes lebendiges Abbild von Wirklichkeit. Die hinzukommende Figur muß *als eine von der eigenen Phantasie unabhängige Größe in die konkrete soziale Situation integriert werden,* welche sich bisher aus von der Phantasie geschaffenen Bestandteilen und aus real vorhandenen Bestandteilen zusammensetzte. Nun kommt der wesentlichste Bestandteil der Situation hinzu: Die Figur als Gegenspieler. Diese Gegenspieler-Figur agiert in der Situation, und der Spieler muß offen sein für sie, er darf sich in »seine« mit Phantasie und Vorstellungskraft gebaute Situation nicht derart verstricken, daß er geistig blockiert ist gegenüber der hinzukommenden Figur, die nun ebenfalls zur Situation gehört. Andererseits muß der hinzukommende Partner als Figur offen sein für die vorgegebene Situation.
Dem Bewältigen dieser neuen Ausbildungsphase dient das Anbieten einer Situation.

## Anbieten einer Situation

Um dem Studenten die Gegenspieler-Figur als lebendigen Teil der Situation geläufig zu machen, wird das Anbieten einer Figur in einer Ausgangssituation geübt, und zwar als eine Vorgabe. Der Spieler gibt die Figur in der Situation spielend, also sinnlich-praktisch anschaulich vor.[1]
Dieses Vorgeben einer Situation mit Figur als Angebot ist zugleich ein wesentlicher Schritt auf dem Wege zum modellierenden Improvisieren einer vom Autor vorgegebenen Ausgangssituation, die der Student später als Angebot zu unterbreiten haben und von welchem Angebot aus sich die weitere Arbeit an der Szene entwickeln wird. Insofern ist das Anbieten einer Situation mit Figur kein Selbstzweck, sondern bereits das

Trainieren einer wichtigen Arbeitsoperation des künftigen Schauspielers.
Vorgegangen wird im Unterschied zur späteren Praxis zunächst auf dem pädagogischen Weg. Der Pädagoge gibt ein Requisit auf die Bühne, oder er läßt ein Bühnenbild aufbauen mit mehreren Requisiten im Bild. Alle Mitglieder der Studiengruppe sind aufgefordert, sich dazu eine Situation, einen Vorgang und eine Figur einfallen zu lassen. Sobald ein Student einen Einfall hat, geht er – wenn der Pädagoge ihn als ersten zu sehen wünscht – auf die Bühne, richtet sie sich entsprechend seines Situations-Entwurfs ein und bietet dann seinen Einfall sinnlich-praktisch an, das heißt, er improvisiert einen Vorgang in einer Situation, läßt eine Figur in einer bestimmten Situation handeln. Wenn er glaubt, sein Angebot reicht als Vorgabe aus, unterbricht er sein Spiel.
Je genauer er gespielt hat, das heißt, je konkreter er die soziale Situation aufgebaut hat, den Vorgang erfunden und die Figur geschaffen, desto anschaulicher ist das Angebot für die zuschauenden Studiengruppenmitglieder gewesen. In solch einem Fall haben meist mehrere Studenten spontan Einfälle zur Situation. Sie äußern den Wunsch, als Spielpartner zur Situation hinzuzukommen, also als eine bestimmmte Figur, die sie in dieser Situation spielen möchten. Ein Spieler gibt zum Beispiel das Angebot »ein Schneider arbeitet zufrieden in seiner Werkstatt«. Sofort melden sich Kunden. Eine Spielerin gibt »eine Ärztin im Bereitschaftsdienst« vor, sofort melden sich Kranke. Eine Spielerin gibt eine Sonnenbadende am Strand vor, sofort gibt es Einfälle bei Kommilitonen, der eine kommt als Eisverkäufer, der andere als Schmetterlingssammler, wieder ein anderer als Strandwart. Auch Mädchen melden sich. Da sucht eine ihren verlorengegangenen Ring gerade unter der Decke der Sonnenbadenden, eine andere hat gerade an dieser Stelle eine Verabredung und wünscht, allein zu sein.
Ob sich der Anbietende den Partner aussucht, ob er schon vor dem Angebot einen Partner-Wunsch äußert, ob der Pädagoge den Partner bestimmt oder ob dies dem Zufall überlassen bleibt, ist im Endeffekt relativ gleichgültig. Grundsätzlich sollten Wünsche nach einem bestimmten Partner zunächst toleriert, aber darauf aufmerksam gemacht werden, daß sich der Schauspieler später am Theater weder Partner noch Partnerin aussuchen kann. Auch wird der Pädagoge behutsam solche Partner zusammenführen, von deren gemeinsamen Spiel er sich diese oder jene bestimmte Entwicklung eines Studenten verspricht. Studenten zum Beispiel, die nach wie vor Schwierigkeiten haben, einen Vorgang als Spieler/Figur zu erfinden, sollten mit Partnern zusammengeführt werden,

die in ihren Versuchen bereits stabilere Ergebnisse erzielen. Das sind pädagogisch-methodische Probleme, die hier nicht weiter abgehandelt werden können.

## Anbieten eines Konfliktes

Der Spieler, der eine Ausgangssituation mit einer Figur angeboten hat, muß sich darauf einstellen, daß sein Partner ihm eine Figur entgegensetzt, die zwar in der konkreten sozialen Situation möglich ist, mit der er aber nicht gerechnet hat. Im schon erwähnten Beispiel, als eine Spielerin eine Ärztin im Bereitschaftsdienst anbot, ging ein Student auf die Bühne und klopfte stürmisch an die Tür. Als die Ärztin die Tür öffnete, brach er ohnmächtig zusammen und fiel der Ärztin vor die Füße. Nach einem Moment der Verblüffung, auch einigen theatralischen Gebärden der Verblüffung, bemühte sich die Ärztin entsprechend der Situation um den Kranken.
Nicht immer werden die Einfälle so drastisch sein, aber grundsätzlich hat der oder die Hinzukommende die Aufgabe, nicht nur als eine Figur die Bühne zu betreten, sondern einen möglichen Konflikt mit einzubringen, so daß es zu einer Auseinandersetzung kommt. Ein Kunde, der den Schneider aufsucht, sollte nicht einfach nur ein Jackett anprobieren, sondern zum Beispiel mit der Arbeit des Schneiders in dieser oder jener Hinsicht nicht zufrieden sein.
Ein Konflikt ist in jedem Falle eingebracht, wenn der Hinzukommende als eine unerwartete Figur auftritt. Wenn zum Beispiel eine Spielerin eine junge Frau anbietet, die sich sichtlich aufgeregt und erwartungsvoll schön macht, weil sie offenkundig Besuch eines jungen Mannes erwartet, dann ergibt sich ein Konflikt, wenn der hinzukommende Partner den schon gealterten Vater der jungen Frau in die Situation einbringt, der unvermutet und fidel zu Besuch kommt und für die Vorbereitungen der Tochter keinen Sinn hat.[2]
Obwohl später in der szenischen Arbeit am Autorentext die Figur stets bekannt ist, die in die Situation hineinkommt, ist das Trainieren solch unerwarteter Auftritte von Belang; denn es gibt Szenen in der Dramatik genug, in denen eine Figur für den Anwesenden unvermutet auftritt, und der Spieler die nötige Naivität des Vorganges herstellen muß.
Die angebotene Ausgangssituation sollte grundsätzlich angenommen, also akzeptiert werden. Die angebotene Situation durch den Hinzukommenden zu brechen, ist pädagogisch wertlos. Wenn klar ablesbar ein

Schneider angeboten wird, kann der Hinzukommende ihn nicht als Schuster oder Bankbeamten behandeln. Solches Kontern der Situation kann zwar als Training der Spontaneität ausgegeben werden, ist aber fruchtlose Spielerei, weil in der Praxis keine Entsprechung vorhanden ist, auf die mit einer solchen Verfahrensweise hingearbeitet werden müßte.

Von Klöden plädiert für ein derartiges »Fallenlassen« der Situation. »Der Fall Halten-oder-Lassen entsteht«, schreibt er, »wenn die Partner voneinander abweichende Vorstellungen von der Situation haben und Einverständnis erzielt werden soll. Ein Spieler – oder unter Umständen auch beide Spieler – sieht sich vor die Entscheidung gestellt, seine Vorstellung entweder zu halten oder sie fallenzulassen und die Vorstellung des Partners zu übernehmen. Diese Entscheidung muß ohne Hängen und Würgen spontan und spielend leicht getroffen werden ...«[3] Zwar kommt, wie Klöden zugibt, dies Problem »in der Praxis des Theaters gar nicht vor«,[4] aber er sieht darin ein Training der Geschmeidigkeit des Geistes und einen »beträchtlichen Übungswert insofern, als der Schüler hier durch Bewußtmachung ein Gefühl dafür bekommt, was über die Rampe geht bzw. gegangen ist ...«[5]

Gewiß sollte sich der Student auch in dieser Ausbildungsphase immer wieder bewußt machen, was über die Rampe geht. Aber das Anbieten einer Situation erfolgt auch im Hinblick auf die spätere Praxis am Theater grundsätzlich nicht vage, sondern stets so konkret wie möglich. Und der Student soll nicht entscheiden lernen, ob er in der Improvisation eine Situation hält oder fallenläßt, sondern *er soll lernen, in der konkreten sozialen Situation spontan als Figur zu entscheiden,* wie zum Beispiel die Ärztin angesichts des ohnmächtig zur Tür hereinfallenden Kranken.

Bietet ein Student eine Ausgangssituation und die in ihr handelnde Figur nicht klar genug an, darf Oberflächlichkeit nicht geduldet werden. Die Improvisation wird wiederholt, bis die Situation und die Figur ablesbar werden, oder sie sollte von vornherein fallengelassen werden. Erfolgt ein klares Angebot einer Situation, legt das dem Hinzukommenden die Verpflichtung auf, nun auch seine Figur so deutlich wie möglich einzuführen. Da Figuren leztlich erst durch ihr Handeln entstehen, ist dies nicht einfach, und Fehler müssen in Kauf genommen werden. Nicht immer wird die Figur gestisch-mimisch einzuführen sein, oft wird das Wort zu Hilfe genommen werden müssen.

Vorbereiten der Angebote

Auf dem pädagogischen Weg kommt der Spieler, der eine Ausgangssituation und eine Figur anbietet, von dem vom Pädagogen vorgegebenen Requisit oder Bühnenbild zu seinem Einfall und von da zu seinem Angebot. Und der oder die Hinzukommende bieten ihre Figur und den Konflikt auf Grund des Angebots des ersteren an. Diese Verfahrensweise wird verlassen und ein Schritt hin zur späteren Theaterpraxis gemacht:

Die Angebote werden von den Spielern vorbereitet, und zwar als Hausaufgabe. Dabei wird daran festgehalten, daß Improvisationen und keine Etüden gespielt werden.

Demzufolge muß sich die Vorbereitung nicht auf den möglichen Ablauf konzentrieren, nicht auf das, was in der Improvisation spontan entstehen soll, sondern auf das genaue Zusammentragen der Umstände der Situation. Das sollte sehr gründlich erfolgen, gründlicher als bei sofortigem Spiel im Seminar, und natürlich hat der Student dabei auch Einfälle und Ideen über den möglichen Ablauf. Aber er sollte sich lediglich einen Fixpunkt auswählen, den günstigsten, der ihm einfällt und den er in der Improvisation anzusteuern gedenkt. Geht er so vorbereitet in das Spiel, wird er zunächst sein Bühnenbild entsprechend konkret einrichten, Überflüssiges meiden, soziale Akzente zu setzen versuchen, die nötigen Requisiten bereitlegen und auch für Kostümteile sorgen. Beginnt er nun sein Spiel, wird er spontan improvisieren können, nämlich in der konkret entworfenen Situation und mit dem Fixpunkt als Handlungsziel. Er kann offenlassen, wie er sich am Fixpunkt (Drehpunkt) entscheidet, aber in der nun erreichten Ausbildungsphase ist es ratsam, die Entscheidung aus dem Gedächtnis zu spielen, freilich so, als würde sie aus der Situation heraus getroffen.

Wenn der mögliche Partner mit in die Vorbereitung einbezogen wird, was anzustreben ist, kommt es darauf an, daß sich beide Spieler eine möglichst genaue Vorstellung von der Ausgangssituation verschaffen und auch verabreden, als welche Figur der Hinzukommende wann ins Spiel eintreten wird. Nicht verabreden dürfen sie den möglichen Ablauf der Improvisation. Verabredungen, die einen Ablauf gedanklich fixiert vorwegnehmen, zerstören die Kreativität des Schaffens, verschließen die Partner voreinander, fixieren sie einseitig auf das eigene Spiel, statt sie auf das gemeinsame Spiel zu orientieren. Sie verwandeln die Improvisation in eine Etüde.

Die beiden Spieler haben die Möglichkeit, den Ablauf offen zu lassen, also das Austragen des Konfliktes zwischen den Figuren sich spontan in der konkreten sozialen Situation entwickeln zu lassen. Für das Entfalten der Dialektik von Improvisation und fixiertem Handeln ist es aber günstig, wenn beide Spieler bereits einen Fixpunkt verabreden, und zwar einen, der sich aus dem Konflikt ergeben könnte, den der zweite Spieler einzubringen gedenkt. Solch gemeinsames Vorbereiten der Angebote betreiben beide Spieler im Hinblick auf die praktische Notwendigkeit, den Vorgang zwischen ihren beiden Figuren *gemeinsam* als einen beredten Vorgang erfinden zu müssen.

## Gemeinsames Erfinden des Vorganges

Der Schritt zum gemeinsamen Erfinden des Vorganges ist ein wichtiger Schritt auf dem Wege zum bewußten schauspielerischen Schaffen. Ausgehend von der zu Hause oder vor Beginn des Seminars getroffenen Vorbereitung, versuchen zwei Spieler als Figuren gemeinsam einen Vorgang zu erfinden. Alle bisher erlernten Fähigkeiten und Fertigkeiten müssen eingebracht werden, um diese neue Aufgabe bewältigen zu können. Das Wesen dieses Schrittes besteht nicht darin, mit der ersten Improvisation einen beredten Vorgang abzuliefern – was im Glücksfall durchaus passiert –, sondern die Dialektik von Improvisation und fixiertem Handeln als Grundgesetzmäßigkeit des schauspielerischen Schaffensprozesses zu praktizieren.

Die Angebote beider Spieler verschmelzen zu einem Angebot, an dem, so es sinnvoll und reizvoll erscheint, weiter gearbeitet wird. Je nach der Beschaffenheit dieses ersten gemeinsamen Angebots hilft der Pädagoge, die Situation zu bereichern, korrigiert Unlogisches im Verhalten, benennt das Beibehaltenswerte, benennt das nicht Gelungene und Überflüssige. Ist dies geschehen, wiederholen die Spieler die Improvisation, und Zuschauer und Pädagoge stellen fest, ob eine Weiterentwicklung im Sinne größerer Beredsamkeit des Vorganges zustande gekommen und eine deutlichere Zeichnung der Figuren gelungen ist.

Mitunter werden dabei schon mehr als zwei Vorgänge gespielt. Aber solche Ausweitung ist vorerst nicht anzustreben. Die Improvisationen, die jetzt gespielt werden, bestehen aus dem Vorgang, den der Spieler A vorgibt, einem Drehpunkt (Fixpunkt), meist der Punkt, an dem der Spieler B hinzukommt, und dem zweiten Vorgang, den beide Spieler spielen, indem sie den verabredeten Fixpunkt ansteuern. Im Ablauf des Spielens dieser zwei Vorgänge ergeben sich je nach dem Konflikt, der

ausgetragen wird, *quantitative,* die Situation nicht qualitativ ändernde Drehpunkte, an denen sich aber das Verhalten der Figuren zueinander ändert. Dies sind die in der Improvisation spontan entstehenden Spielpunkte, die, so sie beibehalten werden sollen, zu Fixpunkten erklärt und bei der Wiederholung der Improvisation nun bewußt angesteuert werden, also nicht mehr allein der Spontaneität überlassen bleiben.
Damit wird die Dialektik von Improvisation und fixiertem Handeln für die Studenten zur praktischen Aufgabe. Sie bezieht sich nicht nur auf die zu Fixpunkten erklärten Spielpunkte, sondern auch auf den *am entsprechenden Spielpunkt entstandenen Untertext,* die in diesem Moment assozierten Bilder der Situation sowie das in diesem Moment verwendete mimetische Material. Es ist dies eine Ausbildungsphase, die dem späteren Arbeitsprozeß des Schauspielers schon sehr nahekommt. Es werden keineswegs spitzfindige Spielpunkt/Fixpunkt-Debatten geführt, sondern die Aufmerksamkeit konzentriert sich auf das Figuren-Verhalten.

## Die Linie des Verhaltens

Das Ändern des Verhaltens in der Auseinandersetzung mit der dem/der Spieler/Figur gegenübertretenden Gegenspieler-Figur an den Spielpunkten muß im Prozeß des Fixierens des Beibehaltenswerten zum immer deutlicheren Herausarbeiten der Linie der Verhaltenswechsel der Figuren führen. Das heißt, der vom Spieler anzustrebende soziale Gestus seiner Figur äußert sich in *figurenlogischen Verhaltenswechseln,* welche ihrerseits zur Konstituierung des sozialen Gestus beitragen.
Es ist nicht davon auszugehen, daß diese komplizierte schauspielerische Technik auf Anhieb in einer ersten Improvisation bewältigt werden kann. Vielmehr ist das Entwickeln figurenlogischer Verhaltenswechsel ein inhärentes Moment der Dialektik von Improvisation und fixiertem Handeln. Den Studenten wird das Problem bewußt und handhabbar gemacht, indem der von ihnen angebotene Konflikt in andere gesellschaftliche Bedingungen verpflanzt und ausprobiert wird, welche Folgen dies für das Verhalten der Figuren und für ihre gestischen Beziehungen hat.
Angenommen, Spieler A hat einen Betriebsleiter vorgegeben, zu dem Spieler B als Arbeiter kommt, der Arbeitsstunden verbummelt hat und zur Rechenschaft gezogen werden soll. Der Konflikt wird mit dem Fixpunkt ausgetragen, daß A schließlich, da B leugnet, die Notizen des Meisters von B hervorholt und die Aussagen des Arbeiters widerlegt.

Der Betriebsleiter entscheidet, die Angelegenheit der Konfliktkommission zu übergeben. Unter Beibehaltung des Konfliktes versuchen nun die beiden Spieler, die Vorgänge in einer analogen Situation in einem kapitalistischen Land der Gegenwart zu improvisieren oder den Konflikt in die Geschichte zurückzuverlegen. Sie werden die Entdeckung machen, daß eine andere soziale Situation das Erfinden eines anderen Vorganges notwendig macht. Der Konflikt wird anders ausgetragen, der soziale Gestus der Figuren ändert sich, eine andere Linie des figurenlogischen Verhaltens ergibt sich, und anderes mimetisches Material muß eingebracht werden. Die Improvisation als Produkt der Simultanität von Persönlichkeit (Phantasie/Denken) und sinnlich-praktischer künstlerischer Tätigkeit ist geeignet, auch diese vielfältigen gesellschaftlichen Erscheinungen zu erfassen. Aber die Linie des Verhaltens einer konkreten Figur in einer konkreten sozialen Situation als ein der Figur und der Situation entsprechendes logisches Verhalten ist ohne abrufbares gesellschaftliches Wissen, das bildhaft, reich und konkret ist, letztlich nicht zu bewältigen.

## Persönlichkeit und Kreativität

Der soziale Standpunkt im Leben, bereits beim Kritisieren der Figur Voraussetzung, wird nun zu einer wesentlichen Größe. Bekannt ist Bertolt Brechts These aus dem »Kleinen Organon für das Theater«, daß der Schauspieler, wolle er nicht Papagei oder Affe sein, sich das Wissen der Zeit über das menschliche Zusammenleben aneignen müsse, indem er die Kämpfe der Klassen mitkämpft. Mag man Brecht willfahren oder nicht, ein elementarer Aspekt der Arbeit des Schauspielers ist in der Tat dessen Persönlichkeit, die ohne eine eigene Sicht auf die Welt leer, also gar keine ist.

Dazu Max Reinhardt: »Was dem Theater wie aller Kunst am meisten not tut, ist die Persönlichkeit. Nun, Persönlichkeit ist freilich nicht etwas, was man jemand beibringen kann, dem dieses höchste Glück der Erdenkinder nicht gegeben ist. Man kann es nicht erlernen und kann es – das möchte ich Ihnen mit besonderem Nachdruck sagen – gewiß nicht spielen, nicht vortäuschen, am wenigsten durch äußerliche Extravaganzen, durch genialische Allüren ersetzen.

Seien Sie wahr! Hören Sie auf, Komödie zu spielen. Fangen Sie lieber gar nicht damit an. Weder im Leben, noch auf der Bühne. Die stärkste Macht des Komödianten ist die Wahrheit, die letzte, die innerlichste, brennende Wahrheit. Es ist nicht die Welt des Scheins, die Sie … betreten, es ist die Welt des Seins. Nicht wer etwas macht, kann sich auf die Dauer in ihr behaupten, nur der etwas ist.«[6]

Mit anderen Worten und in unseren Zusammenhang gebracht: Ein Schauspieler kann vielleicht mit äußerlichen Theatergebärden lügen, hinter denen er sich versteckt und mit denen er diesen oder jenen naiven Rezensenten entzückt. Ein Schauspielstudent kann in den Improvisationen nicht lügen. Immer ist seine ganze Person präsent; denn die Figuren-Verwandlungen sind organische mimetische Verwandlungen, keine äußerlich aufgesetzte Gebärdensprache.

Insofern wird sogar ein Student, der in der Ausbildung wenig historisches und soziales Verständnis entwickelt und das menschliche Wesen lediglich als biologisches, nicht zugleich als soziales begreift, durch das sinnlich-praktische Handeln als Figur, in das er auf der Bühne verwickelt wird, zwangsläufig zu einer sinnlich-praktischen Tätigkeit geführt, die geistige Konsequenzen für seine Person haben kann. Denn der psychodramatische kann auch ein pädagogischer, ein Persönlichkeit formender Effekt sein.

Aber die Improvisation kann nicht ersetzen, was an Entwicklung im Leben ausgeblieben ist. Reinhardt glaubt, Persönlichkeit sei eine Sache des Glücks. Ein Student hingegen, der das Problem erkennt, hat durchaus auch Einfluß darauf. Seine Person kann sich in der Lebenspraxis entfalten, so er die Dialektik bewußter Auseinandersetzung mit den Menschen sucht. Das heißt für ihn: sich an den Widerständen des Tages aufbauen, nicht ihnen ausweichen. Eine dergestalt produktive Persönlichkeit ist schauspielerisch kreativer als jene, die sich introvertiert und passiv in sich zurückzieht.

# XI. Improvisation einer Begebenheit

## Abfolge mehrerer Vorgänge

Unter Begebenheit wird die Abfolge mehrerer Vorgänge verstanden, welche eine kleine Geschichte zwischen Menschen mitteilt. Die Begebenheit wird von Aristoteles bekanntlich als Grundeinheit einer Fabel begriffen, die sich aus der »Verknüpfung der Begebenheiten«[1] konstituiert. Eine solche Grundeinheit kann auch von der Improvisation hergestellt werden. Allerdings ist nicht das Abliefern fertiger Ergebnisse – wie im Stegreif – das Ziel, sondern das Produzieren einer Begebenheit als Skizze, an der weitergearbeitet werden kann.
Die Skizze einer Begebenheit, also deren erste Improvisation, bringt für den Studenten neue Probleme. Er muß jetzt, ausgehend vom Entwurf der Ausgangssituation, das Gespür entwickeln für das Wechseln der Situationen und die daraus resultierenden Folgen für sein logisches Handeln als Figur. Er muß die Figur/Gegenspieler/Partner wahrnehmen – beobachtend und hörend – und gemäß seiner Situation handeln.

## Die emotionelle Diktion

Stanislawski beschäftigte sich am Beginn seiner Versuche, das schauspielerische Schaffen theoretisch zu durchdringen, immer wieder mit dem »richtigen Tonfall«. »Man muß seinen Ton meisterhaft beherrschen, um den Ton der Figur ein klein wenig ihren Lebensbedingungen entsprechend einzufärben«,[2] schreibt er 1903. In einem anderen Brief heißt es: »Wir setzen die Proben täglich fort … Einzelne entdecken interessante Töne … Meine Frau … hat … einen vorzüglichen Tonfall … herausgefunden.«[3] Und an A. Tschechow schreibt er 1903: »Die Suche nach den Tönen und Umrissen der Figuren hält den Ablauf der Proben natürlich auf.«[4] Wenige Jahre später, 1909, verläßt er die vordergründige Orientierung auf den richtigen Ton und fordert: »Keinerlei … Tonmalerei. Alles zurückgeführt auf das Schlichte, die innere Zeichnung der Rolle.«[5] Natürlich hat Stanislawski hinfort nicht etwa weniger achtgehabt auf den richtigen Tonfall. Aber er sieht in ihm nicht mehr den Ausgangspunkt, um zu einer Figur zu kommen.

Auch in der Improvisation ist der »richtige Tonfall« keineswegs ein Hebel, mit dem der schauspielerische Schaffensprozeß ausgelöst werden könnte. Aber ein annähernd richtiger Tonfall stellt sich zwangsläufig ein, wenn die Spieler als Figuren in konkreten sozialen Situationen figurenlogisch agieren, aufeinander hören und sensibel reagieren, vor allem, wenn sie ihre Bewertung der Aktion der Figur/Partner nicht als Erkenntnisakt vornehmen, sondern als Wahrnehmungsakt, als komplexen und also auch emotionellen Prozeß. Dann entsteht mehr als nur ein richtiger Tonfall, es entsteht eine emotionelle Diktion. Ist die Diktion emotionell getönt, ist dies ein Zeichen für real funktionierende Figuren-Beziehungen.

Die emotionelle Diktion ist Ausdruck dafür, daß die Spieler beim Setzen ihrer Worte und Sätze die Sprache nicht abstrakt, sondern bildhaft gebrauchen, also aus einer konkreten Situation heraus sprechen. Der organische Denk-Sprech-Prozeß ist Ergebnis der Simultaneität von Persönlichleit (Phantasie/Denken) und sinnlich-praktischer künstlerischer Tätigkeit. Leeres Gerede entlarvt sich in der Regel dadurch als leer, daß sich eine emotionelle Diktion nicht herstellt, weil die Figuren allgemein reden, vielleicht sogar ganz vernünftig, aber – mangels konkreter Vorstellung in der Situation – ohne bildhafte Plastizität der Geste und ohne emotionelle Tönung der Sprache.

## Die Partitur

Stanislawski spricht vom »ganzen System der Partitur und der durchgehenden Handlung der Rolle«.[6] Die Partitur ist ein System sehr unterschiedlicher Elemente. Und obwohl im Improvisations-Seminar noch keine durchgehende Handlung eine Rolle probiert wird, gilt es doch, das Wesen der Partitur im Ansatz kennenzulernen.

Jerzy Grotowski liefert einen beachtenswerten Hinweis. »Wenn sich der Schauspieler mit dem Erklären der Rolle zufrieden gibt«, schreibt er, »wird er wissen, daß er hier hinzusitzen und dort zu schreien hat. Zu Beginn der Probenzeit werden im Rahmen des Üblichen Assoziationen wachgerufen, aber nach zwanzig Vorstellungen ist davon nichts mehr übrig. Der Schauspieler agiert dann völlig mechanisch. Um dem zu entgehen, braucht der Schauspieler wie der Musiker eine Partitur. Die Partitur des Musikers besteht aus Noten. Theater ist eine Begegnung. Die Partitur des Schauspielers besteht aus den Elementen des menschlichen Kontaktes: aus ›geben und nehmen‹.«[7] Und Grotowski schlußfolgert: »Wenn sich die Partitur des Schauspielers während der Proben als etwas Natürliches und Organisches konstituierte (nach dem Modell von ›geben und nehmen‹) … dann bleibt jede Vorstellung in ihrer ganzen Fülle erhalten.«[8] An anderer Stelle wurde bereits erörtert, inwiefern Grotowskis Auffassung von Schauspielkunst hier nicht geteilt wird. Grotowski löst das Theater aus seiner historisch gewachsenen Determinante. »Theater ist ein aus menschlichen Reaktionen und Impulsen erzeugter Vorgang, es entsteht aus dem Kontakt zwischen Menschen. Das ist sowohl ein biologischer wie ein geistiger Vorgang.«[9] Das Theater derart verarmt begreifend, wird sein Modell »Geben und Nehmen« zum Geben und Nehmen von allgemein menschlichem Innenleben als »Selbstoffenbarung« und ist hier nicht zu gebrauchen. Aber Grotowskis Hinweis auf die Partitur ist nachzugehen.

Die Partitur besteht in der Tat aus Elementen des menschlichen Kontaktes. Aber nicht nur. Die Partitur ist reicher. Wenn Schauspiel ein Spiel mit Bildern ist, dann ist die Partitur der »Filmstreifen« dieser Bilder, der sich während des spontanen Spiels in der Improvisation wahrnehmend und assoziativ herstellt. Der »Filmstreifen« der Bilder setzt sich zusammen aus:

- Bildern der konkret anwesenden Figuren/Partner,
- Bildern der wechselnden Situationen,
- Bildern der Fixpunkte (Drehpunkte),
- Bildern des Untertextes,
- Bildern des gesprochenen Textes.

In der Improvisation einer Begebenheit stellt sich für die Spieler zum ersten Male und im Keim eine solche Partitur von Vorgang zu Vorgang her. Sie ist nach der ersten Improvisation noch so improvisatorisch, skizzenhaft, wie alles, was in einem solchen ersten Entwurf entsteht. Aber durch das Wiederholen einer Improvisation, das Anspielen der Spielpunkte als Fixpunkte, beginnt das Fixieren der Partitur, dieses überaus komplizierten geistig-materiellen Gebildes.

Dabei muß jeder Spieler für sich herausfinden, welches Element der Partitur er am ehesten beherrscht. Unterschiede im Talent ändern nichts an den objektiven Schaffensgesetzen. Aber abhängig vom Talent operiert der eine Spieler im wesentlichen mit den Bildern der Situation, der andere mit dem Untertext, wieder ein anderer orientiert sich vor allem auf den Partner.

Ist die Partitur in den modellierenden Improvisationen »organisch und natürlich« entstanden, also kein »Dressurakt«,[10] sondern schrittweise fixiert beim gemeinsamen Erfinden und Finden der beredten Vorgänge, wird die Partitur für den Schauspieler gleichsam zur bilderreichen »Straße« seines sinnlich-praktischen Handelns auf der Bühne. Das Öffnen des Vorhangs weckt das erste Bild seiner Partitur, und im einsetzenden Spiel assoziiert sich von Vorgang zu Vorgang die gesamte Kette der Bilder, eng verwoben mit den konkret materiell vorhandenen und ablaufenden Bildern – eine phantastisch reiche Kette von konkret materiell gegebenen Bildern (Figuren, Requisiten, Bühnenbilder) –, weiteren Vorstellungsbildern zur Situation, Bildern des Untertextes, Bildern des Sprechtextes und Bildern der Fixpunkte.

Selbstverständlich kann die Technik der Partitur letztlich erst erlernt werden, wenn mit Autorentext gearbeitet wird, wenn die konkreten beredten Vorgänge gefunden werden. Die Partitur ist dann, am Ende des Probenprozesses, in hohem Maße komprimiert, verwesentlicht, mit starken, kräftigen Bildern angereichert. In der Improvisation einer Begebenheit kann die Partitur als entscheidendes Instrument der Technik des Schauspielers in der Keimform bewußt gemacht und ausprobiert werden.

## Szenische Improvisationen

Die szenischen Improvisationen sind bereits modelliernde Improvisationen. Sie gehen von der Analyse eines Stücktextes aus. Vorausgesetzt wird, daß die Studenten das Stück und speziell die Szene gelesen haben, an der gearbeitet werden soll. Gemeinsam wird nach der Ausgangssituation gefragt, in welcher sich die vom Autor gestalteten Figuren befinden. Gemeinsam wird auf der Bühne das sozial konkret aufgebaut, was sich vom Entwurf der Ausgangssituation materiell herstellen läßt. Auf entsprechende Requisiten wird besonders geachtet, um sie zum Hebel für die schauspielerischen Prozesse machen zu können.

Sodann wird nach dem beredten Vorgang gefragt, der von zwei Spielern als Figuren gemeinsam gefunden werden muß. Dieses Finden ist jetzt kein »Erfinden« mehr, sondern das »Finden« des vom Autor vorgegebenen Vorganges und keinesfalls einseitig analytische Arbeit. Zwar muß nach dem gefragt werden, was zwischen den Figuren vorgeht, das heißt, was sie tun und was davon als beredt mitgeteilt werden muß, nach einem »Verb« also, das am gültigsten die Figuren-Beziehungen zu erfassen scheint. Sobald man sich aber hinsichtlich eines solchen Verbs geeinigt hat, begeben sich die Spieler auf die Bühne und improvisieren den Vorgang, nunmehr alles an Fähigkeiten und Fertigkeiten einsetzend, was bisher trainiert und angeeignet wurde. Über das »Verb« wird auch erschlossen, welche der Figuren die Führung im Vorgang innehält. An einem Drehpunkt geht die Führung meist auf eine andere Figur über.

Der erste materielle Entwurf eines Stück-Vorganges, der mit einer Improvisation abgeliefert wurde, wird anschließend eingeschätzt. Das Beibehaltenswerte wird benannt. Die Situation wird bereichert. Hinweise zum Untertext werden gegeben. Dies alles je nachdem, welche Hinweise entsprechend dem ersten Angebot geraten scheinen.

Ein erstes Angebot kann auch so gefordert werden, daß die Studenten, wissend, wie vorgegangen werden soll, in Hausarbeit eine Szene nach ihren beredten Vorgängen analysieren und dann im Unterricht auf der Bühne ein erstes Angebot unterbreiten. Zu beachten ist nach wie vor, daß der Vorgang nicht in seinen quantitativen Phasen geistig vorfixiert wird, sondern Ergebnis des gemeinsamen sinnlich-praktischen Findens durch die Improvisation sein muß.

In den szenischen Improvisationen geht es noch nicht um Probenarbeit an einer Szene, sondern um das Skizzieren von ein, zwei Vorgängen aus einer Szene. Zur genaueren Zeichnung der Figuren können Stationen ihrer Entwicklung als Improvisationen gespielt werden. Für die Szene »Kreidekreuz« aus Brechts »Furcht und Elend des dritten Reiches« zum Beispiel können die Figuren »Dienstmädchen« und »SA-Mann« zunächst in konkreten Situationen vor 1933 gespielt werden. So kann improvisiert werden, wie sich die beiden jungen Leute treffen, um ins Kino zu gehen. In einer ersten Variante haben beide noch ihre Arbeit, auch ist er noch kein SA-Mann. In einer zweiten Variante ist er arbeitslos. Diese Varianten zu improvisieren, also sinnlich-praktisch herauszufinden, welche Änderungen im Verhalten der Figuren unter veränderten Umständen, in diesem Falle unter veränderten sozialen Verhältnissen, eintreten, fördert eine Fülle von Anregungen zutage und vor allem mimetisches Material, das dann in die modellierende Improvisation eines Vorganges aus der Szene einfließen kann.

# XII. Improvisation und Interpretation

## Die Methode der sinnlich-praktischen Handlungen

Die historisch-materialistische Analyse erwies: Das *Wesen* der Improvisation, erkannt als der ureigene Schöpfungsakt des Schauspielers, als »wirklich freies Arbeiten«, *erscheint* in seiner jahrtausendelangen Geschichte in unterschiedlichen Modifikationen. Diese durch soziale und ästhetische Prozesse verursachten unterschiedlichen Erscheinungsweisen offenbaren das grundlegende Entwicklungsgesetz der Schauspielkunst, ihr historisches Entstehen als dialektische Negation der Improvisation mit dem Ergebnis der latenten Aufbewahrung der Improvisation als improvisatorisches Element im fixierten schauspielerischen Handeln nach fixiertem Text. Durch das bewußte praktische Freisetzen der Improvisation als modellierende Improvisation und als Voraussetzung und Bedingung für fixiertes Handeln nach fixiertem Text wird nicht nur die kreative mimetische Ursprünglichkeit des schauspielerischen Schaffens des Darstellers auf qualitativ höherer Ebene wiedergewonnen, sondern auch eine Dialektik von Improvisation und fixiertem Handeln im Produktions- und im Reproduktionsprozeß einer Aufführung (Inszenierung) erzielt, wie sie psychologisch realistischer, vor allem aber sozial realistischer Schauspielkunst eigen sein kann.

Den genetischen Weg der Schauspielkunst nachvollzieht der angehende Schauspieler. Über das schrittweise Erlernen der Kunst des Improvisierens mittels der pädagogischen Improvisation findet er Zugang zu fixiertem Handeln in organischer sozial realistischer Schauspielkunst. Er erlernt

1. die elementare Technik des schauspielerischen Schaffens: seinen ureigenen künstlerischen Schöpfungsakt und
2. modellierend zu improvisieren, das heißt, ein schöpferisches Angebot abzuliefern als eine erste Skizze eines beredten Vorganges zwischen Figuren, und über weitere modellierende Improvisationen des Entwurfes approximativ zu fixiertem Handeln zu kommen. Dieser Lernprozeß bedeutet

3. die fachliche Ausbildung des wesentlichen Instrumentariums des Schauspielers, des Körpers und des Geistes, in spezifisch physisch-psychischer Wechselwirkung und
4. das Training des schauspielerischen Schaffensprozesses als dialektische Einheit von Improvisation (spontanem Schöpfungsakt) und fixiertem Handeln (disziplinierte Produktion).

Die pädagogischen Improvisationen – als elementare Improvisation, Partner-Improvisation, Figuren-Improvisation, Improvisation einer Begebenheit, szenische Improvisation – erfüllen die von Saint Denis auf dem ITI-Symposium in Bukarest erhobene Forderung, in einer schauspielerischen Technik auszubilden, die offen ist für die Weltdramatik, für die Interpretation antiker wie zeitgenössischer Dramatik.[1] Nicht für einen bestimmten Stil[2] also wird ausgebildet, sondern die elementare schauspielerische Technik vermittelt, und zwar eine aus dem Wesen des schauspielerischen Schöpfungsaktes abgeleitete Technik. Diese Technik ist nicht ideologiefrei, nicht reduziert auf psycho-physische Funktionen, sondern Ergebnis sozialer Veränderungen und daraus resultierender Entwicklungen der Schauspielkunst. In ihrem ideologischen Kontext, insonderheit in ihrer ideologischen Bindung an die reifende Schauspielerpersönlichkeit, wird sie zu einer kollektiven Arbeitsmethode, zur »Methode der sinnlich-praktischen Handlungen«.

Die »Methode der sinnlich-praktischen Handlungen« entfaltet sich in Weiterentwicklung von Stanislawskis »Methode der physischen Handlungen« als Mittel, Figuren-Vorgänge über modellierende Improvisationen schrittweise aufzubauen. Die »Methode der physischen Handlungen«, die primär auf das Wechselverhältnis von Physis und Psyche des Schauspielers orientiert war und das materiell-soziale »Zwischen« des Spielers, in dem sich sein Spiel begibt, nicht bewußt erfaßte, wird abgelöst durch die »Methode der sinnlich-praktischen Handlungen«, die primär vom materiellen »Zwischen« der Figuren und Gegenstände im sozialen Raum ausgeht und nicht die Verschmelzung von Schauspieler und Kunstfigur im Sinne des Erlebens zum Ziele hat,[3] sondern das wertende Spielen der Kunstfigur durch den schöpferisch produzierenden Schauspieler. Die »Methode der sinnlich-praktischen Handlungen« erschöpft sich nicht im sozialen Gestus, sie strebt nicht an, allein ihn zu »zeigen«, weshalb sie auch nicht »Methode der gestischen Handlungen« genannt wird. Vielmehr entfaltet sie mittels modellierender Improvisationen bei Erkundung und Verwendung reichen mimetischen Materials alle der Schauspielkunst innewohnenden Elemente in deren organisch gewachsenen Struktur bis hin zum sozialen Gestus. Im konkret fixierten beredten Vorgang sind daher letztlich menschliche Triebe, Leidenschaften und Gefühle, gedankliche Tiefe und rationale Klarheit ebenso aufbewahrt wie reiche, sozial determinierte zwischenmenschliche Beziehungen, gestisch-mimisch ausgeformt.

Der Schritt von der Improvisation zur Interpretation ist folgerichtig der Schritt zur Arbeit mit modellierenden Improvisationen, zum Finden der im Autorentext latent vorgegebenen konkreten beredten Vorgänge zwischen den Figuren. Die von V. O. Toporkow vorgebrachte These, »in der realistischen Bühnenkunst« stehe »die Improvisation am Ende des schöpferischen Wirkens eines Schauspielers«[4], faßt das Phänomen einseitig. Toporkow glaubt, der Schauspieler improvisiere schließlich auf Grund des vom Autor in Gestalt des Stücktextes gegebenen literarischen Canevas.[5] Eine Interpretation jedoch, die über modellierende Improvisationen erreicht wird, impliziert schließlich Improvisation und fixiertes Handeln als organische Einheit.

Die Interpretation ist nun allerdings hier nicht Gegenstand. Zwar ergeben sich neue Einsichten für die zeitgenössische Theaterpraxis, auch für das Entwerfen einer angemessenen Regietheorie sowie für Stückeschreiber, aber im Rahmen der vorliegenden Untersuchung können abschließend lediglich einige Aspekte benannt werden, welche der Verfasser für wesentliche Ansatzpunkte notwendiger weiterer theoretischer Erkundungen und praktischer Erprobungen hält.

## Aspekte für die schauspielpädagogische Praxis

Zunächst ist zu konstatieren: Die im Verlaufe dieser Arbeit dargelegten Erkenntnisse erhärten, daß die Improvisation als Element der schauspielmethodischen Ausbildung von Schauspielern an den Anfang der Ausbildung gehört, die insofern zu Recht Grundausbildung genannt wird. *Die Improvisation ist das konstitutive Element der gesamten schauspielmethodischen Ausbildung,* denn sie liefert dem Studenten die elementaren ideell-technischen Grundlagen seines Schaffens. Die Befähigung, mit der Improvisation umzugehen, ist Voraussetzung dafür, bei der Interpretation von Autoren-Texten vom Schöpfungsakt des Schauspielers nicht vorgeblich und spekulativ, sondern effektiv auszugehen.

Aber der Übergang zur Arbeit an Autoren-Texten markiert bereits in der Ausbildung die Problematik der Notwendigkeit einerseits, den erkannten elementaren Schöpfungsakt des Schauspielers produktiv zu nutzen, und der Schwierigkeit andererseits, die fixierte Vorgabe des Autors zu interpretieren. Noch ist der Übergang vom Improvisations-Seminar zum Szenen-Studium für den Studenten oft gleichbedeutend mit einem Bruch in der Arbeitsmethodik. Auf der im Improvisations-Seminar erlernten elementaren schauspielerischen Technik und der aus ihr hervorgehenden Methodik in der Erarbeitung beredter Vorgänge wird bisher noch nicht allgemein aufgebaut. Das kann auch gar nicht anders sein, solange es keine schauspieltheoretisch abgesicherte Schauspielpädagogik und keine darauf aufbauende Ausbildung von Schauspielpädagogen gibt.

Wenn von Theaterpraktikern als ideal postuliert wird, daß »jeder Student im Laufe der Ausbildung seine eigene Methode für den Aufbau einer Rolle«[6] findet, ist dies deutlicher Ausdruck für die noch immer obwaltende subjektivistische Auffassung, der schauspielerische Schaffensprozeß sei bar jeglicher objektiver Gesetzmäßigkeiten. Wird nach ihr verfahren, so ist der Student dazu verurteilt, aus verschiedenen Methoden, denen er begegnet, jene auszuwählen, die ihm am passabelsten zu sein scheint. Damit aber droht die Ausbildung immer wieder in Subjektivismus und Praktizismus zurückzufallen.

Es geht prinzipiell nicht darum, daß der Student seine »eigene« Methode »findet«, sondern darum, daß er mit der hier dargelegten, aus den objektiven Gesetzmäßigkeiten des schauspielerischen Schaffens entwickelten wissenschaftlich begründeten Methode umzugehen lernt, womit er sie zur eigenen Methode macht. Die Ausbildung im Improvisations-Seminar liefert dafür die entscheidenden Grundlagen. Mit vorliegender Untersuchung wird dieser Teil der Ausbildung erstmalig auch wissenschaftlich fundiert und stabilisiert, ohne allerdings die spezifische pädagogische Befähigung ersetzen zu können, im Unterricht den jeweils notwendigen pädagogischen Schritt zu bestimmen, und ohne der persönlichen Handschrift des Pädagogen in irgendeiner Weise dogmatische Vorschriften machen zu wollen.

Aufgabe kommender Jahre wird sein, die Dialektik von Improvisation und Interpretation im Szenen-Studium anhand der bisher gewonnenen Erkenntnisse zu erkunden und zugleich wissenschaftlich zu durchdringen. Das Lösen dieser Aufgabe wird auch insofern dringlich, als sich Anzeichen aus der Theaterpraxis mehren, daß die Dialektik von Improvisation und Interpretation auch dort immer nachhaltiger in das Feld praktischer Versuche und erkundender Debatten gerät. Umwege und Irrwege können vermieden werden.

## Aspekte für die Theaterpraxis

Im Grunde wird von der Theaterpraxis mehr oder weniger deutlich formuliert die Arbeit mit modellierenden Improvisationen gefordert. Peter Ibrig zum Beispiel nennt Prinzipien, nach denen eine kollektive Arbeitsweise etabliert werden soll: »Das Bemühen um eine offene Arbeitsatmosphäre, die das schöpferische Moment des Schauspielers auf der Probe und später in der Vorstellung freisetzt; das Angebot des Schauspielers wird generell *zuerst* ausprobiert, jeder darf jedem Vorschläge machen, wenn dabei die Probenzeit nicht durch sinnloses Diskutieren verschwendet wird.«[7] Hier wachsen offenkundig aus historischer Notwendigkeit und Möglichkeit Voraussetzungen für die Arbeit mit modellierenden Improvisationen, welche impliziert, daß die Schauspieler ihre Angebote einbringen und gemeinsam die beredten Vorgänge finden.

Die Funktion des Regisseurs wird damit nicht überflüssig. Im Gegenteil. Seine die Inszenierung prägende Kraft gewinnt an Bedeutung. Er muß die Schauspieler zu führen verstehen, indem er in den modellierenden Improvisationen das Fixierenswerte erkennt und benennt. Sehr deutlich akzentuiert Dieter Mann die bei solcher Arbeitsweise sich wandelnde Funktion des Regisseurs: »Im Spaß sage ich immer ›Regieführen ist: aus der Fülle des Angebots mit Geschmack auswählen.‹ Ich setze voraus, daß der oben eine Fülle anbietet und daß der unten Geschmack hat und auswählen kann.«[8]

In der Auseinandersetzung um eine kollektive produktive Arbeitsweise an den Theatern stellt die Arbeit mit modellierenden Improvisationen angesichts der in vorliegender Untersuchung gewonnenen Erkenntnisse in der Tat eine optimale Variante dar. Optimal insofern, als sie den ureigenen Schöpfungsprozeß des Schauspielers sowohl freisetzt als auch nutzt, spezielle Improvisations-Exerzitien im Sinne Peter Brooks überflüssig macht und den Regisseur als Geburtshelfer für den Schöpfungsakt des Schauspielers etabliert. Sie ist damit die kreativen Theaterkollektiven gemäße Arbeitsweise. Selbstverständlich hat die Regie in der Dialektik von Improvisation und Interpretation das letzte Wort hinsichtlich der Interpretation, aber dies letzte Wort sollte aus den schöpferischen Angeboten der Schauspieler erwachsen. Scheinbar engt die Vielzahl der Mitarbeiter einer Inszenierung den Raum für die Entfaltung der dialektischen Einheit von Improvisation und Interpretation ein. Ist die modellierende Improvisation jedoch in ihrem Wesen begriffen, dann werden alle Vorgaben, die die verschiedenen Mitarbeiter ideell und materiell einbringen (der Dramaturg konzeptionelle Überlegungen, der Maskenbildner die konkrete Maske usw.), zum Stimulans der schauspielerischen Phantasie, die ihre spezifischen Potenzen auf der Grundlage der Vorgaben reich mobilisiert, sofern der eigentliche und ureigene Schöpfungsakt des Schauspielers in seiner objektiven organischen Struktur nicht angetastet wird.

# Zu dieser Arbeit

Die Veröffentlichung ist hervorgegangen aus einer 1973 bis 1977 entstandenen Hochschulschrift der Humboldt-Universität zu Berlin »Die Improvisation als Element der schauspielmethodischen Grundausbildung von Schauspielern«, die in die Teile »Improvisation in der Schauspielkunst« und »Improvisation in der Schauspielpädagogik« gegliedert ist. Zur Dissertation gehört ein Supplement, in dem zahlreiche konkrete Beobachtungen aus dem Schauspiel-Unterricht an der Schauspielschule Berlin dokumentarisch festgehalten sind. Das Supplement stellt die beschreibende Sammlung des Veränderlichen dar, während im hier veröffentlichten Hauptband aus dem Veränderlichen das Beständige herausgesondert wurde, die immer wieder zu beobachtenden schauspielerischen Sachverhalte, also die gesetzmäßigen, die für Theorie und Praxis wesentlichen.

Mein herzlicher Dank gilt: Prof. Dr. habil. Ernst Schumacher, der die Dissertation betreute und begutachtete sowie wertvolle Anregungen für die Veröffentlichung gab, Dr. habil. Joachim Fiebach, der sie begutachtete, und Hans-Peter Minetti, der sie ebenfalls begutachtete und ihre Veröffentlichung förderte. Dank sei auch dem Lektor des Henschelverlages, Hendrik Rahn, für seine förderlichen Hinweise sowie meiner Lektorin, Dagmar Schmidt, für ihre aufmerksame und kundige Arbeit. Freundlicher Dank schließlich den Schauspielpädagogen Veronika Drogi-Lörtscher und Heinz Hellmich, insbesondere aber Prof. Rudolf Penka, dem Spiritus rector des Improvisations-Seminars der Schauspielschule Berlin, für die Möglichkeit, in ihrem Unterricht zu hospitieren.

Berlin, November 1977 — Gerhard Ebert

# Anmerkungen

## Vorbemerkung

1 Eduard Devrient, Dramatische und dramaturgische Schriften, Leipzig 1846, S. 327
2 Ebd., S. 329
3 Ebd., S. 332
4 Ebd., S. 363

## I. Der Gegenstand

1 Saint Denis, Die Improvisation als ein Mittel zur Entwicklung der physischen und psychischen Fähigkeiten des Schauspielers, in: Le Rôle de L'Improvisation dans L'Enseignement de L'Art Dramatique, Bukarest 1964, S. 43
2 Der Große Brockhaus, Leipzig 1931, Bd. 9, S. 58
3 Meyers Neues Lexikon, Leipzig 1962, Bd. 4, S. 317
4 V. O. Toporkow, Die Rolle der Improvisation bei einer lebendigen Charakterdarstellung, in: Le Rôle ..., S. 53
5 Vgl. Johann Christian Brandes, Meine Lebensgeschichte, Leipzig 1924, S. 61 f.
6 Vgl. Susan Sontag, Happenings: Die Kunst des radikalen Nebeneinanders, in: Kunst und Antikunst, Hamburg 1968, S. 258 f.
7 Vgl. Paul Pörtner, Spontanes Theater, Köln 1972, S. 82
8 Vgl. Lily Leder, Das Théâtre du Soleil, in: Theater der Zeit, Berlin 1975, Heft 11, S. 35; siehe auch Abschnitt »Der Schauspieler als Autor«, S. 40
9 Konstantin Sergejewitsch Stanislawski, Briefe, Berlin 1975, S. 674 f.
10 Bertolt Brecht, Schriften zum Theater, Berlin und Weimar 1964, Bd. VII, S. 45
11 Dietrich Steinbeck, Einleitung in die Theorie und Systematik der Theaterwissenschaft, Berlin 1970, S. 47
12 Mit hoher Wahrscheinlichkeit wird die allgemeine Pädagogik ein solches Spezialgebiet wie die Ausbildung von Schauspielern nicht integrieren. Sie liefert die allgemeine Methodologie der Pädagogik (Vgl. »Zur Methodologie der Pädagogik«, Berlin 1974); auch wird die weitere Ausarbeitung der Schauspielpädagogik die Mitarbeit von Wissenschaftlern der pädagogischen Wissenschaften notwendig machen, aber federführend wird die Theaterwissenschaft bleiben müssen.

13 Die Schauspielpädagogik ist Bestandteil der Theaterwissenschaft wie die Schauspieltheorie
14 Wsewolod E. Meyerhold, Balagan, in: Theateroktober, Leipzig 1967, S. 73
15 Vgl. Ernst Schumacher, Thesen zu einer Theorie der darstellenden Künste, in: Weimarer Beiträge, Berlin und Weimar 1975, Heft 1, S. 47 und 54

II. Genesis der Improvisation

1 Mimetisch verstanden als Einheit von leibhaftem Nachahmen und Darstellen. Vgl. Abschnitt V. »Improvisation als Mimesis«, S. 88 f. Vgl. auch Hermann Reich, Der Mimus, Berlin 1903, S. 256 f., sowie Robert Weimann, Shakespeare und die Tradition des Volkstheaters, Berlin 1967, S. 33
2 Karl Marx, Ökonomisch-philosophische Manuskripte, Leipzig 1968, S. 191
3 George Thomson, Aischylos und Athen, Berlin 1957, S. 13
4 Vgl. Karl Marx/Friedrich Engels, Die deutsche Ideologie, Werke, Bd. 3, S. 31
5 George Thomson, a. a. O., S. 35
6 Ebd., S. 66
7 Carl Niessen, Handbuch der Theaterwissenschaft, Emsdetten 1949, Bd. 1, S. 166
8 Von Völkerkundlern angetroffene urgesellschaftliche Verhältnisse lassen mit einem hohen Grad von Wahrscheinlichkeit Analogieschlüsse auf gleiche Verhältnisse in archaischer Zeit zu.
9 Julius E. Lips, Vom Ursprung der Dinge, Leipzig 1951, S. 363
10 Karl Bücher, Arbeit und Rhythmus, Leipzig 1924, S. 335
11 Ebd., S. 338
12 Julius E. Lips, a. a. O., S. 362
13 Robert Weimann, Shakespeare und die Tradition des Volkstheaters, Berlin 1967, S. 33
14 Paul Schebesta, Bambuti die Zwerge vom Kongo, Leipzig 1932, S. 181
15 Martin Gusinde, Urwaldmensch am Ituri, Wien 1948, S. 51
16 Ebd., S. 57
17 Vgl. Hermann Reich, Der Mimus, Berlin 1903, S. 234, 246 und 255 f. Vgl. auch Paulys Real-Encyclopädie der klassischen Altertumswissenschaften, Stuttgart 1932, 15. Bd., S. 1730: »Ebenso wie der Mimus im allgemeinen außer Zusammenhang mit dem Kult steht, ist er ursprünglich gewiß auch nur als Improvisation anzunehmen, also frei von allem Zwang, wie ihn die Rücksicht auf den planmäßigen Ablauf einer dramatischen Handlung, und von aller Vorbereitung, wie sie auf jeden Fall das Einstudieren eines Chores erfordert hätte. Der Mimus ist als Tanz und als Szene durchaus Sololeistung … Damit stand der Entfaltung der individuellen Verschiedenheit die Bahn völlig frei und schon früher hören wir von mimischen Virtuosen auf allerhand Spezialgebieten …«
18 Carl Niessen, a. a. O., S. 141

19 Ebd., S. 141 f.
20 Vgl. Hermann Reich, a. a. O., S. 269, 284 und 305 f.
21 Ebd., S. 21 f.
22 Ebd., S. 278
23 Ebd., S. 313
24 Arnold Hauser, Sozialgeschichte der Kunst und Literatur, München 1953, Bd. I., S. 88
25 Hermann Reich, a. a. O., S. 12
26 Max Herrmann, Die Entstehung der berufsmäßigen Schauspielkunst, Berlin 1962, S. 82
27 Carl Niessen, a. a. O., S. 332
28 Aristoteles, Poetik, Leipzig 1972, S. 17
29 Hermann Reich, a. a. O., S. 249
30 Aristoteles, a. a. O., S. 19
31 Max Herrmann, a. a. O., S. 83
32 Vgl. ebd., S. 82
33 Hermann Reich, a. a. O., S. 3
34 Heinz Kindermann, Theatergeschichte Europas, Salzburg 1966, I. Bd., S. 424
35 Adolf Winds, Der Schauspieler in seiner Entwicklung vom Mysterien- zum Kammerspiel, Berlin 1919, S. 46
36 Zitiert bei: A. K. Dshiwelegow, Commedia dell'arte, Berlin 1958, S. 229
37 Die Commedia dell'arte operierte mit Maskentypen – Pantalone, Dottore, Zanni usw. Und die Spieler, hatten sie sich einmal für eine Maske entschieden, behielten diese Maske ihr Leben lang bei, modifizierten sie bestenfalls, weshalb es vor allem von den Zannis zahllose Abwandlungen gab. Die feststehenden Maskentypen führten trotz der Improvisation auch zu Erstarrungen.
38 Zitiert bei: A. K. Dshiwelegow, a. a. O., S. 196
39 Adolf Winds, a. a. O., S. 48
40 Vgl. Johann Christian Brandes, a. a. O., S. 40
41 Ebd., S. 61
42 Zitiert bei: S. Troizki, Karl Seydelmann, Berlin 1949, S. 66
43 Wolfgang Heinz, Diskussionsbeitrag, in: Mitteilungen Nr. 1. Akademie der Künste der DDR, Jan./Febr. 1974, S. 17
44 Conrad Ekhof, hrsg. von Hugo Fetting, Berlin 1954, S. 39
45 Ebd., S. 130 f.
46 Vgl. Abschnitt »Die Partitur«, S. 168
47 K. S. Stanislawski, Die Arbeit des Schauspielers an sich selbst, Teil I, Berlin 1961, S. 31
48 Ebd., S. 31
49 Jerzy Grotowski, Das arme Theater, Velber bei Hannover 1968, S. 208, vgl. auch S. 113: »Überall findet sich die Erkenntnis, daß Spontaneität und Disziplin keine feindlichen Gegensätze sind, sondern in einem Abhängigkeitsverhältnis zueinander stehen; die Form wird durch das Elementare befruchtet

und umgekehrt; dieser Austausch ist der eigentliche Ansporn für eine Darstellung, die vor Spannung glüht. Diese Lehre wurde weder von Stanislawski verstanden, der wollte, daß natürliche Impulse dominieren, noch von Brecht, der zuviel Gewicht auf die Konstruktion der Rolle legte.«

50 Die spezifische Bedeutung der Relation zum Publikum muß beachtet, kann hier aber nicht untersucht werden. Das improvisatorische Element lebt auch in der Relation zum Publikum. Vgl. Abschnitt »Spiel mit Publikum«, S. 85

51 Friedo Solter, Jeder Morgen ist für mich ein Aufbruch zu neuer Erkundung, in: Du und deine Zeit, Junge Welt, Berlin 1975, S. 50

52 Piet Drescher, in: Ingeborg Pietzsch, Werkstatt Theater, Berlin 1975, S. 42

53 Adolf Dresen, in: Ingeborg Pietzsch, a. a. O., S. 51

54 K. S. Stanislawski, Briefe, a. a. O., S. 531

55 Ebd., S. 577

56 Ebd., S. 797; vgl. auch Jerzy Grotowski, a. a. O., S. 113

57 Heinz Kindermann, a. a. O., Bd. 1, S. 50; Vgl. auch A. Müller, Das attische Bühnenwesen, Gütersloh 1916, S. 83

58 Vgl. Max Herrmann, a. a. O., S. 82

59 Bertolt Brecht, Schriften zum Theater, a. a. O., Bd. VII, S. 322

60 Ebd., S. 322

61 Günther Rühle, Die Fahrt ins Ungewisse, in: Theater heute, Seelze 1976, Heft 11, S. 22

62 Ebd., S. 23

63 Ebd., S. 24

64 Arno Paul, All Power to People's Art! in: Theater heute, Seelze 1977, Heft 5, S. 27

65 Lily Leder, Das Théâtre du Soleil, in: Theater der Zeit, Berlin 1975, Heft 11, S. 35

66 Ebd., S. 36

67 Bertolt Brecht, Über Schauspielkunst, Berlin 1973, S. 35

68 Ernst Schumacher, Thesen zu einer Theorie ..., a. a. O., S. 54

III. Improvisation als künstlerische Tätigkeit

1 Franz Loeser, Schöpferisches Denken und das Problem der Intuition, in: Deutsche Zeitschrift für Philosophie, Berlin 1974, Heft 12, S. 1443

2 Ebd., S. 1443; vgl. auch Géza Révész, Talent und Genie, Bern 1952, S. 85

3 Karl Marx, Grundrisse der Kritik der politischen Ökonomie, Berlin 1974, S. 505

4 Ebd., S. 204

5 L. B. Itelson, Allgemeine Charakteristik der Tätigkeit, in: Allgemeine Psychologie, Berlin 1975, S. 159

6 Ebd., S. 159

7 Ebd., S. 162
8 Ebd., S. 163
9 Ebd., S. 164
10 Karl Marx, Grundrisse der Kritik ..., a. a. O., S. 505
11 Karl Marx, Werke, Bd. 23, S. 192
12 Ebd., S. 192
13 Karl Marx, Thesen über Feuerbach, Werke, Bd. 3, S. 5
14 K. K. Platonow, Die psychische Struktur der Persönlichkeit, in: Die Persönlichkeit im Sozialismus, Berlin 1972, S. 74
15 Walter Hollitscher, Der Mensch im Weltbild der Wissenschaft, Wien 1969, S. 395
16 Hans Koch, Marxismus und Ästhetik, Berlin 1962, S. 306
17 Walter Hollitscher, a. a. O., S. 177
18 S. L. Rubinstein, Grundlagen der allgemeinen Psychologie, Berlin 1959, S. 409
19 A. W. Petrowski, Die Phantasie, in: Allgemeine Psychologie, Berlin 1975, S. 345
20 Georg Wilhelm Friedrich Hegel, Ästhetik, Berlin 1955, S. 82/83
21 Ebd., S. 291
22 Ebd., S. 291/292
23 A. W. Petrowski, a. a. O., S. 346
24 Ebd., S. 346
25 Günther K. Lehmann, Phantasie und künstlerische Arbeit, Berlin und Weimar 1966, S. 100
26 Karl Marx, Das Kapital, Berlin 1962, Bd. 1, S. 193. Die von Marx hinsichtlich des Arbeitsprozesses in der Produktion von Gebrauchswerten aufgestellte These übernimmt der sowjetische Ästhetiker M. Kagan unkritisch auch für die künstlerische Tätigkeit. Aber diese Verallgemeinerung erfaßt nicht das widersprüchliche Phänomen. Die Spezifik des künstlerischen Arbeitsprozesses impliziert, daß das Genie am Ende seines Schaffens möglicherweise tatsächlich gegenständlich vor sich hat, was bei Beginn der Arbeit schon ideell im Kopfe vorhanden war, daß aber andererseits der lediglich begabte Künstler seiner Phantasie immer wieder durch materielle Entwürfe Nahrung geben muß. Vgl. dazu M. Kagan, Vorlesungen zur marxistisch-leninistischen Ästhetik, Berlin 1969, S. 24/25
27 S. L. Rubinstein, a. a. O., S. 721
28 Karl Marx/Friedrich Engels, Die deutsche Ideologie, Werke, Bd. 3, S. 31
29 Géza Révész, a. a. O., S. 87
30 Ebd., S. 87
31 Ebd., S. 88
32 Ebd., S. 87
33 Ebd., S. 90
34 Ebd., S. 90
35 Ebd., S. 106

36 Georg Wilhelm Friedrich Hegel, a. a. O., S. 290
37 Vgl. Bertolt Brecht, Kleines Organon für das Theater, in: Schriften zum Theater, Berlin und Weimar 1964, Bd. VII, S. 45
38 T. P. Sintschenko, Die Wahrnehmung, in: Allgemeine Psychologie, Berlin 1975, S. 263
39 Ebd., S. 263
40 M. Minnaert, zitiert bei T. P. Sintschenko, a. a. O., S. 263
41 Vgl. Bertolt Brecht, Organon, a. a. O., S. 44
42 A. W. Karaganow, Der Realismus, in: Grundlagen der marxistisch-leninistischen Ästhetik, Berlin 1962, S. 604
43 Günther K. Lehmann, a. a. O., S. 108
44 Ebd., S. 100
45 T. P. Sintschenko, Die Empfindungen, in: Allgemeine Psychologie, Berlin 1975, S. 225
46 Ebd., S. 228
47 Ebd., S. 228
48 Georg Wilhelm Friedrich Hegel, a. a. O., S. 292
49 A. W. Petrowski, a. a. O., S. 360
50 Ebd., S. 360
51 Walter Hollitscher, a. a. O., S. 390
52 G. A. Fortunatow, Die Gefühle, in: Allgemeine Psychologie, Berlin 1975, S. 366
53 Ebd., S. 366
54 Vgl. ebd., S. 367 f.
55 Der Schauspieler muß zudem darum ringen, während des Schaffens von solchen Emotionen frei zu sein, die aus Ereignissen herrühren, die vor Beginn des Arbeitsprozesses aufgetreten sein können. Vgl. hierzu K. S. Stanislawski, Ethik, Berlin 1960, S. 12 f.
56 Denis Diderot, Das Paradox über den Schauspieler, in: Ästhetische Schriften, Berlin und Weimar 1967, Bd. II, S. 489
57 Selbstverständlich steigen Tränen nicht aus dem Herzen auf, sie »stammen« stets aus dem Gehirn. Hier liegt – sollte er es tatsächlich nicht im übertragenen Sinne gemeint haben – ein erkenntnistheoretischer Fehler Diderots vor. Das Argument überzeugt dennoch.
58 Anton Franz Riccoboni, Die Kunst des Schauspielers, in: A. F. Riccoboni und F. L. Schröder, Vorschriften über die Schauspielkunst, Leipzig 1821, S. 21
59 Denis Diderot, a. a. O., S. 496
60 G. A. Fortunatow, a. a. O., S. 367
61 Vgl. Denis Diderot, a. a. O., S. 485; vgl. auch Meyerhold, a. a. O., S. 103
62 G. A. Fortunatow, a. a. O., S. 377
63 S. L. Rubinstein, a. a. O., S. 633
64 Dieter Hoffmeier, Über das Handeln des Schauspielers auf der Bühne, in: Material zum Theater, Berlin 1972, Nr. 15, Heft 4, S. 22

65 Manfred Wekwerth, Theater und Wissenschaft, in: Arbeitshefte der Akademie der Künste zu Berlin, 1972, Nr. 3, S. 36
66 Ernst Schumacher, Diskussionsbeitrag zu Fragen der sozialistischen Schauspielkunst, in: Material zum Theater, Berlin 1972, Nr. 21, Heft 7, S. 79
67 W. I. Lenin, Aus dem philosophischen Nachlaß, Berlin 1961, S. 129
68 S. L. Rubinstein, a. a. O., S. 625
69 Walter Hollitscher, a. a. O., S. 193
70 P. M. Jakobson, Der Wille, in: Allgemeine Psychologie, Berlin 1975, S. 389
71 Würde man behaupten, eine dramatische Vorgabe in Gestalt eines Stückes sei ein klar gegebenes und also bewußt gewordenes Ziel für eine Inszenierung, müßten – wie mehrere Gebäude nach einem einzigen architektonischen Bauplan gebaut werden können – Inszenierungen eines Stückes immer wieder gleich sein.
72 Vgl. auch Denis Diderot, Bd. II, a. a. O., S. 482/483
73 Vgl. S. L. Rubinstein, a. a. O., S. 633
74 P. M. Jakobson, a. a. O., S. 73
75 Walter Hollitscher, a. a. O., S. 190
76 Das »innere Sprechen« ist fragmentarisch; es genügt »buchstäblich ein halbes Wort, damit wir uns verstehen ...« Auch ist »das innere Sprechen außerordentlich situativ und unter diesem Aspekt dem Dialog nahestehend«. Vgl. A. A. Leontjew, Die Sprache, in: Allgemeine Psychologie, Berlin 1975, S. 215
77 Walter Hollitscher, a. a. O., S. 193
78 Vgl. Abschnitt »Der Untertext«, S. 124
79 Zitiert bei Walter Hollitscher, a. a. O., S. 193; demgegenüber erklärt J. Alexandrow: »Wir wissen erst seit relativ kurzer Zeit, daß etwa in 90 von 100 Fällen der Mensch nicht auf Grund logischer Überlegungen, abstrakter Schemata, sondern intuitiv Entscheidungen trifft«, in: Die Rebellion der Roboter – ein Gebilde der Phantasie, Berliner Zeitung, Berlin 1974, Nr. 55
80 Bertolt Brecht, Schriften, Bd. VII, a. a. O., S. 12
81 Grundlagen der marxistisch-leninistischen Philosophie, Berlin 1972, S. 235
82 Ebd., S. 235
83 G. E. Salesski, Die Ausbildung von Verfahren der wissenschaftlichen Bewertung von Erscheinungen, in: Probleme der Ausbildung geistiger Handlungen, Berlin 1972, S. 193
84 M. S. Kagan, Künstlerische Tätigkeit und künstlerische Kultur, in: Weimarer Beiträge, Berlin und Weimar 1972, Heft 11, S. 13
85 G. E. Salesski, a. a. O., S. 194
86 Vgl. Adolf Winds, a. a. O., S. 48
87 Vgl. Veronika Burkart, Befreiung durch Aktion, Wien/Köln/Graz 1972
88 Insofern ist das Ziel schauspielerischen Schaffens im Gegensatz zu anderen künstlerischen Tätigkeiten (vgl. hierzu den Abschnitt »Dialektik von Phantasie und Denken«, S. 50) weniger vage und als bildhaft-theoretischer Entwurf (Regiekonzeption) möglich, d. h., hier kann die Phantasie dem Entäußern eines ersten materiellen Entwurfs weiter und auch konkreter voraus-

eilen als in einem künstlerischen Schaffensakt, der keine Vorgabe in Gestalt einer Rolle oder eines Stückes hat.

89 Bertolt Brecht, Über Schauspielkunst, a. a. O., S. 93

90 H. Konrad Hoerning, Improvisation und Stegreifspiel, Leipzig 1966, S. 11

IV. Improvisation als Spiel

1 Georg Klaus, Spieltheorie in philosophischer Sicht, Berlin 1968, S. 10

2 Zweifellos könnten wir das Theater als einen Ort begreifen lernen, wo geistige Modelle der Außenwelt schaubar durchgespielt werden, so daß das Theater zu einer Prognosestätte für menschliches Verhalten und Handeln avanciert, zumal das Theater seit seinen Ursprüngen Modell- und Vorbildcharakter besitzt. Das Problem ist der Untersuchung wert, aber hier nicht Gegenstand. Vgl. auch: Karl Groos, Das Spiel, Jena 1922, S. 12; sowie Manfred Wekwerth, a. a. O., S. 63

3 Georg Klaus, a. a. O., S. 10

4 S. L. Rubinstein, a. a. O., S. 702

5 L. B. Itelson, a. a. O., S. 177 f.

6 Aristoteles, a. a. O., S. 27

7 Bertolt Brecht, Schriften, Bd. VII, a. a. O., S. 25

8 S. L. Rubinstein, a. a. O., S. 723

9 Ebd., S. 735

10 Vgl. Rose Bruford, Teaching mime, London 1958, speziell Tierspiele, S. 73 f. (engl.); vgl. auch Viola Spolin, Improvisation for the Theater, Northwestern University Press 1963, S. 277 f. (engl.)

11 S. L. Rubinstein, a. a. O., S. 732

12 L. B. Itelson, a. a. O., S. 183

13 Der Übergang vom Rollenspiel zum mimetischen Spiel in der Spieltätigkeit von Kindern oder Jugendlichen (ausführlich behandelt von Viola Spolin, a. a. O.) – etwa als bewußte Vorbereitung auf den Beruf des Schauspielers – muß daher stets ein Übergang zu bewußter Mimesis und letztlich zur Arbeit sein. Oft versiegt die Spiellust der jungen Menschen, wenn das Spielen zur Arbeit ausartet. Aber gerade dieser Schwierigkeit sollte nicht ausgewichen werden, andernfalls bleibt das Rollenspiel in seinen verschiedenen Varianten stets pures Spiel und nutzlos für künstlerische Ambitionen. Gewiß kann das Betonen zunächst der Mimesis eine Zwischenstufe sein, schon nicht mehr pures Spiel und noch nicht Arbeit. Das Problem bedarf einer eigenen Untersuchung.

14 Johan Huizinga, Homo Ludens, Hamburg 1956, S. 9

15 Ebd., S. 10

16 Ebd., S. 11

17 Ebd., S. 11

18 Hans Scheuerl, Das Spiel, Weinheim/Berlin 1954, S. 101

19 Ebd., S. 103
20 Ebd., S. 103
21 Vgl. Hermann Reich, a. a. O., S. 496
22 Johan Huizinga, a. a. O., S. 18
23 S. L. Rubinstein, a. a. O., S. 725
24 Ebd., S. 726
25 Johan Huizinga, a. a. O., S.20
26 Frederik Jakobus Johannes Buytendijk, Wesen und Sinn des Spiels, Berlin 1933, S. 149
27 Vgl. F. J. J. Buytendijk, a. a. O., S. 30
28 F. J. J. Buytendijk, a. a. O., S. 115
29 Ebd., S. 116/117
30 Ebd., S. 129
31 Zitiert bei Buytendijk, a. a. O., S. 130
32 Hans Günther von Klöden, Grundlagen der Schauspielkunst II, Improvisation und Rollenstudium, Velber b. Hannover 1965, S. 62
33 Jerzy Grotowski, a. a. O., S. 120
34 Ebd., S. 32
35 Hans Günther von Klöden, a. a. O., S. 64
36 Johan Huizinga, a. a. O., S. 15
37 Ebd., S. 15
38 L. B. Itelson, a. a. O., S. 181
39 Ebd., S. 181
40 Karl Steinbuch, Automat und Mensch, Berlin/Göttingen/Heidelberg 1963, S. 350
41 Woldemar Panso, Arbeit und Talent im Schaffen des Schauspielers, Moskau 1972, S. 49 (russ.)
42 Ebd., S. 49
43 Ebd., S. 50
44 Elmer Rice, The living Theatre, London/Melbourne/Toronto 1959, S. 1 (engl.)
45 Ebd., S. 1
46 Friedrich Schiller, Briefe über die ästhetische Erziehung des Menschen, in: Goethe/Schiller, Über das Theater, Berlin 1949, S. 121
47 Ebd., S. 122
48 Johan Huizinga, a. a. O., S. 18
49 Hans Günther von Klöden, a. a. O., S. 146
50 Paul Pörtner, Spontanes Theater, Köln 1972, S. 109
51 Ebd., S. 119
52 Diese Bestimmung ist ungenau. Die Improvisation des Mimus hatte vor allem verschiedene menschliche Triebe zum Widerspiegelungsgegenstand, die vom Mimen mimetisch entdeckt als lebendige Abbilder improvisiert wurden. Auf diese Seite der Improvisation des Mimus wird nicht zurückgegriffen. Die elementare Improvisation der Ausbildung ist von vornherein auf die sozialen Beziehungen des Menschen orientiert. In diesem Widerspiegelungsgegen-

stand sind überkommene Widerspiegelungsgegenstände realistischer Schauspielkunst – Triebe, Gefühle, Leidenschaften usw. – dialektisch aufgehoben.

53 Vgl. Abschnitt »Die Metamorphose der Improvisation«, S. 34

54 Viola Spolin, a. a. O., S. 12

55 Ebd., S. 13

56 Die Versuche reichen vom therapeutischen Psychodrama J. L. Morenos bis zu E. Ewreimows 1920 zur Feier der Großen Sozialistischen Oktoberrevolution mit mehr als zehntausend Personen inszeniertem Massenschauspiel. Vgl. auch Manfred Wekwerth, a. a. O., S. 63 f.

57 Paul Pörtner, a. a. O., S. 82

58 Ebd., S. 66

59 Manfred Wekwerth, a. a. O., S. 48

60 Ebd., S. 46

61 Ebd., S. 46

62 Ebd., S. 46

63 Ebd., S. 52

64 Ebd., S. 52

## V. Improvisation als Mimesis

1 Hermann Koller, Die Mimesis in der Antike, Bern 1954, S. 119

2 Adolf Stahr, Aristoteles und das Prinzip der Mimesis, in: Aristoteles, Poetik, Berlin/Stuttgart 1855–1911, 22. Bd., S. 17

3 Hermann Koller, a. a. O., S. 75

4 Vgl. Hermann Koller, a. a. O., S. 119, 120

5 Günther K. Lehmann, a. a. O., S. 41

6 Heinz Kindermann, I. Bd., a. a. O., S. 125

7 Ebd., S. 124

8 Paulys Real-Encyclopädie der klassischen Altertumswissenschaften, Stuttgart 1932, 15. Bd., S. 1730

9 Heinz Kindermann, I. Bd., a. a. O., S. 139

10 Adolf Stahr, a. a. O., S. 26

11 Hermann Reich, a. a. O., S.259

12 Günther K. Lehmann, a. a. O., S. 47

13 Aristoteles, a. a. O., S. 11

14 Hermann Koller, a. a. O., S. 119

15 Ebd., S. 210

16 Dieter Hoffmeier, Über das Handeln …, a. a. O., S. 22

17 Vgl. Abschnitt »Zum Begriff der Tätigkeit«, S. 46

18 Bertolt Brecht, Schriften zum Theater, Bd. VII; a. a. O., S. 44; vgl. zum Problem: Brecht, Der Messingkauf: »Vielleicht gewinnen wir … Winke für die ›Herstellung‹ guter Nachahmungen, auf die wir ja durchaus aus sind, denn unsere Darstellungen wirken erprobtermaßen viel stärker, wenn, was wir

darstellen, wahrscheinlich ist.« In: Schriften, Bd. V, a. a. O., S. 20

19 K. S. Stanislawski, Die Arbeit des Schauspielers an sich selbst, I. Teil, Berlin 1961, S. 32

20 Anton Franz Riccoboni, Die Schauspielkunst, Berlin 1954, S. 63

21 Berthold Viertel, Erziehung zum Schauspieler, in: Schriften zum Theater, Berlin 1970, S. 429

22 Ernst Schumacher, Thesen zu einer Theorie ..., a. a. O., S. 52

23 Shakespeare, Hamlet, in: Übersetzung von Rudolf Schaller, Weimar 1960, S. 74

24 J. D. Beil, Die Schauspielschule, Mannheim 1786, S. 25

25 Vgl. Abschnitt »Theaterproben wider die Improvisation«, S. 32

26 Johann Wolfgang Goethe, Wilhelm Meisters Lehrjahre, in: Auswahl in sechzehn Bänden, Leipzig Max Hesse's Verlag, 8. Bd., S. 88

27 Ebd., S. 88; Goethe gebraucht den Begriff Pantomime im Sinne von stummem Spiel in den Gesprächspausen. Vgl. Abschnitt »Das gestische Sprechen«, S. 142

28 Vgl. Joachim Fiebach, Von Craig bis Brecht, Berlin 1975, S. 88

29 Eine umfangreiche marxistisch-leninistische Analyse gibt Joachim Fiebach, a. a. O.

30 Berthold Viertel, a. a. O., S. 428

31 Ebd., S. 428

32 Vgl. Joachim Fiebach, a. a. O., S. 262 f.; vgl. auch Dieter Hoffmeier, Das literarische Spätwerk Stanislawskis, in: Theater hier und heute, Berlin 1968, S. 80 f.

33 Vgl. Lily Leder, a. a. O., S. 35, vgl. auch Gisela Rothe, zur Arbeit des Theatre Workshop, in: Theater der Zeit, Berlin 1975, Heft 11, S. 38

34 Vgl. Peter Brook, der leere Raum, Hamburg 1970, S. 27 f.

35 Zitiert bei Joachim Fiebach, a. a. O., S. 174

36 Peter Brook, a. a. O., S. 182

37 Ebd., S. 182

38 Ebd., S. 183 f.

39 Zwischen Improvisation als Trainingsmittel einerseits und Proben andererseits zu unterscheiden ist nicht zu empfehlen. Selbstverständlich sollte der Schauspieler üben zu improvisieren. Wesentlich ist die Dialektik von modellierendem Improvisieren und Fixieren auf der Probe. Vgl. dazu Abschnitt »Improvisation und Interpretation«, S. 172

## VI. Erfinden eines Vorganges

1 Der Schauspieler hat sich selbst zum wesentlichen Produktionsinstrument. Obwohl er durchaus nicht nur seine eigene Physis, sondern auch das Requisit, das Bühnenbild sowie den Partner als Instrument hat, schließlich auch die Rolle, bleibt der Körper des Schauspielers sein wesentliches Produktions-

instrument und muß ein überaus stabiler und zugleich äußerst sensitiver Organismus sein. In den körperbildenden Fächern (Spezieller Bewegungs-Unterricht, Tanz, Fechten, Akrobatik) wird der Körper des Schauspielstudenten in diesem Sinne trainiert. Für das Erlernen der Improvisation ist darüber hinaus die Entwicklung und Ausprägung bestimmter Fähigkeiten notwendig, die der Student als Element seiner Begabung mitbringen muß, die aber in ihrer unausgebildeten Beschaffenheit nicht genügen. Dazu gehören die Fähigkeiten des Studenten, Menschen genau zu beobachten, sich zu konzentrieren, reich zu phantasieren, leicht zu assoziieren, sich bildhaft genau zu erinnern, sich bestimmte Gegenstände konkret vorzustellen und sie zu empfinden sowie empfindsam offen zu sein für den Partner. Die Vorübungen dienen der Entwicklung dieser Fähigkeiten, sie sind grundsätzlich Voraussetzungen für das Erlernen der Kunst des Improvisierens. Dazu gehören diverse Beobachtungsübungen, Hörübungen, Konzentrationsübungen, Naivitätsübungen, Phantasieübungen, Assoziationsübungen und das Umgehen mit einem vorgestellten Gegenstand. In den Beobachtungsübungen z. B. sollen sich die Studenten daran gewöhnen, konkret zu beobachten, vor allem die Momente, an denen sich das Verhalten eines Menschen ändert. In einer Phantasieübung z. B. wird von im Halbkreis sitzenden Studenten ein kleiner Gegenstand (Bleistift, Streichholzschachtel usw.) weitergegeben, und der jeweils Weitergebende verwandelt den Gegenstand im Moment des Weitergebens mit einem Wort in einen anderen. Der den Gegenstand Entgegennehmende muß ihn spontan entsprechend der Benennung behandeln. Diese Übung zwingt, eine sinnlich konkrete gestische Beziehung zu dem fiktiven Gegenstand herzustellen, verlangt also Entäußerung der Phantasie. Dieser Dialektik dient auch die Übung »Umgang mit einem vorgestellten Gegenstand«. Die Assoziationsübungen dienen dem spontanen Bilden einer Assoziationskette von Bildern mit Hilfe der Vorstellungskraft. Begonnen wird mit einem Bild, d. h. einem Wort. Der in der Kette zunächst sitzende Student wiederholt das Wort, etwa »Garten«, und assoziiert ein Bild dazu, etwa »Bank«, usw. Das Training des Entwickelns einer Bildergeschichte in der Phantasie ist grundlegend, da der Schauspieler später mit dem Mittel der Bilderfolge nicht nur den Text seiner Rolle besser behalten, sondern damit auch die Partitur seiner Figur aufbauen wird.

2 K. S. Stanislawski, I. Teil, a. a. O., S. 223

3 Vgl. Dieter Hoffmeier, Spätwerk Stanislawskis, a. a. O., S. 82

4 Zitiert bei Dieter Hoffmeier, Spätwerk Stanislawskis, a. a. O., S. 84

5 Bertolt Brecht, Schriften, Bd. VII, a. a. O., S. 54

6 Manfred Wekwerth, a. a. O., S. 53

7 Ebd., S. 53

8 Peter Brook, a. a. O., S. 27

9 Vgl. K. S. Stanislawski, I. Teil, a. a. O., S. 43, 44

10 Vgl. Abschnitt »Der soziale Gestus«, S. 154

11 Vgl. Manfred Wekwerth, a. a. O., S. 53 f.

12 Siehe Abschnitt »Das Requisit als materieller Hebel«, S. 111; agiert nur ein Darsteller, ist die andere Seite, das »Zwischen«, mittels eines Requisits herstellbar.
13 K. S. Stanislawski, I. Teil, a. a. O., S. 45
14 Vgl. K. S. Stanislawski, II. Teil, a. a. O., S. 342
15 A. W. Petrowski und M. G. Jaroschewski, Der Gegenstand der Psychologie, in: Allgemeine Psychologie, a. a. O., S. 32
16 Zitiert bei Dieter Hoffmeier, Spätwerk Stanislawskis, a. a. O., S. 88
17 K. S. Stanislawski, I. Teil, a. a. O., S. 108
18 Ebd., S. 166
19 Karl Marx, Kapital, 1. Bd., a. a. O., S. 27
20 K. S. Stanislawski, I. Teil, a. a. O., S. 93
21 Vgl. K. S. Stanislawski, I. Teil, a. a. O., S. 92 f.

VII. Aufbauen einer Situation

1 Robert Petsch, Wesen und Formen des Dramas, Halle 1945, S. 66
2 K. S. Stanislawski, I. Teil, a. a. O., S. 57
3 Ebd., S. 57
4 Ebd., S. 58
5 Ebd., S. 56
6 Ebd., S. 58
7 Ebd., S. 58
8 Ebd., S. 58
9 Ebd., S. 59
10 Bertolt Brecht, Über Schauspielkunst, a. a. O., S. 93
11 K. S. Stanislawski, I. Teil, a. a. O., S. 72
12 Ebd., S. 72
13 Ebd., S. 86
14 Ebd., S. 59
15 Ebd., S. 167
16 Ebd., S. 89
17 Vgl. ebd., S. 52
18 Walter Felsenstein, Theater als Gemeinsamkeitserlebnis, in: Mitteilungen Nr. 2, Akademie der Künste der DDR, Berlin 1976, S. 17
19 I. E. Koch, Grundlagen szenischer Bewegung, Leningrad 1970, S. 439 (russ.)
20 Ebd., S. 451
21 G. Kristi, Die Erziehung des Schauspielers der Stanislawski-Schule, Moskau 1968, S. 116 (russ.)
22 Ebd., S. 116 f.
23 Vgl. Abschnitt »Improvisation und Interpretation«, S. 172

VIII. Partner-Improvisation

1 Die Zwischenübungen werden im Seminar nach den elementaren Improvisationen als Vorbereitung auf die Partner-Improvisation absolviert. Ihr spezifischer Zweck ist, den Umgang mit dem Partner zu üben, sich damit vertraut zu machen, daß der Partner künftig als lebendiges Element der Situation in das Vorstellungsbild von der Situation integriert werden muß. Die Zwischenübungen sind noch keine Improvisationen, da sie kein Abbild von Wirklichkeit anstreben. Für die »Zug-um-Zug-Übung« wird die Bühne an neun Punkten markiert, jeweils vorn, in der Mitte und hinten von links über die Mitte nach rechts drei Punkte. Zwischen diesen Punkten können sich die Spieler Zug um Zug bewegen. Zwei Studenten gehen auf die Bühne. Jeder wählt sich einen Ausgangspunkt. Entweder nach Absprache oder aus der Situatiuon beginnt einer mit dem ersten Zug, d. h., er geht von einem markierten Punkt zu einem anderen markierten Punkt. Ist dies geschehen, reagiert der andere Spieler mit seinem Zug. Aus den Partnerbeziehungen, die sich herstellen, entsteht ein Vorgang, eine gestische Beziehung zwischen Menschen. Mit dieser Übung wird trainiert, was grundsätzlich im Spiel mit dem Partner lebendig sein muß: das Offenhalten für den Partner und das konkrete Reagieren auf ihn. Dieser Zusammenhang wird hergestellt mit der Arbeitsformel: Hinschauen – Aufnehmen – Bewerten – Reagieren.

2 L. B. Itelson, a. a. O., S. 167

3 Vgl. Gerhard Ebert, Diss. Die Improvisation als Element der schauspielmethodischen Grundausbildung von Schauspielern, Berlin 1977, Supplement, S. 52 f.

4 Bertolt Brecht, Über Schauspielkunst, a. a. O., S. 124

5 Pantomimische Mittel werden im Schauspiel im Ausnahmefall benutzt, oft wird »gehen« pantomimisch dargestellt.

6 K. S. Stanislawski, II. Teil, a. a. O., S. 69

7 Ebd., S. 61

8 Ebd., S. 63

9 Ebd., S. 60

10 Viola Spolin, a. a. O., S. 5

11 Veronika Burkart, a. a. O., S. 9

12 Ebd., S. 17

13 Vgl. Peter Brook, a. a. O., S. 213; vgl. auch Ch. Marowitz, Mobiler Spielraum – Theater der Zukunft, Frankfurt/Main, S. 126; vgl. auch R. Wedewer, Räume und Environments, Köln 1969, S. 28

IX. Improvisation hin zur Figur

1 Vgl. Werner Mittenzwei, Gestaltung und Gestalten, Berlin 1969, S. 14

2 Robert Petsch, a. a. O., S. 241

3 W. S. Merlin, Der Charakter, in: Allgemeine Psychologie, Berlin 1975, S. 418 f.
4 Robert Petsch, a. a. O., S. 242
5 Vgl. Allgemeine Psychologie, Berlin 1975
6 Vgl. W. S. Merlin, a. a. O., S. 423
7 Robert Petsch, a. a. O., S. 242
8 Ebd., S. 243
9 Bertolt Brecht, Über Schauspielkunst, a. a. O., S. 93
10 Helene Weigel, Über Schauspielkunst, in: Theater der Zeit, Berlin 1973, Heft 2
11 Ebd.
12 Zitiert bei Dieter Hoffmeier, Spätwerk Stanislawskis, a. a. O., S. 88
13 Gotthold Ephraim Lessing, Auszug aus dem »Schauspieler« des Herrn Remond von Sainte Albine, in: Sämtliche Werke, Cotta, Stuttgart und Berlin 1893/1903, 7. Band, S. 154
14 Helene Weigel, a. a. O.
15 Bertolt Brecht, Über Schauspielkunst, a. a. O., S. 37
16 Vgl. Gerhard Ebert, Diss., Supplement a. a. O., S. 86 f.
17 Bertolt Brecht, Über Schauspielkunst, a. a. O., S. 103
18 Ebd., S. 103
19 Vgl. Gerhard Ebert, Diss., Supplement, a. a. O., S. 108
20 Karl Marx, Thesen über Feuerbach, a. a. O., S. 5
21 Bertolt Brecht, Über Schauspielkunst, a. a. O., S. 35
22 Eine Auseinandersetzung mit dem, was Brecht unter Verfremdungseffekt verstand, kann im Rahmen dieser Arbeit nicht geführt werden. Nachstehende Bemerkung scheint jedoch notwendig: Auf Brechts erklärte Abneigung gegenüber der Improvisation wurde schon verwiesen. Vgl. Bertolt Brecht, Über Schauspielkunst, a. a. O., S. 35, auch: Brecht, Der Messingkauf, Schriften, Bd. V, a. a. O., S. 40. Brecht hat die objektiv gegebene Dialektik von Improvisieren und Fixieren als Grundgesetzmäßigkeit organischen schauspielerischen Schaffens nie untersucht. Der V-Effekt ist ein Moment des fixierten Handelns, er kann mit der Improvisation nicht hergestellt werden. Wenn »als Voraussetzung für das Hervorbringen des V-Effektes … der Schauspieler das, was er zu zeigen hat, mit dem deutlichen Gestus des Zeigens versieht«, (Bertolt Brecht, Über Schauspielkunst, a. a. O., S. 33) wird die Improvisation in ihrer organischen Simultanität von Persönlichkeit (Phantasie/Denken) und sinnlich-praktischer Tätigkeit (gestisch-mimisch-verbalem Handeln) gestört.

## X. Improvisation als Figur

1 Vgl. Gerhard Ebert, Diss., a. a. O., S. 113 f.
2 Ebd., S. 153 f.
3 Hans Günther von Klöden, a. a. O., S. 97

4 Ebd., S. 99
5 Ebd., S. 97
6 Max Reinhardt, Schriften, Berlin 1974, S. 321

XI. Improvisation einer Begebenheit

1 Aristoteles, a. a. O., S. 25
2 K. S. Stanislawski, Briefe, a. a. O., S. 159
3 Ebd., S. 161
4 Ebd., S. 164
5 Ebd., S. 303
6 Ebd., S. 675
7 Jerzy Grotowski, a. a. O., S. 203
8 Ebd., S. 204
9 Ebd., S. 51
10 Ebd., S. 122

XII. Improvisation und Interpretation

1 Vgl. Saint Denis, Die Improvisation ..., a. a. O., S. 44
2 Diese Konsequenz setzt sich auch in der weiteren Ausbildung fort und verhindert, einseitig für nur einen bestimmten oder »vielseitig« für einen »Pluralismus der Stile« auszubilden, wie dies an bürgerlichen Schauspielschulen in der Annahme versucht wird, drei Methoden (Stanislawski, Brecht, »Actiontheatre«) nebeneinander lehren zu müssen. Hier führt das ahistorisch-idealistische Nichtbegreifen des originären Schöpfungsaktes und der daraus abzuleitenden Technik des Schauspielers zum »Pluralismus der Stile«. Vgl. Wie viele lernen was? in: Theater heute, Seelze 1976, Heft 4, S. 21
3 Vgl. Joachim Fiebach, a. a. O., S. 271 f.
4 V. O. Toporkow, Die Rolle der Improvisation ..., a. a. O., S. 55
5 Ebd., S. 63
6 P. Ibrig, Absolventen am Theater, in: Theater der Zeit, Berlin 1976, Heft 5, S. 38
7 Ebd., S. 37
8 Dieter Mann, Darsteller im Gespräch, in: Theater der Zeit, Berlin 1976, Heft 3, S. 7

# Literaturverzeichnis


Aristoteles, Poetik, Reclam Leipzig, 1972

Brandes, Johann Christian, Meine Lebensgeschichte, Leipzig 1924

Brecht, Bertolt, Schriften zum Theater, Berlin u. Weimar 1964

Brecht, Bertolt, Über Schauspielkunst, Berlin 1973

Brook, Peter, Der leere Raum, Hamburg 1970

Bruford, Rose, Teaching mime, London 1958

Bücher, Karl, Arbeit und Rhythmus, Leipzig 1924

Burkart, Veronika, Befreiung durch Aktion, Wien – Köln – Graz 1972

Buytendijk, Frederik Jakobus Johannes, Wesen und Sinn des Spiels, Berlin 1933

Devrient, Eduard, Dramatische und dramaturgische Schriften, Leipzig 1846

Diderot, Denis, Ästhetische Schriften, Berlin und Weimar 1967

Dshiwelegow, Alexej Karpowitsch, Commedia dell'arte, Berlin 1958

Ekhof, Conrad, herausgegeben von Hugo Fetting, Berlin 1954

Fiebach, Joachim, Von Craig bis Brecht, Berlin 1975

Groos, Karl, Das Spiel, Jena 1922

Grotowski, Jerzy, Das arme Theater, Velber bei Hannover 1968

Gusinde, Martin, Urwaldmensch am Ituri, Wien 1948

Hauser, Arnold, Sozialgeschichte der Kunst und Literatur, München 1953

Hegel, G. W. F., Ästhetik, Berlin 1955

Herrmann, Max, Die Entstehung der berufsmäßigen Schauspielkunst, Berlin 1962

Hoerning, H. Konrad, Improvisation und Stegreifspiel, Leipzig 1966

Hoffmeier, Dieter, Über das Handeln des Schauspielers auf der Bühne, Berlin 1972

Hoffmeier, Dieter, Das literarische Spätwerk Stanislawskis, Berlin 1968

Hollitscher, Walter, Der Mensch im Weltbild der Wissenschaft, Wien 1969

Huizinga, Johan, Homo Ludens, Hamburg 1956

Kagan, Moissej S., Vorlesungen zur marxistisch-leninistischen Ästhetik, Berlin 1969

Kindermann, Heinz, Theatergeschichte Europas, Salzburg 1966

Klaus, Georg, Spieltheorie in philosophischer Sicht, Berlin 1968

Klöden, Hans Günther von, Grundlagen der Schauspielkunst, Velber bei Hannover 1965

Koch, Hans, Marxismus und Ästhetik, Berlin 1962

Koch, Iwan Edmundowitsch, Grundlagen szenischer Bewegung, Leningrad 1970

Koller, Hermann, Die Mimesis in der Antike, Bern 1954
Kristi, Grigorij Wladimirowitsch, Die Erziehung des Schauspielers der Stanislawskischule, Moskau 1968
Lehmann, Günther K., Phantasie und künstlerische Arbeit, Berlin und Weimar 1966
Lenin, Wladimir Iljitsch, Aus dem philosophischen Nachlaß, Berlin 1961
Lips, Julius E., Vom Ursprung der Dinge, Leipzig 1951
Marx, Karl, Ökonomisch-philosophische Manuskripte, Leipzig 1968
Marx, Karl, Thesen über Feuerbach
Marx, Karl, Grundrisse der Kritik der politischen Ökonomie, Berlin 1974
Marx, Karl, Das Kapital, Berlin 1962
Marx, Karl, und Engels, Friedrich, Die deutsche Ideologie
Meyerhold, Wsewolod Emiljewitsch, Balagan, Leipzig 1967
Mittenzwei, Werner, Gestaltung und Gestalten, Berlin 1969
Niessen, Carl, Handbuch der Theaterwissenschaft, Emsdetten 1949
Panso, Woldemar, Arbeit und Talent im Schaffen des Schauspielers, Moskau 1972
Petsch, Robert, Wesen und Formen des Dramas, Halle 1945
Pörtner, Paul, Spontanes Theater, Köln 1972
Reich, Hermann, Der Mimus, Berlin 1903
Révész, Géza, Talent und Genie, Bern 1952
Riccoboni, Anton Franz, Die Schauspielkunst, Berlin 1954
Rice, Elmer, The living Theatre, London/Melbourne/Toronto 1959
Rubinstein, S. L., Grundlagen der allgemeinen Psychologie, Berlin 1959
Schebesta, Paul, Bambuti die Zwerge vom Kongo, Leipzig 1932
Scheuerl, Hans, Das Spiel, Weinheim/Berlin 1954
Sonntag, Susan, Kunst und Antikunst, Hamburg 1968
Spolin, Viola, Improvisation for the Theater, Northwestern University Press 1963
Stanislawski, K. S., Die Arbeit des Schauspielers an sich selbst, Berlin 1961
Stanislawski, K. S., Briefe, Berlin 1975
Stanislawski, K. S., Ethik, Berlin 1960
Thomson, George, Aischylos und Athen, Berlin 1957
Troizki, S., Karl Seydelmann, Berlin 1949
Viertel, Berthold, Schriften zum Theater, Berlin 1970
Weimann, Robert, Shakespeare und die Tradition des Volkstheaters, Berlin 1967
Winds, Adolf, Der Schauspieler in seiner Entwicklung vom Mysterien- zum Kammerspiel, Berlin 1919
Allgemeine Psychologie, Berlin 1975 (Autoren: Fortunatow, Itelson, Jakobson, Karaganow, Leontjew, Merlin, Petrowski, Platonow, Sintschenko)